퓨처 레디 마인드

퓨처 레디 마인드
FUTURE
READY
MIND

원하는 미래를
현실로 만드는
6가지 법칙

프레데릭 페르트 지음
이지연 옮김

INFLUENTIAL
인 플 루 엔 셜

이 책에 쏟아진 찬사

• 보석 같은 아이디어 모음집인 이 책은 미래에 대한 당신의 생각을 하나하나 바꿔놓을 것이다. 프레데릭 페르트는 오랫동안 구글에서 쌓아온 다양한 경험으로 축적한 지혜를 통해 당신이 강력한 미래를 건설하도록 돕는다.

— 에이미 에드먼슨 │ 하버드 비즈니스스쿨 리더십센터 교수
《두려움 없는 조직》 저자

• 평범을 거부하고 미지를 환영해 당신만의 미래를 만들어라. 《퓨처 레디 마인드》는 내일의 청사진은 기술이 아닌 당신 안에 있음을 보여준다. 기회를 붙잡고 당신이 원하는 미래를 만들 획기적인 방법을 안내한다.

— 서배스천 스룬 │ 스탠퍼드대학교 교수, 스텔스 스타트업 CEO
유다시티Udacity, 구글X 설립자

• 프레데릭 페르트는 마인드야말로 창의적이고 생산적인 삶의 토대라고 믿는다. 그는 자신을 포함한 다양한 구글러들의 경험담을 통해 누구라도 일상을 조금만 바꾸면 삶의 모호함과 불확실성을 성공적으로 헤쳐나갈 수 있다고 이야기한다. 이 책은 쉽게 적용할 수 있는 수많은 유용한 아이디어를 아주 훌륭하게 제시한다.

— 버나드 로스 │ 스탠퍼드대학교 디스쿨 공동 설립자 겸 교수
《성취 습관》 저자

4

이 책은 당신의 미래를 직접 건설하라고 격려하면서 끝없이 진화하는 세상을 헤쳐 나갈 마인드를 키울 수 있게 도와준다. 꿈꾸는 인생을 스스로 만들어내고 싶은 사람이라면 누구라도 지금 행동에 나서야 한다.

— 티나 실리그 | 스탠퍼드대학교 교수
《스무살에 알았더라면 좋았을 것들》 저자

눈을 뗄 수 없게 만드는 프레데릭의 책과 함께 변화의 여정을 시작하라. 구글 최고혁신전도사이자 스탠퍼드 디스쿨 교육자로서 독보적인 경력을 가진 그는 미래에 관해 그저 입으로만 떠드는 것이 아니라 당신에게 미래를 직접 만들어갈 방법을 건네준다.

— 고피 칼라일 | 구글 AI 최고사업전략가

혁신과 변화를 이야기하는 목소리는 강렬하고 매력적이며 도발적이다. 그의 글은 명쾌하고 그가 가진 호기심은 독자들에게 전염된다. 이 여정이 끝나면 내가 왜 이걸 미처 몰랐을까 하는 의문에 빠지게 될 것이다.

— 피터 심스 | BLK SHP의 창업자
《블랙 십Black Sheep》 저자

•《퓨처 레디 마인드》는 나 자신에게 일어나는 일에 스스로 얼마나 많은 영향력을 행사할 수 있는지 분명하고 설득력 있게 알려준다. 그런 영향력을 행사하기 위해서는 내가 원하는 미래를 만들기 위한 최선의 수없이 많은 적극적인 선택이 필요하다. 이 책의 폭넓고 행동 지향적인 관점은 오늘 당장 그 미래를 만드는 작업을 시작할 수 있게 도와준다.

— 조이 챈스 | 예일대학교 경영대학원 교수
《결국 원하는 것을 얻는 사람들의 비밀》 저자

• 프레데릭은 미래를 창조하는 구글의 문화에 영감을 주었고, 그 문화를 만드는 데 일조했다. 이제 그의 모든 통찰과 경험을 압축한 놀라운 책을 펴냈다. 이 책은 혁신을 주도하고 싶은 사람이라면 누구에게나 도움이 될 강력하고 실천 가능한 가이드다. 내가 살고 싶은 세상을 만드는 데 가장 중요한 것은 생각하는 방법을 바꾸는 것이다. 그저 수동적으로 미래에 편승하는 것이 아니라 미래를 직접 만들고 싶다면 바로 이 책을 읽어야 한다.

— 앨런 이글 | 구글 전 영업 및 커뮤니케이션 본부장
《빌 캠벨, 실리콘밸리의 위대한 코치》, 《구글은 어떻게 일하는가》 저자

• 이 책은 단순한 이론을 넘어 점점 더 복잡해지는 세상에서 앞서나가기 위한 마인드를 키우는 구체적 전략을 제시한다. 미래의 불확실성 속에서도 커리어와 인생을 계속해서 발전시키고 싶은 사람이라면 반드시 읽어야 한다. 통찰이 넘치는 강력한 가이드를 제공하는 책은 끝없이 변하는 풍경 속에서도 균형을 유지하고 늘 준비된 실용적 지혜와 자세한 접근법을 제공한다.

— **칩 콘리** | **모던 엘더 아카데미**Modern Elder Academy, MEA **공동설립자 겸 CEO**
《뉴욕타임스》 베스트셀러 작가

• 페르트 박사는 혁신의 정수를 파고든다. 《퓨처 레디 마인드》는 미래의 트렌드를 탐구하는 책이 아니다. 자신의 미래를 만드는 데 적극적인 역할을 하고 싶은 사람이라면 누구라도 당장 행동에 나서라고 열정적으로 외친다. 흥미로운 사례와 행동 과제, 실천 가능한 조언을 하나로 엮어서 만든 이 책은 미래를 준비하는 마인드를 키울 수 있는 종합적인 접근법을 알려준다. 단순한 가이드를 넘어 더 밝은 미래로 가는 탐험의 시간을 제공한다. 페르트는 우리에게 계속 질문하고, 실험하고, 공감하며 내일을 향해 걸어가라고 격려한다. 세상에 흔적을 남기고 싶은 사람이라면 누구나 반드시 이 책을 읽어야 한다.

— **시릴 부케** | **스위스 국제경영개발원**IMD **교수**
《남다른 사고ALIEN Thinking**》 저자**

프레데릭은 구글에서 쌓은 광범위한 경험과 전문지식으로 빠르게 변화하는 세상을 헤쳐 나갈, 통찰이 넘치고 영감을 주는 로드맵을 만들었다. 현실적인 전략과 생각을 자극하는 인사이트가 담긴 이 책은 독자들에게 빠르고 자신 있게 미래를 받아들일 힘을 준다. 노련한 전문가이든 그저 호기심이 넘치는 사람이든, 급속히 진화하는 세상에서 앞서 나아가고 싶은 사람이라면 반드시 읽어야 할 책이다.

— 바비 벡 | 애니메이션 멘토Animation Mentor 설립자 겸 CEO

정보화 시대에 우리가 사는 세상과 우리의 마음은 당혹스럽고, 혼란스러우며, 두려울 수도 있다. 이 책은 우리가 바라던 삶을 만들고 살아갈 수 있게 도와주는 궁극의 레시피를 제공한다.

— 달라드 캄부 | 미슐랭 레스토랑 킨디Kin Dee 오너 셰프

• 《퓨처 레디 마인드》는 독자들이 내면의 강점을 이용해 적극적으로 자신의 운명을 만들어갈 수 있게 도와주는 획기적인 지침서다. 결연하고 현실적인 통찰을 통해 몰입감 있는 독서를 경험하게 만드는 이 책은 우리의 시각을 바꿔놓고 개인의 성장에 불을 붙인다. 책이 주는 지혜를 받아들인다면 자각을 높이고 직관을 다듬어 자신의 영향력을 증폭시키게 될 것이다. 변화의 주도자가 되고 싶다면, 이 책은 자기 발견과 결연한 실천으로 가는 당신의 여정에 꼭 필요한 동반자가 될 것이다.

— 가이 가와사키 | 애플 전 수석 에반젤리스트
《매일 생각만 하는 일을 진짜로 해내고 싶다면》 저자

인생의 동반자이자
우리 가족의 꿈과 희망이 자라는 밭을 일구는
'농부' 앤절라에게,
이 책에 영감을 준 사람은 당신입니다.

그리고 세 아들딸 조너선, 조슈아, 조세피나
너희의 상상력이 우리 모두에게
더 좋은 세상, 더 밝은 미래로 가는 길을
비춰줄 거라고 믿는다.

미래는 무한한 가능성이
펼쳐지는 캔버스다.
당신은 어떤 명작을 그리고 싶은가?

변화를 이끄는 내면의 나침반

2020년 8월의 어느 저녁이었다. 나는 캘리포니아주 산타크루즈산맥에서 집을 떠날 준비를 하고 있었다. 돌아왔을 때 이 집이 과연 그대로 남아 있을까. 맹렬한 번개로 시작된 산불은 카운티 전체로 번져나가고 있었다. 하루하루 산불이 더 가까이 다가오는 모습을 지켜본 지도 벌써 2주가 넘었다. 마을 보안관이 초인종을 누르고 대피 명령서를 건넸을 때 전혀 놀라울 것이 없었다.

10분 내에 집을 비워야 했고, 결정을 내려야 했다. 이 결정은 우리 가족의 앞날에 돌이킬 수 없는 영향을 미칠 것이었다. 산불이 집을 집어삼키는 것을 막기 위해 할 수 있는 일은 아무것도 없었다. 할 수 있는 일이라고는 이제 곧 경험하게 될 일들에 대한 '나'의 태도를 정하는 것뿐이었다. 이 긴박한 순간, 나는 두려움이 아니라 우리 앞에 놓인 기회에 초점을 맞추기로 결심했다.

나는 늘 변화는 위협이 아니라 건설적인 것이라고 믿어왔다. 우리 가족은 위급한 상황이 되었을 때 각자 챙겨야 할 것들을 이미 오래 전에 정해두었다. 앞으로 맞이하게 될 날들을 이겨내는 데 꼭 필요한 것들은 가지고 있었다. 모든 것을 잃게 될 가능성이 컸지만, 앞으로 어떤 생각을 하며 살아갈지는 '우리'가 선택할 수 있었다. 만약 변화가 다가오고 있다면, 우리는 그에 대처할 정신적 준비가 되어 있을 것이다.

가족과 캠핑카에 몸을 싣고 산길을 따라 실리콘밸리로 향했다. 지인들의 집을 비롯해 곳곳에 차를 세워 머물면서 그렇게 11일이 지났다. 뉴스에서는 상황이 나아지지 않고 있다고 말했다. 하지만 이 경험을 통해 우리가 배우고 있는 것에 초점을 맞추니, 앞으로 무슨 일이 벌어지든 괜찮을 거라는 자신감이 하루하루 커져갔다.

2020년 화재에 기후위기가 일조했다는 사실은 의문의 여지가 없다. 캘리포니아주에서 1년 내내 계속된 가뭄과 그해 여름의 기록적인 폭염은 우리 집 문을 두드렸던 산불이 일어나기에 완벽한 환경을 조성했다. 산불이 진압되고 집으로 돌아왔을 즈음, 우리 가족은 아주 다른 앞날을 그려가고 있었다. 우리만이 할 수 있는 의미 있고 가시적인 일, '환경'에 초점을 맞춘 날들을 그리고 있었다. 산불 이전에 영위했던 삶으로 돌아가 안주하는 대신, 결연하게 미래를 향해 방향을 잡았다.

나는 12년이 넘게 구글에서 혁신적인 문화를 조성하는 여러 사업과 프로그램을 이끌었다. 전 세계 수천 명의 구글러(구글 직원), CEO, 정부 관료, 스타트업 창업자, 비영리단체 리더, 학생 들과 협업했다. 내 업무는 전적으로 미래에 방향이 맞춰져 있었다. 아직 다가오지 않은 상황에서 잠재적 가능성을 알아보고 난관을 해결하는 방법에 초점이 맞춰져 있는 것이다. 미래가 주는 모호함과 불확실성은 나를 끌어당겼다. 왜냐하면 바로 거기에 기회가 있기 때문이다.

지금은 그 어느 때보다 빠르고 강렬하게 미래가 가까이 다가오고 있다. 미래가 훅 닥쳐왔을 때 사람들의 선택은 지극히 개인적인 성향에 따라 갈린다. 무시하거나(모래밭에 머리를 파묻는다), 저항하거나(현 상태를 지키려고 투쟁한다), 환영한다(나에게 유리하게 활용한다). 나는 산불을 무시할 수는 없었다. 돌봐야 할 가족이 있기 때문이다. 처음 몇 시간은 저항을 했던 것 같다. 호스로 집 전체에 물을 뿌려대고 있었으니 말이다. 물을 뿌리는 그 순간에도 그게 부질없는 짓임을 알고 있었다. 그런데 뭐가 되었든 이미 벌어진 일을 환영하자고 결심하고 나니, 눈앞에 문이 하나 열렸다. 미래에 대비하고 있으면, 나를 향해 덮쳐오는 거친 파도를 타는 데 꼭 필요한 근육을 키워두면, 갑자기 나타난 미래 앞에서도 당황하지 않고 오히려 기회를 만들 수 있다.

분명히 밝혀 두자면, '미래에 대비한다'는 건 비상상황을 염두에 두고 짐 가방 하나를 미리 꾸려둔다는 뜻이 아니다(물론 내 경험상, 이것도 그리 나쁜 생각은 아니다). 미래에 대비한다는 건 정신적 태세를 갖춘다는 뜻이다. 무슨 일이 닥치든 그저 살아남는 수준이 아니라, 앞으로 일어날 일에 영향력을 행사해서 결과를 바꿔보겠다는 의지다.

미래에 대비한다는 것은 아직 모르는 것에 늘 귀를 쫑긋 세우는 마인드를 갖춘다는 뜻이다. 우리는 보통 과거의 패턴을 찾아내 앞으로 벌어질 일을 예측하고, 그 예상에 맞춰 할 일을 정한다. 그런데 이 귀한 수단이 사라져버리면, 앞으로 할 일은 어떻게 결정해야 할까? 그러나 실제로는 뒤를 돌아볼 수도 앞을 내다볼 수도 없다면 오히려 당신이 미래의 방향을 결정할 수 있다. 미래를 예견하거나 미래에 무슨 일이 벌어질지 예측을 좀 더 잘하게 된다는 뜻이 아니다. 미래가 당신에게 유리하게 펼쳐지도록 스스로 선택할 수 있다는 뜻이다.

사람들은 미래에 대해 모순된 태도를 보이는 경향이 있다. 미래는 흥미진진해야 한다고 생각한다. 인공지능에 자율주행 자동차, 순환경제까지! 우리는 언젠가 화성에서 살게 될 거라고 믿으며 자랐다. 고등학교 졸업식에서는 아이들에게 "미래를 쟁취하라!"라고 이야기한다. 마치 미래가 무슨 그들의 쟁취를 기다리고 있는 커다란 트로피라도 되는 것처럼 말이다. 이처럼 스릴 넘치는 자동차에 올라타고 싶지 않은 사람이 어디 있을까?

동시에 이 모든 기대에 부응하며 살아가야 한다는 압박감도 느낀다. 압박감이 너무 큰 나머지, 내가 생각했던 방식대로 미래를 적극적으로 좇기보다는, 시간이 지나면서 '한번 지켜보자.'는 식의

16

태도가 되었다가, 결국은 '뭐가 되었든 오는 대로 붙잡자.'는 모드가 된다. 어느새 내가 바랐던 미래를 스스로 만들어가는 게 아니라 그냥 미래가 우연스럽게 벌어지도록 방치한다.

무엇이 우리를 미래의 '운전자'가 아니라 '승객'으로 바꿔놓을까? 첫째는 어른이 된다는 사실이다! 정말로 흥미롭고 획기적인 일을 할 수 있는 능력과 경험, 자원이 딱 축적된 그 순간, 어린 시절 가졌던 미래 지향적인 희망과 호기심, 독창성은 성인으로서 현실에서 겪는 실망감과 두려움에 쫓기게 된다. 그래서 주저앉는다. 때로는 주저앉은 채로 남은 평생을 보내기도 한다. 다음에 벌어질 일을 걱정하며 잔뜩 움츠린 채로 말이다. 다음에 벌어질 일을 스스로 '만들어'내지 않는다.

나는 중세 시대의 많은 탑과 성문으로 유명한 독일 남서부의 작은 도시 라벤스부르크에서 자랐다. 어린 시절에는 부끄러움이 많고 내성적인 아이였다. 학교에 있는 것보다 집에 있는 편이 훨씬 더 행복했다. 부모님은 관심과 사랑이 넘치는 분들이어서 이것저것 뜯어고치고 만드는 취미를 격려해주셨다. 때로는 몇 시간씩 할아버지의 작업실을 여기저기 헤집고 다니기도 했다. 그곳은 오래 전 비행기 엔진을 만들던 공간으로 아버지와 함께 장장 6개월 동안 모터 달린 모형 비행기를 만들기도 했다. 비행기는 성공적으로 날아올랐다가 잠시 후 추락해서 박살이 났다. 오래된 스쿠터를 뜯어고쳐 마을에서 가장 빠른 스쿠터로 변신시키기도 했다. 요리는 내 실험 본능에 완벽히 들어맞는 일이었다. 그래서 한때는 정말로 요리사가 될지도 모른다고 생각했다.

혼자 있을 때 독학으로 배웠던 것들에 비하면 정규교육은 만족 스럽지 않았다. 학교의 커리큘럼은 내가 세상에 나갔을 때 가장 유용하리라 생각되는 것들을 우선적으로 가르치지 않았다. 창의 성, 공감 능력, 회복력 같은 것들 말이다. 선생님들이 내 손에 쥐어 주는 도구와 내가 보람 있고 사회에 이바지하는 삶을 사는 데 필 요하다고 생각하는 도구가 달랐다. 나는 대학에 진학하면 이러한 교육 자체를 바꿀 기회가 생기길 바랐다. 특히 기술을 통해 교육 방법을 개선할 가능성을 발견하게 되길 바랐다.

콘스탄츠대학교에 처음 입학했을 때는 홀로 낯선 곳에 온 것이 조금은 불안했다. 그러나 얼마 지나지 않아 모든 경험이 새롭다는 사실에 감사하게 됐고, 최대한 자주 스스로를 낯선 상황에 밀어넣 기로 결심했다. 나는 7대륙을 모두 탐방하겠다고 나 자신과 약속 했다. 고향과는 다른 문화와 여러 난관에 부딪혀보기 위해서였다. 학업이 끝날 때쯤에는 상하이와 케이프타운, 부에노스아이레스, 캘리포니아주 롱비치, 뉴욕시에서 거주하거나 공부하거나 일한 경 험을 갖게 됐다. 마지막 두 곳은 스탠퍼드대학교 디자인리서치센 터의 객원 연구원 신분과 컬럼비아대학교 에드랩Edlab의 방문 학자 신분이었다.

이후 파더보른대학교에서 박사학위를 마치기 위해 독일로 돌아갔다. 내 조사 결과 교육 분야는 기술 분야만큼 빠르게 진화하고 있지 않은 게 분명했다. 이 격차에 관해 더 알아볼 기회를 목격한 나는 러닝디자인랩Learning Design Lab이라는 스타트업을 만들었다. 교육자들이 기술을 활용해 학생들의 학습을 빠르게 발전시킬 수 있는 방법을 테스트해보고 싶었다. 우리는 지역에 있는 몇몇 직업학교 선생님들과 협업하기로 했다. 파더보른에서 연구원으로 있을 때 참여해서 만든 교환학생 프로그램이 있었는데, 중국과 한국, 일본을 방문하게 될 이 프로그램에 참여할 학생들을 모집하고, 그들에게 웹2.0 제작 툴을 소개했다. 학생들은 우리가 소개한 툴을 숨 쉬는 것처럼 자연스럽게 받아들였다. 자신들이 이제 곧 빠져들게 될 문화에 관한 정보를 탐구하고 공유하기 위해 팟캐스트를 개발한 그룹도 있었고, 블로그를 시작한 그룹도 있었다. 흥미진진했다. 학생들은 이 경험을 통해 내가 그들이 얻게 되길 바랐던 모든 걸 얻어갔다. 그러나 선생님들의 경우 결과가 신통치 않았다.

러닝디자인랩의 목적은 선진적인 학습법의 중심이 되는 것이었다. 전 세계 교육자들이 최첨단 학습 자원 및 컨설팅 자원을 이용할 수 있게 해서 교육 기술의 발전을 가속화하고 학생들의 미래 준비를 돕고 싶었다. 그러나 현실에서 선생님들은 파일럿 프로그램의 의무사항을 충족시키자마자 연락을 끊었다. 아무런 소식도 들을 수 없었다. 학생들이 툴을 소개받아 영리하게 사용하면서 다른 학생들과 공유하는 사이 선생님들은 관심을 꺼버렸다는 느낌을 받았다. 만약 이게 미래의 방향이라면, 선생님들은 딴 데로 가고 있었다.

결국 내가 만든 스타트업은 열매도 한 번 맺어보지 못하고 사라졌다. 이 경험을 통해 내가 얻었던 큰 깨달음은 조금은 충격적이지만 아주 간단했다. '중요한 것은 기술이 아니다. 중요한 것은 태도다.' 나는 디지털 툴을 선생님들 손에 그냥 쥐어줄 게 아니라, 그들이 학생들만큼 호기심을 갖고 적극적으로 임할 수 있도록 마인드를 맞추는 훈련을 했어야 했다. 우리 툴이 학생들의 손에서 강력한 힘을 냈던 것은 학생들이 가능성에 대해 마음을 열었기 때문이다. 그 툴들이 선생님들에게 쓸모가 없었던 것은 그들에게는 낯설고 위협적으로 느껴졌기 때문이었다.

세계 곳곳을 누비며 공부했던 시간을 돌이켜보면, 경험이 독특하고 불안할수록 나는 오히려 더 많이 성장했다. 시간이 지나면서 '새로움이 주는 불편함'을 찾아다니고 있었다. 그렇게 하면 어떤 식으로든 늘 보람찬 결과를 얻었다. 어느새 나에게는 불확실하고 낯선 상황에서 기회를 알아보는 능력이 계발되어 있었다. 마치 어느 날 일어나보니 새로운 언어를 말하게 되거나 비행기를 조종할 수 있게 된 것처럼 말이다. 눈이 확 뜨이는 기분이었다.

두 번째는 모호하고 불확실한 것을 불편해하는 사람이 너무나 많다는 사실이다. 사람들은 즉각 식별할 수 없는 것은 회피하려고 한다. 인간은 사물을 조리 있게 이해하려는 본능이 있다. 그래서 자신에게 일어나고 있는 일이 안전하고, 익숙하며, 미리 정해진 내용인 것처럼 각본을 만들려고 한다. 그러나 현실은 그런 식으로 펼쳐지지 않는다. 나는 왜 사람들이 모르는 것을 지향하지 않는지 이상하다는 생각이 들기 시작했다. 모르는 것을 지향하면 오히려 실제로 벌어질 일에 영향력을 행사하기가 더 쉬워질 텐데 말이다.

이즈음 구글에서 '혁신, 창의성, 디자인 학습설계팀장' 자리를 제안해와 수락했다. 스타트업 경험에서 배운 내용을 적용해보고 싶은 마음이 간절했다. 그렇다. 나는 세계에서 가장 큰 기술 회사에 '중요한 것은 기술이 아니다.'라는 사실을 가르치러 가는 길이었다.

구글에서 내가 맡은 임무는 최대한 많은 팀과 협업하면서 사내에서 혁신이 어떻게 일어나는지 알아내는 것이었다. 혁신으로 유명한 이 회사에서 말이다. 그런 다음 전사적으로 혁신 솔루션 개발을 지원할 수 있는 커리큘럼을 만들 예정이었다. 최종 목표는 사내 어느 부서에서 일하고 있든, 직급이 무엇이든 관계없이, 모든 직원이 '구글만의 혁신법'을 통해 어떤 문제든 해결할 수 있게 훈련시키는 것이었다.

처음 더블린에 근거를 잡은 나는 18개월 동안 구글의 27개 지부를 방문하면서 전 세계 수백 명의 구글러를 만났다. 내가 발견한 것을 요약하자면 구글만의 혁신법 따위는 없다는 사실이었다. 혁신을 일으키는 구글러들은 특별한 창의적 프로세스 같은 것을 가지고 있지 않았다. 또한 혁신을 만드는 특정한 환경 유형이 있는 것도 아니었다. 유일한 공통점이라면, 독특한 세계관이었다. 이 세계관이 그들이 하는 모든 일의 접근법에 영향을 주고 있었다.

또한 이들에게는 혁신 자체가 중요한 게 아니라는 사실도 발견했다. 그들이 초점을 맞추고 있는 대상은 자신이 개발하는 신제품이나 신규 서비스를 넘어서 있었다. 그들은 미래를 생각하고 있었다.

이렇게 비상한 사람들 곁에서 10년 넘게 배우며 일하다 보니, 나는 구글의 최고혁신전도사Chief Innovation Evangelist로서 좋은 소식을 설파하고 있었다. "당신은 창의적이다." "당신은 예리한 시각을 갈고 닦아 미래를 혁신하고 만들어갈 능력이 있다." 직책명이 직책명이다 보니, 다음과 같은 내용을 묻는 이메일과 전화를 많이 받았다. "어떻게 하면 더 혁신적인 사람이 될 수 있을까요?" 이 분야에서 오랫동안 일하면서 혁신을 할 수 있는 올바른 생각을 가진 개인 및 조직과 그렇지 못한 개인 및 조직의 차이점을 목격했다. 세상의 모든 자원을 다 가진 기업이라고 해도 미래에 대한 올바른 전망이 없으면 혁신을 할 수 없다. 최고의 창의적 인재도 미래에 귀를 기울이지 않으면 혁신할 수 없기는 매한가지다.

혁신적인 구글러 수천 명을 관찰하면서 목격한 그 시각, 나는 이것을 '퓨처 레디 마인드future-ready mind'라고 부른다. 이 퓨처 레디 마인드야말로 미래라는 말이 대변하는 '가능성'에 불을 붙이는 비결이다. 유연하면서도 늘 주의를 기울이는 이 마인드는 여섯 가지 법칙으로 구성되는데 이 법칙 덕분에 우리는 모호함과 불확실성을 의도한 대로 헤쳐 나갈 수 있다. 이들이 강화되면 파급력 있는 선택을 하게 된다. 프로세스보다는 사람에 초점을 맞추고, 일방향적이기보다는 전방위적인 선택을 하게 된다. 편견은 줄어들고 평등은 늘어나며, 더 목적지향적이고, 자연스러우며, 심지어 영적인 선택을 하게 된다.

퓨처 레디 마인드는 외적 변화를 이끄는 내면의 나침반이다. 문제점이나 난관을 혁신과 변화의 기회로 볼 수 있게 해주는 프리즘이다. 이 마인드를 갖추고 있으면 내러티브를 만들고 스토리의 전개를 결정하게 된다.

미래는 하나가 아니다. 당신에게도, 당신이 구성원으로 있는 공동체에도, 수많은 '가능 미래'가 존재한다. 퓨처 레디 마인드는 타인과의 협업 및 파트너십을 추진하는 동력이 된다. 그 협업과 파트너십은 당신이 그들과 공유하는 미래에 기하급수적인 파급력을 미칠 수 있다.

'미래가 되면 어떤 일이 벌어질까?'라고 묻는 것은 수동적인 질문이다. '나는 어떤 미래를 만들고 싶은가?'가 퓨처 레디 마인드를 가진 사람의 질문이다. 퓨처 레디 마인드를 갖추면 자신의 미래를 테스트해볼 수 있다. 어느 미래가 내 몸에 맞는지 계속해서 입어보면서 내가 선택하는 길을 만들어갈 수 있다. 퓨처 레디 마인드는 컴퓨터의 운영 체제다. 기계의 엔진이다. 수맥을 찾아줄 막대다. 에너지와 영감을 발산하며 당신이 매일 만들어가는 그 미래를 향해 당신을 이끌어준다.

그리 오래되지 않은 일로 열흘짜리 묵언 명상 캠프에 참여한 적이 있다. 지금까지 해본 일 중 가장 어렵고도 보람 있었던 일이었다. 처음 사흘간은 온전히 호흡에만 집중했다. 특히 숨을 들이쉬고 내쉬는 것을 관찰하며 콧구멍 아래, 윗입술 위의 좁은 면적에만 온통 정신을 집중했다. 이 단계가 지나고 나니, 마음이 차분해지고 이리저리 널을 뛰던 생각들이 뜀박질을 멈추었다. 이후 이레 동안 몸과 정신과 감정의 아주 작은 움직임까지 관찰하면서 자연의 최고 법칙을 경험할 수 있었다. 바로 '변화'였다.

나는 내 안에서도, 내 밖에서도 변하지 않는 것은 오직 변화 그 자체뿐임을 통감했다. 늘 그렇다고 믿어왔지만, 지금 생각해보면 이전의 생각은 추상적인 믿음에 불과했다. 묵언 명상 캠프에서의 경험은 변화가 얼마나 거역할 수 없는 진실인가를 거의 분자 수준까지 절실히 깨닫게 만들었다. 그렇게 열흘을 채우는 동안 미래를 향해 더 세밀하고 정확하게 초점이 맞춰져가는 느낌을 받았다.

운전을 해서 집으로 돌아오는 길에 내 앞에 놓인 길이 아주 선명하게 느껴졌고 어마어마한 자신감을 느꼈다. 그 길이 나를 어디로 이끌든 상관없을 듯했다. 변화에 저항하려는 우리의 타고난 편향을 생각해보라. 아주 작은 변화의 낌새만 보여도 우리는 긴장으로 반응한다. 그러나 변화를 선택하면, 모든 게 잘될 것 같은 기분이 들면서 변화가 하나의 기회로 보인다. 만약 우리가 아무것도 영원할 수 없다는 이 개념을 받아들이고, 예기치 못한 일은 당연히 일어날 거라고 늘 생각하며 지낸다면, 과연 어떤 일이 벌어질까? 항상 미래에 대비된 상태로 살아간다면, 내일 혹은 다음 주 혹은 내년에 우리는 뭘 이뤄낼 수 있을까?

내가 이 책을 쓰는 이유는 과거는 이미 사라졌고, 우리가 가진 거라곤 '다음에 올 것what's next'뿐이기 때문이다. 내가 이 책을 쓰는 이유는 '당신의' 미래가 기대되기 때문이다. 당신은 미래를 바꾸기 위해 당신 자신에게 투자할 기회가 있다. 당신 앞에는 그 어느 때보다 크고 다루기 힘든, 전 지구적인 여러 문제가 있다. 또한 커리어나 남녀관계처럼 버거운 개인적 걱정거리들도 있다. 삶의 이런 당면 과제들은 광범위하고 민첩하며 인간적인 접근을 요구한다. 퓨처 레디 마인드로 세상을 바라볼 것을 요구한다. 이 마인드는 당신이 아직 모르는 무언가를 본능적으로 어떻게 해야 할지 아는 무언가로 변환시킨다. 솔루션을 찾아내고 변화를 주도해 타인들에게까지 빛이 되게 만든다.

이 책을 그냥 읽기만 해서는 안 된다. 일상생활에서 퓨처 레디 마인드를 키우고 적용했을 때 무슨 일이 벌어지는지 직접 '체험하라.' (당신처럼) 미래가 그냥 벌어지는 것보다는 스스로 선택한 미래를 실현하고 싶어 하는 주위 사람들과 이 책에 대한 '이야기를 나눠라.' 이 책에서 보여주는 여러 아이디어와 '퓨처 레디 액션'을 배움을 강화하는 데 '활용하라.'

책에서 소개하는 뛰어난 구글러들의 목소리에 귀를 기울여보라. 내가 교육하고, 코칭하며, 가까이서 일했던 이 사람들은 우리가 함께 배운 것들을 토대로 새로운 운동을 전개하고 매일 10억 명 이상이 사용하는 서비스를 개발했다. 이들 다수가 퓨처 레디 사고를 세상에 가지고 나갔고, 타인에게까지 퓨처 레디 마인드를 키워 혁신을 주도하고 미래를 만들어갈 수 있도록 영감을 불어넣었다. 나에게 이들은 우리가 생각하는 그대로 미래를 만들 수 있다는 최고의 증거다.

이 책은 당신을 지금과 다른 사람으로 만들려고 하지 않을 것이다. 이미 당신 안에 있는 강력한 자산으로 더 많은 일을 할 수 있는 방법을 보여줄 것이다. 그래서 당신이 앞으로 벌어질 일에 대비만 되어 있는 것이 아니라, 적극적으로 당신의 미래를 만들어갈 수 있게 해줄 것이다. 퓨처 레디 마인드를 키우는 일은 하루아침에 되지 않는다. 인간 경험에 아로새겨진 수천 년의 본능을 거슬러야 하는 일이기 때문이다. 그러려면 목적과 연습이 필요하다. 이 책은 즉각 효과를 볼 수 있게 쓰였다. 책을 읽어나가는 동안에도 이미 당신의 시각이 바뀌고 있는 게 느껴질 것이다.

당신이 이 책을 진심으로 받아들인다면, 더 깨어 있고, 직관적이며, 더 큰 파급력을 가진 사람이 될 것이다. 가지고 있는 잠재력을 실현해 자신의 경험뿐만 아니라 타인의 삶까지도 고양시키게 될 것이다. 궁극적으로 바라는 큰 변화(당신이 꿈꾸는 '더 좋은 세상'에서 사는 것)에 한몫을 담당하고 싶다면, 당신부터 시작해야 한다. 바라 마지않는 미래를 만들기 위해, 하루가 급하다는 마음으로 가진 힘을 발휘하라. 지금 여기서부터 시작하면 된다.

차례

미래,
그리고
당신

THE FUTURE AND YOU

당신은 미래에 대해 무엇을 아는가. 미래는 당신에 대해 무엇을 아는가. 창의성과 상상력은 잠들어 있는 퓨처 레디 마인드의 차원을 깨운다. 당신이 가고 싶은 곳으로 데려다준다.

당신은 얼마나 자주 미래를 생각해보는가. 시도 때도 없이? 가끔? 한 번도 없다고? 미래를 얼마나 자주 생각하는가는 당신에 대해 많은 것을 이야기해준다. 현재 상태에 얼마나 만족하는지(혹은 만족하지 않는지)를 알려주고, 곧 일어날지도 모를 일에 대해 얼마나 희망적인지(혹은 절망적인지)를 말해준다. 당신은 미래를 당신의 목표나 열망과 적극적으로 연결시키기 때문에 자주 미래를 생각할지 모른다. 또는 언젠가 좋은 일이 일어날지도 모른다는 막연한 생각으로 자주 생각할 수도 있다. 혹은 미래가 불확실성을 대표하고 불안하게 만들기 때문에 생각하지 않으려고 할 수도 있다. 아니면 현재 처한 상황에 따라, 혹은 살고 있는 문화적·사회적·경제적 환경에 따라 미래에 대해 희망을 느꼈다가 두려움을 느꼈다가 할지도 모른다.

더 중요한 질문은 이것이다. '미래를 떠올릴 때 그 안에 당신도 함께 그려지는가?' 가까운 미래의 당신 모습은 보일지도 모른다.

지금 겪는 것과 비슷할 거라고 예상하기 때문이다. 그러나 20년 후의 당신 모습도 그려지는가? 50년 후는 어떤가? 가까운 미래처럼 잘 그려지지는 않을 것이다. 적어도 아주 선명하지는 않을 것이다. 대부분의 사람은 먼 미래를 짐작해볼 때 거기에 살고 있는 사람들은 생각하지도, 알아보지도 못한다. 그래서 현재의 내 행동이 가져올 결과를 나와는 상관없는 일처럼 생각하기 쉽다. 미래 역시 1차원적인 구조물이 된다. 여러 캐릭터가 등장해 일상에 스며든 AI나 로봇, 혹은 시공간 여행 같은 것들로 우리를 즐겁게 해주는 말끔한 무대 같은 것이 되어버린다. 수많은 사람에게 미래가 이런 식으로 보이는 이유는 그동안 미래학자들이 미래를 그렸기 때문이다.

보편적 미래 vs. 당신의 미래

미래학자들은 흥미로운 집단이다. 그들은 일주일 내내 24시간 미래만 생각한다. 그리고 현재의 트렌드에 기초해서 미래가 어떤 모습일지 예측을 내놓는다. 어떤 미래학자들은 데이터를 고집하면서 그래프 위의 직선이 다음은 어디를 향할지 상당히 직설적으로 이야기한다. 또 다른 미래학자들은 데이터를 고려하기는 하지만 좀 더 공격적으로 비약적인 추측을 내놓는다. 물론 그중에서도 가장 큰 즐거움을 주는 미래학자들은 데이터를 흘끗 보고 기민한 상상력을 발휘하는 부류다. 이들은 미래에 대한 이미지를 떠올리게 만들어서 지금 현재를 살고 있는 평범한 사람들을 감질나게 만들거나 공포로 몰아넣는다.

존경받는 미래학자도 많다. 나는 오랫동안 그들의 글을 읽거나 팔로우해왔다. 그들은 각자 미래에 대해 조금씩 다른 시각과 비전을 제공한다. 그럼에도 나는 미래학자에 대해 다음과 같이 뭉뚱그려 말하는 데 주저함이 없다. "미래학자들은 보편적 미래$^{the\ future}$를 고민하는 것이지, 당신의 미래$^{your\ future}$를 고민하는 게 아니다!"

미래학자들은 앞으로 세상이 어떻게 될지 힌트가 될 만한 여러 트렌드와 예측, 기술에 관심을 가진다. 그들은 과거를 보고 패턴을 찾아낸 다음, 저 멀리에 있는 미래를 지목한다. 그 예측이 현실이 될 수도 있고 아닐 수도 있는 막연한 어느 시점 말이다. 그들이 말하는 미래는 이상적인 형태의 미래다. 현재나 과거만큼 복잡하거나 모순적인 미래를 이야기하는 경우는 거의 없다. 그런데 어떻게 된 노릇인지 미래학자들이 그리는 그림 속에 인간을 넣으면 넣을수록 공감이 안 된다. 왜냐하면 우리는 자신이 어떤 트렌드나 패턴의 일부라고 생각하지 않기 때문이다. 나의 미래는 개인적인 내러티브라고 생각한다. 그 내러티브가 얼마나 모호하고, 불확실하며, 규정되지 않았는지 깨닫는 순간, 불안이 엄습해온다고 하더라도 말이다.

물론 우리는 미래가 걱정된다. 과거나 현재는 우리가 알고 있는 단단한 육지처럼 안전하고 편안한 느낌이지만, 미래는 우리가 두려워하는 우주의 웜홀 같다. 그리고 이는 대부분 변화에 대한 두려움 때문이다. 하지만 생각해보면 웃기는 일이다. 변화는 늘 일어나고 있고 항상 주변에 널려 있다는 걸 기나긴 진화의 과정이 보여주지 않았는가. 이상하게도 우리는 100퍼센트 변화의 산물인데도 불구하고 본능적으로 변화에 저항한다. 다시 말해, 변화가 우리를 만들어냈음에도 우리는 변화를 좋아하지 않는다.

우리를 바싹 추격해오는 건 진화만이 아니다. 오늘날 변화는 유례없는 속도로 가속화되고 있어서, 실제로 코앞에서 보일 정도다. 이렇게 끊이지 않고 일어나다 보니 미래학자들은 마치 찍어내듯이 빠른 속도로 예측을 쏟아내고, 그 예측들이 뉴스 헤드라인을 장식하니 모두가 미래에 대해 더 불안해진다.

그렇다면 이렇게 하는 게 어떨까? 미래학자와 내러티브를 분리시켜보자. 보편적 미래에 무슨 일이 가능한지를 두고 조마조마해하지 말고, '당신'의 미래에 무슨 일이 '일어나야' 하는지를 열심히 생각하는 것이다. 당신의 미래는 저 멀리 있지 않다. 당신의 미래는 바로 여기 코앞에 있다. 당신의 미래는 당신이 내리는(혹은 내리지 않는) 무수히 많은 '선택'으로 이뤄진다. 그 선택이 당신 삶이 어디로 갈지, 어떻게 거기까지 갈지를 결정한다. 당신이 내리는 모든 선택은 당신의 미래를 엮고 만드는 과정의 일부다. 당신이 '내리지 않는' 선택들이 합쳐지면 남이 결정한 미래가 된다.

당신이 선택을 더 많이 할수록, 당신 앞에 더 많은 가능성이 나타난다. 당신이 탐구할 가능성이 늘어날수록, 당신이 경험하고 싶은 바로 그 미래를 만들어낼 준비가 잘 갖춰진다. 그렇기 때문에 '당신의' 미래라고 말하는 것이다. 한 번에 하나씩 당신의 선택으로 만들어지는 미래 말이다.

퓨처 레디 마인드 6

다음의 몇 가지 시나리오를 한번 생각해보자.

당신은 디즈니랜드를 방문했다. 롤러코스터 어트랙션인 스페이스마운틴을 타려고 좌석에 앉아 벨트를 맸다. 칠흑 같은 어둠 속, 앞이 하나도 보이지 않는다. 놀이기구가 획획 방향을 틀 때마다 이리저리 흔들린다. 기구가 훅 떨어질 때마다 숨이 턱턱 막힌다. 다음번 '덜컹'에 대비를 해보려고 하지만, 그게 언제가 될지 도무지 알 수가 없다. 이렇게 3분의 여정이 끝나면 그제야 안도하며 밖으로 걸어 나와 햇빛을 본다. 그리고 기구를 한 번 더 타기 위해 다시 뒤로 가서 줄을 선다.

당신은 그랜드캐니언에 래프팅을 하러 갔다. 동굴과 폭포, 잔잔한 지류와 여울의 급류는 모두 수백만 년 동안 콜로라도강이 층층이 쌓인 암석들을 뚫고 지나간 흔적이다. 지금 따라가는 코스는 역사가 정해놓은 것이지만, 앞으로 나타날 난관들을 예측하고 대응할 수 있도록 당신은 강의 구석구석을 자세히 공부해두었다.

당신은 보스턴에서 출발해 샌프란시스코까지 가는 비행기의 조종사다. 눈보라가 한바탕 중서부 북부를 휩쓸고 지나가는 중이고 남부 곳곳에서는 천둥번개가 치고 있다. 비행에 필요한 정보(바람과 날씨 패턴 등)를 모두 인지했고, 그 정보를 이용해 목적지까지 안전하게 가는 루트를 고르는 방법도 알고 있다.

당신은 라스베이거스에서 카지노 기계를 당기고 있다. 벌써 두 시간째다. 제발 이번에는 당첨되기를 간절히 바라는 마음으로 코인을 넣고 또 넣는다. 벌써 20분째 당긴 기계에서 반응이 없자, 다음 기계로 넘어간다. 그런데 방금 떠난 그 기계에 다른 사람이 앉아 레버를 한 번 당기자, 코인이 우르르 끝도 없이 쏟아진다. '제기랄.' 속으로 그렇게 생각하며 '클레오파트라의 보물'이라고 쓰인 기계에 다시 또 코인 하나를 밀어 넣는다.

앞의 상황들은 나에게 일어나는 일에 대해 내가 얼마나 영향력을 갖고 있다고 믿는지 생각해보게 한다.[1] 또 일어나는 일에 대해 내가 얼마나 준비되어 있는지도 생각하게 된다. 그저 나쁜 결과를 피하기 위해서만이 아니라 좋은 결과가 나오도록 길을 닦는 준비까지도 말이다.

변치 않는 진실이 하나 있다. '일어나는 일을 당신이 모두 다 통제할 수는 없다.' 롤러코스터는 정신없이 돌고, 강물은 쏜살같이 달리며, 폭풍우는 몰아친다. 칩이나 코인은 떨어지고 싶은 곳에만 떨어질 것이다. 그러나 또 다른 진실도 있다. '각각의 사건에 어떻게 반응할 것인지는 당신이 통제할 수 있다.' 올바른 생각을 갖고 있다면 무슨 일이 벌어지든 준비가 된다. 오히려 내 앞에 무슨 일이 닥치든 기꺼이 한판 뜰 태세가 갖춰진다. 이게 바로 퓨처 레디 마인드다.

마인드는 주어진 순간에 당신이 장착하고 있는 시각이다. 마인드는 그 순간의 생각, 감정, 관심의 초점을 모두 포괄하는 것으로, 현재를 어떻게 경험할지 결정한다. 지각과 인지에 영향을 미쳐 당신이 어떤 행동과 반응을 선택할지에도 영향을 준다. 빛의 양에 따라 동공이 커지고 작아지는 것처럼, 마인드도 그 순간의 내용이나 맥락에 따라 변동한다.

퓨처 레디 마인드는 6가지 법칙을 통해 발휘할 준비를 갖춘다. 그 6가지 법칙이란 낙천성, 개방성, 호기심, 실험, 공감력, 그리고 당신의 X차원이다.

■ **끝내주는 낙천성** "유리잔에 물이 반이나 차 있다."를 훨씬 뛰어넘는 수준의 낙천성이다. 극단적으로 낙천적인 사람은 골치 아픈 문제도 프레임을 바꿔 긍정적으로 받아들이고, 끝내주는 결과가 나올 거라는 희망을 품는다. 끝내주는 낙천성이 있으면 모든 경험에서 기회가 보인다.

■ **거침없는 개방성** 쉽게 말해 다른 사람의 품으로 자유낙하하는 것이다. 그들이 나를 꽉 잡아줄 거라고 믿어서가 아니라, 잡아주든 잡아주지 않든 내가 얻을 게 있다고 믿기 때문이다. 거침없는 개방성은 기회가 나를 찾아낼 수 있는 곳으로 데려다준다.

- **강박적 호기심** 당신을 미지의 땅 토착민으로 만든다. 미스터리에 흠뻑 취하고, 한 번도 못 가본 길을 탐구하고 싶게 만든다. 강박적 호기심은 이전에는 존재하지 않았던 기회로 가는 길을 개척한다.

- **끊임없는 실험** 즉각적 발견의 원동력이다. 아이디어를 빠르게 반복적으로 테스트하면서 새롭게 알게 된 사실을 따라가게 만든다. 여러 기회 중 어느 것을 추구하는 게 가장 바람직할지 알려준다.

- **광활한 공감력** 한 인간의 경험을 다른 인간의 경험과 이어준다. 그런 만남이 교차로가 되고 다리가 되어 미래로 가는 길이 놓인다. 광활한 공감력은 모든 기회의 영향력을 배가시킨다.

- **당신의 X차원** 오직 당신만이 가지고 있는 슈퍼파워다. 당신 안에 뜨겁게 흐르고 있는 힘이다. X차원은 지금 당장 일어나는 일뿐만 아니라 내일 당신의 미래가 어떤 모습이 될지에도 큰 영향을 미친다. X차원은 기회가 나타났을 때 행동하게 만든다.

퓨처 레디 마인드는 당신의 재능과 개성이 미래를 향한 열망에 발맞춰 발휘되도록 도와준다. 이들은 강력한 힘을 지녔다. 이 6가지가 온전히 증폭되고 합쳐져 하나의 세계관을 형성하면 당신 주위에 널린 온갖 가능성이 그 모습을 드러낸다. 다른 그 어느 요소보다 당신의 선택에 큰 영향을 미친다. 왜냐하면 당신 내면의 가장 인간적인 곳에서 발원하기 때문이다.

그러나 이 마인드는 '머슬 메모리muscle memory'가 생기도록 연습을 해야만 제 힘을 발휘한다. 이들이 발휘되지 않으면 무엇이 최선의 선택인지 보이지도 않고 그런 선택을 내릴 수도 없다. 그러면 다른 본성(두려움이나 불안 등)이 당신의 선택을 좌우하게 되고, 그 결과는 만족스럽지 않을 수도 있다.

반면에 이러한 마인드를 갈고닦으면 엄청난 일들이 벌어진다. 먼저, 미래가 너무나 기다려질 것이다. 당신이 내린 선택들이 당신을 어디로 이끌지 설레게 된다. 또한 훨씬 더 많은 선택을 내리게 될 것이다. 선택이 늘어난다는 말은 기회가 늘어난다는 뜻이다. 당신은 늘 앞으로 나아가게 된다. 이들은 당신을 어느 지점에 묶어놓지도, 뒤로 잡아당기지도 않기 때문이다. 마지막으로 당신의 미래를 당면한 것, 구체적인 것으로 만든다. 미래는 더 이상 멀리 있거나 추상적인 것이 아니게 된다.

퓨처 레디 마인드는 정해진 틀이 아니다. 미래를 향한 촘촘한 접근법, 즉 턴키turnkey도 아니다. 이들은 역동적이고 독립적이지만 상호 보완적인 요소다. 오르락내리락하면서 지속적으로 나타나고, 펼쳐지며, 재결합된다. 사람들은 정해진 틀이나 정적인 모형에 매력을 느낀다. 그래야 아이디어를 익숙한 맥락 속에 집어넣을 수 있기 때문이다. 그러나 현실은 그렇지 않다. 나는 여러분이 이 중

익숙한 무언가에 매달리지 않기를 바란다. 각각의 마인드를 발휘함으로써 새로운 것을 보고 새로운 방식으로 미래를 생각해보기를 바란다.

6가지 법칙은 동시에 전부 다 사용하거나 똑같은 정도로 한꺼번에 사용하는 게 아니다. 서로 보완적이지만 종합하거나 조율할 정교한 알고리즘 따위는 없다. 경험마다 다르게 반응해야 한다. 때로는 개방성이 더 많이 필요하고, 때로는 공감력이 더 많이 필요하다. 마치 클럽의 DJ가 어느 노래에는 베이스를 키우고 다른 노래에는 템포를 바꾸며 트랙을 믹싱하듯이, 매순간마다 무엇을 활용해야 할지 감수성을 키워야 한다.

내면의 스위치를 켜라

다음과 같은 상황을 생각해보자.

당신은 어릴 때부터 의사가 되기를 꿈꿔왔다. 좋은 의대를 졸업하고 지금은 유명 대학병원의 레지던트 3년차이다. 선택한 길이 쉽지 않으리라는 걸 알고 있었지만, 살인적인 근무시간과 수면 부족, 맞지 않는 동료들 때문에 레지던트를 그만두는 것을 심각하게 고민하고 있다. 그러나 당신에게는 의대를 다니는 동안 받았던 학자금 대출 20만 달러가 남아 있고, 의사가 되지 않으면 뭘 하고 살지도 전혀 모르겠다. 이런 상황이 오리라고는 꿈에도 생각해보지 못했다. 당신은 레지던트를 그만두어야 할까, 계속해야 할까?

다음 표에서 각각의 퓨처 레디 마인드에 적힌 문장을 보고, 이 문제가 당신의 고민이라면 뭐라고 생각할 것 같은지 가장 잘 묘사한 것에 동그라미를 쳐보자.

동그라미를 쳤다면 칸마다 있는 동그라미를 선을 그어 순서대로 연결해보자. 대부분 일종의 물결 모양이 나타날 것이다. 어떤 마인드는 올라가고 어떤 마인드는 푹 꺼져 있을 것이다. 직장에서 보람찬 하루를 보냈거나 밤에 잠을 푹 자고 나서 다시 동그라미를 치면, 어제와는 다른 문장을 골라 다른 패턴이 나타날 수도 있다.

이 연습을 해보는 것만으로도 머릿속에 흥미로운 생각들이 떠오를 것이다. 그렇지 않은가? 마인드라는 건 유동적이어서 상황에

끝내주는 낙천성	거침없는 개방성	강박적 호기심	끊임없는 실험	광활한 공감력
- 나는 더 뿌듯한 커리어를 쉽게 찾아낼 것이다.	- 가능한 대안을 반드시 찾고 싶다.	- 내 경험에서 뭘 배울 수 있을까?	- 나한테 맞는 것을 찾아내는 방법을 안다.	- 이 직업을 좋아하지 않으면 내 환자들이 상처 받을 것 같다.
- 시간이 지나면 지금의 상황도 그리 나쁘게만 느껴지지는 않을 것이다.	- 내가 다른 뭘 할 수 있을지 모르겠다.	- 의사가 되지 않더라도 의학에 또 다른 길이 있지 않을까?	- 어디서부터 새로운 커리어를 찾아야 할지 모르겠다.	- 어쩌면 동료들도 나와 같은 기분일지 모른다.
- 커리어를 바꾸기에는 너무 늦었다.	- 아는 것은 의학뿐이다.	- 내가 새롭게 더 알아야 할 게 있을까?	- 새로운 커리어를 잘못 골라서 다시 또 실패하고 싶지 않다.	- 안정성과 집에서 맡은 역할부터 챙겨야 한다.

따라 계속 바뀐다. 그 속에서 목소리를 내는 정도도 다양하다. 낙천성은 높은데 호기심은 낮아서 다른 가능성을 발견하지 못할 수도 있다. 새로운 경험에 대해 마음은 열려 있는데 충분히 실험적이지가 않아서 다음 단계에 뭘 하는 게 가장 좋을지 알아보지 못할 수도 있다. 의사가 되는 과정에 거의 8년을 바쳤고 큰돈을 쏟아 부었음에도, 정말로 원하는 미래를 맞이하는 데 꼭 필요한 선택을 내릴 준비가 되어 있지 않을 수도 있다.

'투쟁-도피 반응^{fight-or-flight response}'이라는 말을 들어보았을 것이다. 갑자기 위협을 느낄 때 작동되는 스트레스 반응이다. 이는 반사적인 반응이어서 스스로 통제할 수 없다. 투쟁-도피 반응이 발동할 것인가 여부는 본능, 혹은 이전의 경험이 결정한다. 마인드는 이런 반사적인 반응과는 구별된다. 투쟁-도피 반응을 불러일으키는 똑같은 사건에 직면하더라도 마인드는 여전히 당신의 행동이나 의사 결정에 영향을 미칠 수 있다. 예를 들어 마인드에서 낙천성이나 개방성이 빠르게 작동하면, 스트레스 반응을 뛰어넘어 위협의 순간을 기회로 만들 수 있다.

당신이 처음으로 일본을 방문했다고 치자. 첫 일정은 도쿄다. 당일치기로 교토에 잠시 다녀오려고 고속열차를 탔는데, 도착하자마자 휴대전화기를 찾을 수가 없다. 미친 듯이 주머니와 가방을 뒤져보지만 전화기는 없다. 호텔에 두고 왔나? 택시에 놓고 왔나? 다시 도쿄로 돌아가서 이 문제부터 해결해야 하나? 지금은 냉정한 사고

46 　　　　　프롤로그

가 되지 않는다. 전형적인 "전화기를 잃어버렸어!" 공황 발작이 일어났기 때문이다. 잠시 시간을 갖고 성급한 행동은 하지 않기로 마음을 정리한다. 몇 분 후 당신은 몇 달 동안 사전조사를 했던 이 도시를 구경하기 전에는 도쿄로 돌아가지 않겠다고 결정한다.

그러면 이제부터 어떻게 할까? 기차를 타고 후시미역에서 내린다. 후시미는 신사참배를 뜻한다고 책에서 읽은 기억이 나지만 신사는 보이지 않는다. 결국 도착한 곳은 사케 골목이다. 500년 역사를 가진 교토의 전통 사케를 홀짝이며 몇 시간을 보낸다. 다시 도쿄로 돌아오는 기차에서 당신의 뇌는 온갖 생각으로 북적인다. 이렇게 오래된 산업은 어떻게 혁신을 하고 있을까? 미래에도 설 자리를 만들기 위해 어떻게 적응하고 있을까?

퓨처 레디 마인드는 당신의 선택에 장·단기적으로 어떤 영향을 미칠 수 있을까. 이 마인드는 이미 당신 안에 존재하고, 원하면 작동시킬 수도 있다. 각각의 마인드를 키우고 강화해서 또 다른 '기본 설정' 반응처럼 만든다면, 무슨 일이 닥치더라도 그 상황을 최대로 활용할 수 있을 것이다. 그렇다면 퓨처 레디 마인드가 발동할 때 창의성과 상상력이라는 엔진에는 어떻게 불이 붙는지 알아보자.

창의성이 당신의 미래를 그린다

사람들은 대부분 '창의성'이라는 말을 잘못 이해하고 있다. 내가 겪어본 바로는, 대부분 창의성이란 운 좋은 몇몇 사람에게만 신이 내려주신 보기 드문 천재성이라고 생각한다. 이렇게 생각하는 이유는 대체로 창의성의 과정보다는[2] 눈부신 결과물(예술작품, 혁신적 기술, 과학적 돌파구)에 현혹되기 때문이다. 우리는 그런 창의적 활동에 깊은 인상을 받고는 저건 내가 감히 범접할 수 없는 영역이라고 즉각 치부해버린다. '내가 저걸 어떻게 해!' 그래서 우리는 배우가 아니라 관객이 된다. 다음번 놀라운 일을 내가 직접 해내는 게 아니라 다른 누군가가 해내기를 기다린다.

창의적 프로세스가 퓨처 레디 마인드에서 수행하는 역할에 대해 처음 생각해보게 되었던 것은 2009년 스탠퍼드대학교 디스쿨과 협업을 시작하면서부터였다. 그곳에서 디자인에 대한 새로운 접근법을 목격한 나는 그때부터 디자인을 '동사'로 이해하게 됐다. 디자인은 '수렴적 사고와 발산적 사고를 결합해서 문제나 기회를 찾아내고, 새로운 아이디어와 솔루션을 개발하는 적극적 과정'이라고 말이다. 이후 나는 창의성의 여러 요소 중에 창의적 '과정'을 중시하게 됐다.

창의적 '산물'이 아니라 창의적 '과정'에 초점을 맞추면 창의성에 대한 잘못된 인식을 깨부수는 데 도움이 된다. 창의적 과정이란 다른 게 아니라 오감으로 들어오는 모든 것을 뇌가 서로 연상지어 보는 작업이다. 누구나 이런 연결 작업을 끊임없이 하고 있다. 의식적일 때도 있고 무의식적일 때도 있지만, 이 작업은 항상 일어나고 있다. 그 연관성으로 무엇을 할 것인가 하는 점이 바로 창의성과

48

퓨처 레디 마인드 관계의 핵심이다.

우리는 반짝거리는 창의적 결과물에서 눈을 떼지 못하지만, 실제로 창의적 과정의 핵심은 인풋에 있다. 나는 이 인풋을 '점^{dot}'으로 생각하는데, 창의성에는 수많은 점이 필요하다. 언제든 주변에 널려 있는 무수히 많은 정보와 경험, 아이디어가 바로 이 점이다. 창의적인 인풋이 들어올 때는 이 점들이 보인다. 나는 혹시나 점들이 있지는 않은지 늘 주위를 유심히 살피고, 점들을 수집한다. 그리고 일부는 그러모아 내 '생각'에게 소개해준다. 낙천성과 개방성, 호기심 덕분에 이 점들을 알아보고 수집할 수 있다.

그러고 나면 창의적 아웃풋이 시작된다. 들어온 정보와 아이디어로 무한한 조합을 만들어 가지고 놀면서 점들을 서로 연결하기 시작한다. 그리고 이 연결의 결과로 종종 무언가 새로운 것을 세상에 내놓기도 한다. 점들을 연결할 때 도움을 주는 것은 공감력과 개방성, 실험적 사고이다.

창의적 인풋을 늘리기 위해서는 주변에 널려 있는 점들에 예민해져야 한다. 훈련을 하면 더 많은 점을 더 잘 알아볼 수 있다. 창의적 아웃풋을 늘리고 싶다면 의식적으로 그 점들을 가지고 무언가를 하겠다고 마음먹으면 된다. 더 많은 점을 서로 이어서 그걸로 새로운 것을 만들도록 훈련할 수도 있다.

매일 출퇴근 시간에 만날 수 있는 점은 몇 개나 될까? 지하철역까지 매일 똑같은 다섯 블록을 걸어가서 지하철을 타고 정확히 여덟 정거장 후에 내리고, 다시 세 블록을 걸어가서 늘 가는 커피 가판대에 들른 다음 사무실로 들어간다. 자동조종모드일 때는 아무것도 눈에 들어오지 않는다. 아니면 늘 보던 똑같은 것만 본다. 지금까지 눈에 들어오지 않았던 그것들 말이다. 하지만 눈을 크게 떠봐라. 많은 게 보일 것이다.

지하철역까지 걸어가는 동안 지나치는 모든 사람에게 눈길을 주기로 결심한다면, 혹은 지하철을 한 정거장 일찍 내린다면, 혹은 다른 곳에서 커피를 산다면, 사무실 책상에 앉을 때쯤이면 평소와 조금은 다른 생각과 아이디어가 머릿속을 돌아다니고 있을 것이다. 뭐 대단한 것은 아니더라도 '새로운' 생각이나 아이디어 말이다. 그렇게 오늘 당신이 머릿속으로 초대한 창의적인 자극들(점들)이 어쩌면 어제 당신을 괴롭혔던 조그마한 문제를 해결하는 데 도움이 될지도 모른다.

창의성은 여러 방식으로 구현되고 표현될 수 있는 다차원적 구조물이다. 그중에는 유형적인 방식도 있고 무형적인 방식도 있다. 우리가 그 차원들을 더 깊이 파고들어 이해한다면, 창의성이 각 영역을 어떻게 성장시키고 당신의 미래를 구성할 원료를 키우는 데 어떻게 도움을 주는지 보일 것이다.

미래를 가까이 둔다는 것

미래학자들은 시각적인 걸 좋아한다. 학자별로 주장하는 트렌드나 예측은 달라도, 미래가 어떤 모습을 띨 거라는 생생한 그림을 함께 제시하게 마련이다. 우리가 '미래' 하면 떠올리는 이미지는 대부분 SF작가 아이작 아시모프^{Isaac Asimov}와 영화감독 조지 루카스^{George Lucas}, 그리고 TV 애니메이션 〈우주가족 젯슨^{The Jetsons}〉에서 얻은 것이다. 그런데 이렇게 먼 미래를 상상하는 게 실제로 미래가 다가왔을 때 도움이 될까? 별 도움이 되지 않는다. 반면에 코앞의 미래를 상상해보는 것은 도움이 된다.

상상이란 지금 당장 진짜이거나 진실인 것들을 잠시 옆으로 제쳐두고, 딱히 명백하다고 말할 수 없는 어떤 결과나 대안을 생각해보는 것이다. 미래학자들은 미래에 대한 예측을 내놓으려고 상상하지만, 디자이너들은 미래의 특정 가능성을 대표하는 시나리오를 폭넓게 상상해본다. 퓨처 레디 마인드를 가진 사람은 자신의 미래로 가는 길을 상상한다. 특히 한 발 앞으로 나아가기 위해 어떤 선택을 할지 상상해본다.

지금 하는 일을 생각해보고 앞으로 한 시간 후, 혹은 하루 또는 일주일 후에는 내가 뭘 어떻게 다르게 하고 있을지 상상해보는 것을 나는 '미래를 가까이 둔다.'라고 표현한다. 미래를 가까이 두면 미래에 직접적으로 영향력을 행사할 수 있는 힘이 생긴다. 이는 결과 지향적 사고를 이야기하는 게 아니다. 상상력을 발휘해서 코앞의 것 그 너머를 보는 점진적 프로세스를 이야기하는 것이다. 결과적으로 상상력은 리스크가 있는 선택을 일부러 할 수 있는 흥미로운 기회를 만들어내는 데 도움이 된다. 어찌 보면 바로 다음에 나타날 가능성을 상상하기 위해서는 리스크를 감수하는 게 반드시 필요하다.

상상력을 어떻게 활용하면 미래를 가까이 둘 수 있을까? 예를 들어 당신은 늘 소설가가 되고 싶은 꿈이 있었다고 치자. 낮에는 뼈 빠지게 일을 하고, 밤이면 서점 서가에서 환하게 빛나고 있을 당신의 소설을 꿈꾼다. 소설에 대해 생각할 때 당신은 먼 미래에 일어날 일처럼 생각한다. 집필에 전념할 수 있는 시간과 자원이 마련될 때 벌어질 일이라고 말이다. 당신이 소설 집필을 끝냈을 때 마주하게 될 무시무시한 장애물들(편집자나 출판사 찾기) 역시 안전하게 먼 미래에 위치시켜둔다.

그러다가 당신 삶에 어떤 균열이 일어나서 (직장을 바꾸거나 가족 내 위기, 글로벌 팬데믹 같은) 우선순위가 뒤바뀐다. 소설은 더 이상 '미래'라고 써서 옷장 제일 위에 올려둔 텅 빈 신발상자가 아니다. 갑자기 즉각적인 행동(지금 당장 할 수 있는 일)을 또렷이 떠올릴 수 있게 된다. 실제로 책이 나올 수도 있는 그런 행동 말이다. 당신은 아침 일찍 시간을 조금 떼서 하루에 200자씩 글을 쓰기 시작한다. 몇 달이 흐르고 챕터 하나가 완성되면 피드백을 줄 집필 파트너를 찾아 동기부여를 이어간다. 소설이 모양을 갖추면서 온라인 작가 커뮤니티에 가입하고, 그 덕분에 출판 과정에 대해 더 잘 알게 된다. 이제는 앞으로 밟아야 할 서너 단계가 아주 분명하게 보이고, 어쩌면 원고가 편집자의 손에 전해질 수도 있을 듯하다.

그래서 지금 당신 손에 책이 들려 있는가? 그건 아니다. 하지만 당신은 미래를 가까이로 가져왔고, 소설을 쓰는 데 필요한 달성 가능한 작은 단계들을 상상해냈다. 이 미래는 현실이 되고 있다. 더 이상 공상이 아니다. 그 과정에서 당신은 소설을 출판하는 것 이상의 가능성을 발견했을지도 모른다. 미래를 저 멀리에만 두었다면 결코 마주치지 못했을 그런 가능성 말이다.

상상은 미래에만 초점을 맞추지 않는다. 과거와 현재에도 초점을 맞춘다. 당신은 인간이 만든 온갖 것들(문학, 예술, 건축)을 생각하며 역사의 어느 순간을 떠올린다. 당신이 직접 경험한 것들, 여러 기억과 감정이 오감과 합해져서 '현재'가 된다. 미래를 생각할 때는 이런 자원들을 몽땅 끌어와서 이다음에는 어떤 일이 벌어져야 할지 상상한다.

구글에서 내가 마지막으로 맡았던 프로젝트 중에 '프로젝트 리이매진Project Reimagine'이라는 게 있었다. 팬데믹 초창기 전 세계 13만 5000명의 구글러를 위해 유연 근무 환경, 하이브리드형 차세대 직장 모형을 개발하려고 했던 전사적 운동이었다. 6주간 쉼 없이 질주한 이 혁신 운동은 '우리가 미래에 어떻게 일하고 싶은지' 말 그대로 다시 상상해보려고 했다. 나는 구글의 각 분야 리더 25인에게 앞으로 3년에서 5년 후 직장이 어떤 모습일 것 같은지 은유적으로 표현해달라고 했다. 예컨대 벌집이라든가 우주정거장과 같은 식으로 말이다. 그러나 리더들은 먼 미래를 추상적으로 생각하는 것을 어려워했다. 그 시기에는 누구라도 그랬을 것이다. 다들 하던 일을 매일 계속할 수 있게 재택근무에 직접적으로 필요한 장비에만 초점을 맞추는 듯했다.

구글은 1990년대에 사실상 '직장의 미래'를 발명한 것이나 마찬가지다. 전형적인 풍경과는 전혀 다른 구내 시설과 사무공간을 개발했고, 개인의 웰빙에 초점을 맞춘 활동도 권장했다. 심지어 '드레스코드'의 개념까지 뒤집어놓았다("뭐라도 입기만 하라."가 회사 정책이다). 이제 팬데믹 때문에 직장의 미래로 가는 문이 강제로 활짝 열렸음에도 회사는 기회를 붙잡지 못하고 있었다. 다시 한번 직장을 새롭게 생각해볼 방법을 그려나갈 기회를 놓치고 있었다. 지극히 이례적인 이 불확실성의 시대에 고작 몇 년 후를 상상해보라는 나의 요청에 리더들은 백지만 그려내고 있었다.

우리가 꼼짝없이 현재에 붙들려 있는 이유 중에는 삶의 구조와 그 속에 있는 말이나 이미지를 고정불변의 것으로 받아들이는 탓도 있다. 보통 현재를 표현하는 어휘는 미래를 묘사하거나 실현하기에 충분치 않다. 이럴 때 상상력이 새로운 어휘(단어 또는 시각적·물리적 도구)를 제공해줄 수 있다. 당신이 그리는 그대로의 미래를 묘사할 수 있도록 말이다. 이런 식으로 계속해서 비전을 그려보면 현재를 넘어 다음 발자국은 어디로 떼야 할지 알 수 있다.

예를 들어보자. '커리어'라는 단어는 평생 일을 하면서 밟아나

가는 교육 과정이나 직장 경로를 가리킨다. 즉 커리어는 학교 또는 직장이다. 그런데 만약 오늘부터 커리어를 설명할 때 당신의 인생 경험이나 배움을 중심으로 하는 단어나 이미지를 사용하기로 한다면 어떻게 될까? 아마 이제부터 당신은 커리어의 조각조각을 '에피소드'라고 부르게 될 것이다. 단순한 직장명이 아니라 삶의 수많은 측면을 포괄하는 에피소드 말이다. 어쩌면 각 에피소드를 떠올릴 때마다 시간적 순서가 아니라 어떤 모양이나 색깔이 연상될지도 모른다. 이렇게 되면 당신에게는 '커리어 선택'이라는 말의 뜻이 바뀔 테고, 이제 당신의 이력서는 사다리를 연상시키기보다는 당신이 어떤 사람이고 어떤 가치관을 가진 사람인지를 드러내게 될 것이다.

상상력은 하루하루 당신의 미래를 만들어가는 데 반드시 필요한 직접적이고 가까운 도구다. 창의성을 발휘하면 퓨처 레디 마인드를 키울 수 있고, 상상력을 발휘하면 그 마인드를 활용해서 만들어나가는 당신의 미래를 알아보고 설명할 수 있다. 이 두 가지는 연습할수록 더 강력해져서 더 큰 힘을 발휘하며, 이는 다시 더 다양한 선택, 더 좋은 선택, 더 많은 선택으로 이어진다.

불확실하고 모호한 세상에서 리스크가 가장 큰 행동은 미래를 향해 뒷걸음질 치는 것이다. 과거를 추론해서 어제의 진실이 내일도 진실일 거라고 믿는 것이다. 마찬가지로 먼 미래를 향해 두리번거리는 것은 코앞에 있는 생생한 기회를 놓치는 일이다.

미래는 당신이 직접 만들어야 한다. 당신의 선택을 통해 적극적으로 미래를 그려나가야 한다. 그 선택들은 창의성과 상상력을 발휘하는 동안 절로 드러날 테고, 퓨처 레디 마인드에 영향을 받을 것이다. 당신에게 가능한 선택은 어떤 것들이 있는지 그 무수한 선택지를 정말로 다 이해하게 되면(영화 〈매트릭스〉에 나오는 주인공 네오를 떠올려보라. 눈앞의 코드가 모두 다 드러나는 순간.), 당신의 미래에 당신이 얼마나 큰 힘을 끼칠 수 있는지 깨닫게 될 것이다.

미래에 무슨 일이 벌어질지 단 한 번도 정확히 맞히지 못할지도 모른다. 그러나 늘 준비되어 있을 수는 있다. 퓨처 레디 마인드를 키우는 데 투자하라. 그러면 능동적이고 흥미로운 여러 선택을 통해 미래를 당신 손으로 만들 수 있을 것이다. 모두의 미래가 아닌, '당신의' 미래 말이다.

미래를 스스로 만들 수
있다고 생각하는가?

따라 해보세요

1. 양손의 엄지와 검지를 이용해 사각형의 프레임을 만듭니다.

2. 프레임을 통해 사물을 보면서 왼쪽에서 오른쪽으로 시선을 옮겨봅니다.

3. 위를 보고, 아래를 보세요. 줌을 당겨도 보고 밀어도 보세요.

4. 뭔가 달라 보이나요?

프롤로그

끝내주는 낙천성

끊임없이 '더 나은 것'을 추구하라

RADICAL OPTIMISM

끝내주는 낙천성은 "유리잔에 물이 반이나 차 있다."를 훨씬 뛰어넘는 수준의 낙천성이다. 이러한 태도를 지닌 사람은 골치 아픈 문제도 프레임을 바꿔 기회라고 여기고, 끝내주는 결과가 나올 거라는 희망을 품는다. 모든 경험이 어딘가에는 도움이 될 거라고 철석같이 믿는다.

아래의 간단한 등식을 살펴보자.

$$5+3=8 \quad 4+6=10 \quad 2+4=7 \quad 9-3=6$$

가장 먼저 든 생각이 '어, 등식 중에 하나가 틀렸는데?'라면, 당신만 그렇게 생각하는 것은 아니다. (그리고 당신 생각이 맞다.) 이처럼 우리의 뇌는 잘못된 것을 가장 먼저 알아보게 되어 있다. 이를 '부정성 편향negativity bias'이라고 한다. 부정성 편향은 인간의 생존에 도움이 되라고 진화된 것이다. 우리는 위험을 피할 수 있게 나쁜 것 혹은 잘못된 것을 찾아보게끔 학습되어 있다. 오류나 잘못된 결과에 눈이 먼저 가고 그걸 회피하는 성향을 가진다. 어쩌면 이 성향이 유사 이래 인류를 멸종으로부터 지켜주었을지도 모른다. 그러나 이러한 성향은 우리를 지금 당장 알고 있는 것에 집착하게 만들기도 했다. 즉 우리는 알려지지 않았고 그래서 혹시나 위험할 수도 있는 미래에 대해서는 마음을 열기가 쉽지 않게 만들어져 있다.

일상생활에서 부정성 편향이 어떻게 나타나는지를 보자.

대학 시절부터 끌고 다니던 여행용 가방이 결국 완전히 망가졌다. 온라인에서 두 시간 동안 새 가방을 찾아다닌 끝에 적당한 브랜드의 괜찮은 모델을 싼값에 파는 것을 알아냈다. 이제 구매 버튼을 누르기만 하면 된다. 그런데 당신은 브랜드 웹사이트에 있는 고객 후기에서 눈을 뗄 수가 없다. 수십 명의 만족한 고객이 '좋아요'를 눌렀다. 그러나 자꾸만 눈길이 가는 곳은 몇 안 되는 짜증 섞인 불만이다. 부정적 후기는 대부분 품질이 아니라 배송에 관한 것이지만, 아무려면 어떤가. 부정적 후기가 뇌리에 박혀 결국 다른 사이트를 클릭해보고 만다. 지금까지 조사한 모든 내용이 그 가방이 딱 맞다고 알려주는데도 말이다. 이게 바로 부정성 편향이다.

뉴욕시에서 살거나 일해 본 사람이라면 지하철을 탈 때의 기본 규칙을 알고 있다. '눈을 마주치지 마라.' 이는 낯선 사람과 마주쳤을 때 대부분의 사람이 따르고 있는 불문율이다. 길을 걷고 있거나 비행기를 탔을 때 우리는 기본적으로 다른 사람에게 말을 걸지 않으려고 한다. 타인의 골칫거리나 고통에 가능한 덜 노출되고 싶어서다. 부정적 결과가 나올 것을 예상하고 미리 접촉을 삼간다. 그 낯선 사람이 평생의 친구 또는 애인이 되거나 내 인생을 바꿔놓을 아이디어나 정보를 줄 수도 있는데 말이다.

하나 더 있다. 덴버에서 열리는 콘퍼런스에서 예비 고객을 만나기로 했다. 식사 자리에 앉자마자 당신이 꺼내놓는 잡담은 호텔방의 이런저런 문제점이나 비행편 때문에 미팅이 한 시간 밀렸다는 이야기다. 식당에서 내다보이는 로키 산맥의 장대한 경치나 그동안 말로만 들었던 근사한 메뉴에 관한 이야기가 아니다. 당신이 온통 신경을 쓰고 있는 것은 뜻대로 되지 않았던 그 한 가지다. 이런 성향은 여행을 할 때 특히나 더 심해지는데, 왜냐하면 일상을 벗어난 우리는 이미 약간 갈피를 잡지 못하고 헤매는 기분이기 때문이다.

부정성 편향이 일상의 내러티브를 어떻게 몰고 가는지 이제는 좀 이해가 갈 것이다. 연구에 따르면 부정적인 느낌을 받았던 경험을 할 때마다 그 인상을 지우려면 긍정적인 경험이 적어도 세 배는 필요하다고 한다. 그렇다면 낙천적인 사람들은 대체 부정적 사고와의 끝없는 사투를 어떻게 피하는 걸까? 머릿속에서 늘 그런 일이 벌어지고 있다는 사실조차 우리는 잘 눈치 채지 못하는데 말이다.

낙천적인 사람들은 긍정적인 결과를 기대할 뿐만 아니라 긍정적 결과가 나올 거라고 믿는다. 낙천적인 사람들은 좋은 결과가 나올 수 있는 경우의 수를 상상해보고, 내가 가진 칩을 몽땅 거기에 건다. 왜냐하면 그들은 일종의 '초월적 자신감' 같은 게 있기 때문이다('이번 토요일 등산은 근사할 거야! 누가 감히 비를 운운해?').

상상을 초월하는 돌파구를 찾는 사람들

좋은 일이 일어날 거라고 믿으면 정말로 그렇게 될까? 아니다. 그러나 낙천적인 사람들은 내가 결과에 영향을 미칠 수 있다고 확신하기 때문에 무언가 행동을 취할 가능성이 크고, 그래서 자신이 가진 긍정적인 비전을 실현할 가능성도 더 커진다. 또한 그 긍정적 사고방식 덕분에 남들이 보지 못하는 좋은 측면도 볼 수 있다. 이것만으로도, 즉 나쁜 일보다는 좋은 일에 초점을 맞추며 더 많은 시간을 보내는 것만으로도, 왜 낙관론자들이 비관론자에 비해 일반적으로 더 건강하고, 오래 살며, 역경 앞에서 더 큰 회복력을 보이는지가 설명된다.[1]

퓨처 레디 마인드를 갖기 위해서는 보다 구체적이고 목적이 있는 긍정적 태도가 필요하다. 내가 '끝내주는 낙천성'이라고 부르는 방식으로 세상을 바라보아야 한다. 끝내주는 낙천성은 좋은 것, 완벽한 것이 아니라 '더 나은 것'이 가능하다고 믿는다.

나는 혁신 분야에서 활동하는 덕분에 '더 나은 것들'의 왕국에서 상당히 많은 시간을 보냈다. 누군가 '더 좋아질 수 있다'고 절대적으로 확신한 덕분에 상상을 초월하는 돌파구가 열리는 것을 여러 차례 목격했다. 더 나은 기술, 더 나은 제품, 더 나은 프로세스나 프로토콜, 심지어 더 나은 인간에 대한 누군가의 믿음 덕분이었다. 이런 사람들은 더 나은 게 정확히 뭔지 알 수 없더라도, 시간이 지나면 자신의 노력이 바람직한 결과로 돌아올 거라고 믿는다.

더 나은 것은 끊임없는 반복, 집요한 반복의 결과물임을 혁신가들은 알고 있다. 혁신가들은 눈앞의 것을 개선하기 위해 고치고 테스트하고, 또 고치고 테스트한다. 최고의 혁신가들은 홈런을 바라는 것이 아니라 아주 조금만 더 나아지기를 바란다. 그렇게 하면 자신의 작업이 한 단계 더 발전하고, 한 단계 더 높아질 것임을 알기 때문이다.

더 나은 것을 추구할 때 중요한 것은 '발전'이지, '완벽'이 아니다. 최고가 되는 경우는 드물다. 세상에 GOAT^{Greatest Of All Time}(역사상 최고)는 몇 안 된다. 그러나 더 나은 것을 향해 방향을 잡는다면, 즉각 목표를 달성할 수 있는 기회가 매일매일 무한하게 펼쳐진다. 극단적으로 낙천적인 사람은 바로 이 기회들을 붙잡으려고 한다. 일상의 곳곳에서 조금씩 조금씩 개선하고 발전하는 일이 마치 노랫가락처럼 끊이지 않게 만들려고 한다.

구글 글래스^{Google Glass}는 내가 참여한 프로젝트들 중에서도 가장 흥미진진한 경우였다. 구글X의 문샷연구소^{Moonshot Research Lab}가 개발한 이 스마트 안경은 수천 번의 수정과 반복 과정을 거치면서 아이디어에서 시제품으로, 다시 제품으로 발전했다. 이 과정을 한 번 거칠 때마다 개발팀은 무수히 많은 정보의 조각들을 수집했고, 매주 그걸 세 가지 카테고리로 나눠 정리했다. 기술적 측면, 사회적 측면, 디자인적 측면이었다. 우리는 사람들이 이 기기를 어떻게 사용할 수 있을지 수많은 아이디어를 테스트했다. 한 예로 영화 〈마이너리티 리포트〉에서 배우 톰 크루즈가 양손으로 열심히 조작하던 멀티터치 인터페이스도 아이디어 목록에 있었다. 결과는 어땠을까? 우리가 직접 테스트를 해보니 팔이 정말 금방 아파 왔다. 잠깐 시제품을 만들었던 것 중에는 다른 기기를 사용해 사용자의 대화를 종일 녹음하자는 아이디어도 있었다. 하지만 테스트를 해보니 대부분 잡담에 불과한 일상의 대화를 다시 듣는 것에 사용자들은 전혀 관심이 없었다.

매일매일, 심지어 매시간, 우리의 시도가 늘어날수록 '더 나은 것'의 수도 늘어났다. 우리는 '글래스 익스플로러$^{Glass\ Explorer}$'라는 프로그램을 통해 8,000명의 베타 테스트 참여자를 모집하고, 이들에게 초기 버전의 구글 글래스를 건넸다. 사용자가 보내온 피드백은 개발자들이 막연히 짐작하고 있던 생각의 상당수를 산산조각 냈다. 결국 구글 글래스는 많은 사람이 기대했던 것처럼 소비자 IT 제품 분야의 '넥스트 빅 싱$^{Next\ Big\ Thing}$'은 아니었던 것으로 판명났다. 그러나 여기에 사용된 기술들은 헬스케어, 저널리즘, 숙박업, 긴급구조, 응급치료 등 여러 분야의 중요 발전에 이바지했다. 내가 아는 한, 이 프로젝트에 참여했던 사람들은 매일 아침 오늘도 뭔가 하나를 더 배우게 될 거라는 확신에 차서 출근했다. 이 제품의 운명과는 별도로 말이다. 끝내주는 낙천성이 '더 나은 것'에 초점을 맞출 때 어떻게 발전의 동력이 될 수 있는지를 잘 보여준 경험이었다.

Chapter 1

한편 나는 좀 이상한 점도 눈치 챘다. 인간은 '최고'에 집착하는 경향이 있음에도, '나쁘지 않은 것' 심지어 '그 정도면 됐어'에 만족하기도 한다는 사실이었다. 그렇게 되면 결국은 아무것도 개선되지 않을 테고, 끝내는 쇠퇴의 길을 걸을 것임을 자명한데 말이다. 석유 문제만 해도 그렇다. 화석연료에 의존할 때 치러야 하는 (금전적, 환경적) 비용에 대해서 우리는 수십 년간 그저 익숙해져 있었다. 최근까지도 대부분의 사람은 석유 의존도를 개선할 수 있는 방법에 대해 관심을 갖지 않았다. 그러다가 글로벌 팬데믹이 닥쳤고, 경제가 출렁이며, 산유국들이 있는 지역에서 전쟁이 터지고 기타 여러 문제가 겹치면서, 갑자기 우리는 기름을 한 번 넣을 때마다 역사상 그 어느 때보다 (훨씬) 더 많은 비용을 치르고 있다. 현 상태에 안주했던 우리가 치르게 된 환경 관련 비용은 이제 더 이상 빠져나갈 수가 없는 지경이 됐다. 그동안 차근차근 준비했더라면 할 수 있었던 일들이 얼마나 많을지 한번 생각해보라. 그랬다면 지금쯤 우리는 훨씬 더 나은 위치에 있을 것이다.

끝내주게 낙천적인 사람은 저 멀리 떨어진 어느 시점까지 '더 나은 것'을 미뤄놓지 않는다. 당장이라도 더 나은 것이 가능하다고 믿는다. 지금 당장 더 나은 것을 선택하고, 지금 당장 더 나은 것을 이루기 위한 행동을 한다. 그러면 이 순간에도 만족감을 느낄 수 있고, 계속해서 더 나은 것을 선택하려는 동기 부여가 된다. 그러다보면 그게 우리의 정체성이 된다. '미래'를 '내가 나 자신을 위해 더 나은 곳으로 만들어가고 있는 곳'으로 바라보게 되는 것이다.

끝내주는 낙천성을 가지면 구체적이면서도 더 높은 기대치를 갖게 된다. 명석한 현실주의자가 된다. 눈앞에 산이 보이지만, 그 너머에는 더 나은 게 있다고 확신하게 된다. 아직 알려지지 않은 그 잠재적 가능성이 무엇이든 간에 그곳을 향해 뚜벅뚜벅 걸어가게 된다.

더 나은 가능성을 알아볼 수 있는 내면의 렌즈는 어떻게 훈련해야 할까? 어떻게 해야 눈앞의 난관을 미래로 향하는 길을 닦아줄 기회로 바꿀 수 있을까? 끝내주는 낙천성을 키우는 데 도움이 되는 두 가지 중요한 접근법이 있다. 올바른 방식의 '예스(Yes)'를 말하는 것과 기준이 되는 프레임^{frame}을 한번 바꿔보는 것이다.

그냥 '예스'라고 말하면 벌어지는 일

당신이 회의를 주재하는데 누군가 새로운 아이디어를 내놓는다. 그런데 그 아이디어가 주제를 벗어났고 실용적이지도 않다. 처음 떠오르는 생각은 발언자의 입을 막고 당면한 문제에 회의를 집중시키는 것이다. 어차피 그게 내 역할 아닌가? 팀원들이 주어진 과제를 완수하도록 돕는 것? 당신이 그 아이디어에 '노(No)'라고 했어도, 아무도 반대하지 않았을 것이다. 심지어 눈치도 못 챘을 것이다. 다들 울타리를 벗어나지 않는 데 워낙에 익숙하니. (그리고 그래야만 회의가 제 시간에 끝날 가능성도 크다.) 그러나 만약 '예스'라고 말한다면 무슨 일이 일어날까?

첫째 '당신'에게 일어날 일을 한번 생각해보자. 당신의 뇌는 이제 자동조종모드에서 벗어나, 즉각 그 문제에 관심을 가져야 한다. 이제부터 당신은 단순한 회의 주재자가 아니라, 뭐가 되었든 이다음에 논의될 사항의 참여자가 된다. 더 적극적으로 귀를 기울이며 생각을 해볼 테고, 해당 아이디어에 어떤 이점이 있는지 찾아보게 될 것이다.

그러면 회의에 참석한 다른 사람들에게는 무슨 일이 일어날까? 당신이 '탁' 하고 스위치를 켰기 때문에 회의실의 움직임이 눈에 띄게 달라진다. 사람들의 낯빛이 밝아지고, 보디랭귀지가 바뀐다. 참석자들이 갑자기 당신만큼이나 적극적이 된다. 이 모든 게 회의실에 '예스'가 등장했기 때문이다. 참석자들은 가능성을 좀 더 찾아보고 싶어지고, 장애물에 대해서도 창의적으로 접근하고 싶어진다. 회의실에는 활기가 돌고, 참석자들은 아이디어가 형체를 갖추는 모습이 보고 싶어진다.

결국 이러다가 뭐라도 나오게 될지 누가 알까? '예스'라고 했을 때의 가장 중요한 결과는 그 순간이라는 시간이 가진 잠재력에 불이 붙는다는 점이다. 계획하지 않았고 계산되지 않은 어떤 일이 벌어진다. 이 경험은 '혹시나 하는 가능성'을 생각해보게 만듦으로써 모든 참여자를 바꿔놓는다. 이 경험 덕분에 용기를 얻어서 누군가는 다음 회의 때 아주 끝내주는 새로운 아이디어를 내놓을지도 모른다. 또 누군가는 사생활에서 겪고 있던 어떤 문제를 다르게 해결해볼지 모른다. 그리고 당신은 당신이 주재하는 회의의 진행 방식에 대해 다시 생각해볼 가능성이 크다. 구글에서 근무했던 이자벨 슈넬뷔에걸은 세계적인 광고회사 오길비^{Ogilvy}의 독일 지사에서 최고전략책임자$^{Chief\ Strategy\ Officer}$로 근무했다. 그녀가 '예스'를 업무의 일부로 만든 방법을 살펴보자.

끝내주게 낙천적인 이자벨의 이야기

　　나는 아주 어릴 때 겪은 트라우마로 인해 살면서 이겨내지 못할 일은 거의 없다고 생각하게 됐다. 그때 얻은 회복력은 내 삶의 철학이 됐고, 늘 나 자신을 조금은 불편하거나 두려운 상황에 처하게 하려고 했다. 그런 상황도 이겨낼 수 있다는 사실을 알고 있기 때문에 나 자신을 한계까지 밀어붙이거나 문제를 정면 돌파하고자 노력한다. 그리고 그때마다 문제를 피해 갔다면 결코 만나지 못했을 기회를 만나거나 개인적으로 성장할 수 있었다.

　　나에게는 "무슨 일이든 '예스'라고 말하라."라는 철학이 있다. 이 철학은 여러 팀원과 함께 작업하거나 교육을 진행할 때 혹은 워크숍에 참석했을 때 힘을 발휘한다. 특히 나의 이성이 '저건 좋은 아이디어가 아냐.'라고 말할 때 나는 일부러 더 "네(예스), 그리고…"라고 말한다. 나 자신에게, 그리고 다른 팀원들에게 창의성을 일깨우기 위해서다. 이렇게 하면 조직 내 역할에 대한 사람들의 선입견을 깨부수는 데도 도움이 된다. 특정 직무의 특정 사람들만 아이디어를 낼 수 있다는 선입견 말이다.

'예스'라고 말하고 나면, 오길비 같은 크리에이티브한 광고회사에서조차 사람들의 얼굴에 약간의 두려움 같은 것이 스친다. 어쩌면 인턴이나 재무팀 직원이 최고의 아이디어나 솔루션을 내놓을 경우 내 위치가 위험해질지 모른다는 걱정을 하는 것인지도 모른다. 아이디어 창출이나 문제 해결과 관련된 기존의 프로세스에 위배되는 것은 아닐까 우려하는 것일 수도 있다. 그래서 처음에는 불편할 수도 있지만, 결국 어디서 나왔건, 어떤 아이디어이건, 모든 아이디어를 수용할 수 있을 때 집단 전체에 더 나은 결과가 도출된다는 사실을 다들 깨닫게 된다. 비즈니스 관점에서 보면 이 프로세스는 전략 부문과 크리에이티브 부문 사이의 간극을 이어주는 강력한 방법이다.

궁극적으로 이 방법은 다양한 사고를 가능하게 한다. 다들 알다시피, 사고의 다양성은 최고의 승리 비결이다. 내 경우에 가장 좋은 아이디어를 얻는 것은 나와 전혀 다른 분야의 사람들과 대화를 나눴을 때다. 나와 아주 다른 사람들과 이야기를 나누면 흥미로우면서도 영감을 불러일으킨다. 늘 무언가를 배울 수 있을 뿐만 아니라 그들이 가진 독특한 시각도 도움이 된다. 뭐가 되었든 생각하고 있던 문제를 조금은 다른 각도에서 바라볼 수 있게 해주기 때문이다.

새로운 경험을 할 때면 늘 무언가를 얻게 될 거라고 확신한다. 단순히 마법처럼 배움이 생긴다는 얘기가 아니다. 뭐, 약간의 마법이 들어 있을 수도 있지만, 많은 노력도 일어난다. 나는 끝내주는 낙천성이란 이런 확신을 남들과 공유하는 일이라고 생각한다. 내가 아는 것을 그들도 깨닫게 하는 것이 바로 더 나은 것을 향한 길일 것이다.

'예스'라고 말하는 간단한 행동만으로도 당신의 생각과 행동을 제약하고 있던 부정적인 편견이 깨지기 시작한다. '노'라고 말하지 않고 '예스'라고 말하면 (혹은 침묵을 선택하지 않고 '예스'라고 말하면) 온갖 흥미진진한 변수들이 활동을 하기 시작한다. 그런데 이미 '노'가 입에 밴 사람이라면, 어떻게 해야 '예스'라고 말하는 사람으로 거듭날 수 있을까?

나는 커리어 초창기에 일본에서 많은 시간을 보냈는데, 거기서 만난 많은 친구를 통해 흥미롭고 놀라운 행동들을 관찰했다. 종종 내가 질문을 하거나 초대를 했을 때 일본인 동료들은 어떻게든 '하이(예스)'를 사용해서 답을 해내곤 했다. 실상 의미는 '노'였는데 말이다. 내가 토요일 저녁에 우리 집에서 식사를 하자고 하면 그들은 이런 식으로 말하곤 했다. "네, 너무 좋죠. 댁에서 식사라니 정말 특별한 기회네요! 그다음 주 토요일에 만나면 정말 좋을 것 같아요." 요령이 보이는가? '노'가 없기 때문에 나는 거절당한 기분이 들거나 실망하지 않아도 되고, 머지않은 어느 토요일에 만날 테니 다들 만족스럽다.

다음에 누군가에게 '노'를 말하고 싶어지면, 대화의 속도를 조금 늦춰서 답을 '예스'로 만들 방법을 찾아보라. 지금 미팅에 늦었는데 오랫동안 못 보았던 동료를 갑자기 마주쳤다고 치자. 동료는 소식이 궁금하다며 잠깐 커피 한 잔 할 수 있는지 묻는다. "아뇨, 제가 회의에 늦어서요."를 진정성 있는 '예스'로 한번 바꿔보라. 그리고 그렇게 했을 때 상대에게 무슨 일이 벌어지는지 관찰해보라. 상대는 존중 받은 기분을 느끼고 감사해 한다는 게 눈에 보일 것이다. 당신에게 생기는 변화에도 주의를 기울여보라. '노'라는 갑옷을 입을 필요가 없어지면, 행동이 한층 느긋하고 편안해질 것이다. 이 약간의 노력으로 당신도, 상대도 만족하게 될 것이다. 즉각적인 결과에서는 '노'라고 했을 때와 별 차이가 없지만 말이다.

구글러 뉴턴 쳉은 이렇게 물어보길 좋아한다. "뭐가 현실이 되어야 할까?" 그는 예를 들어주었다. "내년에 우리가 피트니스센터

1,000개를 지어야 한다고 쳐요. 팀원들은 대부분 바로 '못한다'고 할 거예요. 그렇지만 저는 이렇게 말하는 거죠. '내년에 피트니스 센터 1,000개를 지으려면 뭐가 현실이 되어야 할까?' 그러면 우리는 자연스럽게 긍정적인 사고를 연습하게 되고, 앞으로 나아갈 수 있는 길을 찾게 될 거예요."

'노'라고 말하는 것은 두려움 때문인 경우가 많다. 우리는 어릴 때부터 사회화 과정에서 '노'라는 말로 나를 보호하는 법을 배웠다. 그러나 다음번에 또 평소처럼 부정적인 반응이 나올 것 같다면 스스로에게 이렇게 물어보라. '내가 여기서 '노'라고 말하고 나면 나중에 뭘 경험하지 못한 것을 후회하게 될까?' 예를 들어 직업상의 사교 모임에 초대를 받았다고 치자. 이런 모임에 참석하는 건 당신이 약간 두려워하고 일부러 피하는 종류의 일이다. 힘든 하루를 마치고 왜 굳이 또 두 시간이나 시간을 내서 일 얘기를 나눈단 말인가. 지루함, 피로함, 낯선 이들과의 인사로부터 나 자신을 보호하기 위해 초대에 '노'라고 답한다. 하지만 그 자리에 미래 당신의 동업자가 자리한다면? 혹은 옆에서 커피를 마시던 사람이 당신의 인생을 바꿔놓을 책을 가지고 있었다면? 당신만큼이나 생맥주를 좋아하는 두 친구를 만날 기회를 잃는다면?

당신 자신에게도 '예스'라고 말하는 법을 배워야 한다. 이는 가장 간단하면서도 강력한 '자기 대화법'이다. 매일 욕실에서 거울을 보며 큰 소리로 말하라. 혼자 있을 때 스스로에게 더 자주 '예스'라고 말할수록, 기회가 있을 때 남들 앞에서도 '예스'라고 말하기가 더 쉬워질 것이다.

마지막으로 누군가에게 '예스'라고 말할 기회를 즉시 찾아보라. 당신이 '노'라는 말로 자주 입을 막았던 인물을 떠올려보라. 당신에게 더 많은 물건을 팔려고 하는 점원, 늘 점심을 먹자고 권하는 동료, 골목 청소 자원봉사를 함께하자고 하는 이웃. 다음번에는 '예스'라고 말하고 당신 기분이 어떤지 살펴보라. 즉시 어떤 후련함이 느껴질 것이다. 더 이상 당신이 '노'라는 말로 결과를 통제하고 있지 않기 때문이다. 신체의 반응도 긴장이 아니라 부드러워질 것이다. 몸도 즐거운 일이 벌어질 것에 대비하기 때문이다. 주의력도 높아지고 감각도 예민해질 것이다. 몇 번만 이렇게 해보면, 누군가 제시하는 아이디어를 더 유연하고 창의적으로 받아들이게 될 것이다.

'예스'라고 말하기 위해서는 시간과 자원이 소모된다. 앞서 당신이 주재했던 그 회의는 당신이 '예스'라고 말한 새로운 아이디어에 시간을 몽땅 써버렸을 테고, 다른 안건들은 미처 다 다루지 못했을 것이다. 때로는 '예스'를 '동의'가 아니라 '확인 표시' 같은 것으로 생각하는 게 도움이 될 수도 있다. 소셜 미디어의 '좋아요'처럼 말이다. '네가 하는 말을 들었고, 말해줘서 고마워.' '네가 그런 생각을 갖고 있다는 걸 알겠고, 내 생각과는 완전히 일치하지 않을 수도 있지만, 그래도 괜찮아.'

사전 부검 연습

어쩌면 프로젝트 사후 부검에 참여해본 적이 있을지도 모르겠다. 동료들이 함께 모여서 프로젝트에서 뭐가 잘못됐는지 평가해보는 시간 말이다. 이에 반해 사전 부검은 향후 뭐가 잘못될 수 있는지 사전에 질문해봄으로써 잠재적 대처 전략을 준비하는 시간이다. 내가 행동하지 않기로 선택했을 때 무슨 일이 벌어질 수 있는지 생각해볼 때도 사전 부검법을 사용할 수 있다.

뭐가 되었든 초대를 거절하고 싶어질 때면 자기 자신에게 아래의 질문을 해보라.

이 행사에서 무슨 일이 벌어지면 나는 그걸 놓쳤다고 후회하게 될까? 누군가 나중에 이 행사를 당신에게 이야기해준다고 상상해보라. 당신이 참석했다면 좋아했거나 도움이 되었을 만한 대화나 사건을 목록으로 만들어보라.

내가 참석하지 않았기 때문에 이 행사에서 일어나지 못한 일은 무엇일까? 당신이 그 자리에 없었기 때문에 불가능했을 대화나 사건을 목록으로 만들어보라.

30일, 혹은 90일 후에 어떤 일이 벌어지면, 나는 이 행사에 참석하지 않은 걸 유감으로 생각하게 될까? 미래에 끼칠 파급 효과까지 생각했을 때, 당신이 이 행사를 건너뛰었기 때문에 나타날 수 없었던 기회들을 목록으로 만들어보라.

이 실험은 포모증후군$^{FOMO\ Syndrome}$(나만 소외되는 것에 대한 두려움)을 자극하려는 게 아니다. 그저 '노'를 선택했을 때 일어날 수 있는 일들을 더 열심히 생각해보게 해줄 것이다.

당신이 말한 '예스' 때문에 혹시나 실망하는 일이 생기는 것에도 익숙해져야 한다는 점 또한 지적하고 넘어가겠다. 때로는 '예스'라고 말한 것 때문에 상황이 어지러워지거나 나아가 완전히 잘못될 수도 있다. 하지만 이는 당신이 방향을 통제할 필요가 없다는 가르침이다. 완벽하지 않은 결과도 받아들이라는 가르침이다. 깨진 도자기를 이어 붙여 작품으로 만드는 일본의 킨츠기^{金継ぎ} 공예가처럼 그 상황을 새롭고 더 나은 무언가로 바꿀 방법을 찾아보라는 가르침이다.

'예스'라고 한 번 말할 때마다 상자를 여는 데 조금 더 익숙해질 것이다. 무엇이든 들어 있을 수 있는 상자 말이다. 뱀이야! 고구마 파이네! 고무밴드가 잔뜩 들었어! 시간이 지나고 나면 상자 안에 무엇이 들어 있는지는 중요하지 않다. 왜냐하면 '뭐가 됐든, 얼마든지 가져오라고 해.'라는 기분에 익숙해질 것이기 때문이다. 말하자면 이런 것이다. 뉴욕행 비행기를 타려고 공항에 갔는데 '예스'라고 했더니 결국 싱가포르에 도착해 있었다. 안전벨트 매세요!

'하지만'을 '그리고'로 바꿔보자

'예스'가 무슨 마법의 지팡이처럼 세상을 바꿔주지는 않는다는 이야기를 잠깐 하고 넘어가야겠다. 종종 우리는 마치 문을 열어줄 것처럼 '예스'라고 말한 다음에 곧장 '하지만'을 붙여서 문을 쾅 닫아버리곤 한다. "네, 하지만…"과 "아니오."는 똑같다. 둘 다 어떤 것이 왜 불가능한지에 대한 변명이다. 그리고 이는 미래를 생각할 때 결코 좋은 생각 방식이 아니다.

최근에 문장에서 '하지만'을 사용했던 경우를 한번 떠올려보라. 그 문장을 글로 적어보라. 어쩌면 이런 문장이 될지도 모르겠다. '그 문장을 글로 쓰고 싶다. 하지만 종이나 펜이 옆에 없다.' 봤는가? '하지만' 다음에는 무언가를 하지 않기 위한 변명을 쓸 수밖에 없다.

그러면 이번에는 저 문장을 다시 써서, '하지만'을 '그리고'로 바꿔보자. '그 문장을 글로 쓰고 싶다. 그리고 종이나 펜이 옆에 없다.' 기회가 보이는가? '하지만'을 '그리고'로 바꾸니 '이제 어떻게 할 것이냐'를 묻게 된다. 몇 개 더 해보자.

- 몸도 마음도 좀 더 건강해지고 싶다. 하지만 시간이 별로 없다.
- 몸도 마음도 좀 더 건강해지고 싶다. 그리고 시간이 별로 없다.
- 친구나 가족과 시간을 더 보내고 싶다. 하지만 일이 자꾸만 끼어든다.
- 친구나 가족과 시간을 더 보내고 싶다. 그리고 일이 자꾸만 끼어든다.

80

'하지만'은 말 그대로 '중지' 신호다. 더 이상 앞으로 나아가지 않아도 된다는 허락이다. 반면에 '그리고'는 변명거리를 없애버린다. 당신이 할 수 있는 일, 혹은 해야만 하는 일에 초점을 맞춘다. 다음에 또 '하지만'을 말하고 싶어지면 '그리고'로 바꿔보라. 그러면 스스로에게 무슨 변명을 하려고 했는지 드러날 것이다.

이제 '네, 그리고'라고 말하라

'예스'라고 말하는 것만으로도 당신에게도, 남들에게도 장애물이 즉각 사라진다. 이것 자체만으로도 상당한 성과다. '네, 그리고…'라고 말하면 상황이 움직이기 시작한다.

'네, 그리고…'는 원래 즉흥극에서[2] 하던 연습에서 뿌리를 찾을 수 있다. 즉흥극에서는 한 사람이 문장을 말하면("우리가 멕시코에 갔던 때가 생각나네요."), 다음 사람이 앞 문장을 기초로 말을 덧붙이고("네, 오후만 되면 미친 듯이 천둥번개가 쳤었죠."), 그다음 사람도 이를 이어받아야("네, 그러다가도 또 초저녁이 되면 거짓말처럼 햇님이 다시 나오고요.") 한다. 그렇게 모두가 한 문장씩 말하고 나면, 제일 처음 나왔던 문장의 온갖 세부적인 내용이 갖춰진다.

구글 초창기에 나는 '아이디어를 발전시키는 방법'을 가르쳤다. '혁신 즉흥극Improv for Innovation'이라는 하루짜리 워크숍을 만들어서 전 세계 수천 명을 교육했다. 참여자들은 미리 가지고 있던 본인의 아이디어는 내려놓고 상대의 아이디어를 '가지고 놀면서' 새로

운 것을 만들어내야 했다. 당시에 소개했던 게 바로 '네, 그리고…'
연습이었다. 일단 무언가(실은 아무거나)로 시작해서 아이디어가 어
디로 흘러가는지 보여주고 싶었다. 이 연습은 아이디어가 발전할
수 있는 공간과 기회를 즉각 만들어냈다.

'네, 그리고…' 연습을 하면 사람들은 언제나 처음에 예상했던
것과는 다른 곳에 도착해 있었다. 소규모 팀이든, 대규모 그룹이
든, 프로젝트 매니저나 엔지니어, 디자이너, CEO 등 개인이든 상
관없이 말이다. 이 교육을 할 때 나는 종종 다음과 같은 제시어를
주었다. '본인 팀의 다음번 워크숍 장소를 한번 생각해보세요.' 첫
라운드에 누군가에게 아이디어를 내보라고 하고, 다른 사람들에
게는 그게 왜 나쁜 아이디어인지 이유를 대보라고 한다. 한번은 누
가 이렇게 시작했다. "크루즈 선박에서 워크숍을 합시다." 크루즈
는 사람도 많고 시끄럽다. 크루즈에서 일어나는 모든 활동은 주의
를 흩뜨릴 것이다. 크루즈 선박은 친환경적이지 못하다.

그러고 나면 나는 사람들에게 '네, 그리고…'를 사용해서 크루
즈 아이디어를 지지하는 쪽으로 입장을 바꿔보라고 했다. "네, 그
리고 가족과 친구들도 함께 크루즈에 초대해요. 네, 그리고 어젠다
를 가족이나 친구에게도 공개해요. 네, 그리고 어젠다에 크리에이
티브 챌린지를 넣어요. 팀을 이뤄서 해결하게요. 네, 그리고 챌린지
의 초점을 크루즈가 환경에 미치는 영향을 줄이는 데 맞춰요." 우
리는 다들 '안 되는 이유'를 생각해내는 데 도사들이다. 다음번에

누군가 어느 아이디어가 성공할 수 없는 이유를 늘어놓기 시작하면, 성공할 수 있는 이유를 하나(혹은 그 이상) 말해보라고 하라. 실제로 이 연습을 하다가 나중에 내가 가르쳤던 '기업가 정신'이라는 수업이 만들어지기도 했다.

'네, 그리고…' 연습을 하고 있으면 사람들은 다 함께 무엇을 만들어가고 있는지 깨닫고는 눈이 휘둥그레지곤 했다. 조금 전만 해도 존재하지 않았던 구체적이고 실행 가능한 아이디어가 나왔다. 교육 참여자들은 나중에 나에게 이메일을 보내서 자신을 바꿔놓은 정말로 짜릿한 경험이었다고 했다. 그리고 이 연습을 업무에 적용시켜보았더니 동료들과 소통하거나 협업하는 방식이 달라졌다고 했다. 그들은 어떻게 새로운 아이디어가 나왔는지 나에게 설명해주면서 이처럼 보람찬 프로세스에 다른 사람들까지 참여시킬 수 있어서 정말로 만족스러웠다고 했다.

'네, 그리고…'가 끝내주는 낙천성에 속하는 반응인 이유는 단순히 '미친' 아이디어를 환영하기만 하는 게 아니라, 아이디어를 발전시키는 과정을 직접적으로 도와주기 때문이다.

구글의 스트리트뷰Street View 기술은 2001년 스탠퍼드대학교의 한 연구소에서 시작됐다. 연구원 두 명이 영상을 서로 결합해서 정지된 사진을 만들 방법을 찾고 있었다(아이디어가 있었다). 구글의 래리 페이지Larry Page는 오래 전부터 지구상 모든 지도를 사진으로 표시하는 게 가능할지 생각하고 있었다('네, 그리고…'). 연구원들의 콘셉트와 카메라 시제품을 테스트해보고 싶었던 그는 자신의 자동차에 카메라를 설치하고 샌프란시스코 거리를 돌아다니며 영상을 촬영했다.

얼마 지나지 않아 이 아이디어에 관한 이야기를 들은 구글러 몇 명이 본인들의 업무 시간 20퍼센트를 이 프로젝트에 사용하겠다고 했다. (모든 직원은 일주일에 하루를 업무 범위 외의 프로젝트에 사용할 수 있다는 게 구글의 정책으로 '20퍼센트 프로젝트'라고 부른다.) 이들은 이 기술에 공간 인식 요소를 추가해 아이디어를 확장할 수 있을지 알고 싶었다('네, 그리고…'). 그 결과 3D 비슷한 사진이 생겼고, 이 프로젝트가 데이터를 수집할 수 있다는 사실이 알려지자 더 많은 구글러가 아이디어를 들고 나타났다('네, 그리고…'). 2005년 말이 되자 스트리트 뷰는 '현실'이 됐다. 구글 경영진은 어떤 결과가 나올지 한번 지켜보기로 하고 프로젝트를 승인했다('네, 그리고…').

이렇게 수백 개의 '네, 그리고…'가 모여서 기술과 다수의 애플리케이션을 발전시켰고, 그 결과 스트리트뷰는 구글 맵스^{Google Maps}, 구글 어스^{Google Earth}, 구글 아트앤컬처^{Google Arts & Culture}와 같은 획기적인 여러 상품 개발에 이바지했다. 이제 우리는 집에서 소파에 앉아 전 세계 최고의 박물관이나 세계문화유산 지역을 방문할 수 있고, 해저를 탐험할 수도 있으며, 내가 자란 동네의 골목길을 위성사진으로 볼 수도 있다. 래리는 그가 원했던 전 세계 지도를 얻었을까? 아직은 아니다. 그렇지만 수천 명의 자원봉사자가 백팩에 스트리트뷰 카메라를 달고 지구상 가장 외딴 곳까지 사진을 찍고 있고, 결국엔 세상 꼭대기까지 촬영이 끝날 것이다.[3]

'네, 그리고…'라고 말하면 즉각 생산적이고 건설적인 관계가 만들어진다. 마치 아이디어를 구성할 레고가 잔뜩 든 커다란 통이 하나 생기는 것과 같다. 다양한 상황에서 '네, 그리고…'를 사용해보라. 물류에 문제가 생겼는가? '네, 그리고…'를 사용하면 실제 문제는 공급 측면에 있었다는 사실이 드러날지도 모른다. 의사결정을 내리기가 쉽지 않은가? '네, 그리고…'를 사용해보면 지금까지 고려했던 대안들보다 더 좋은 옵션이 나타날지도 모른다. 저녁 식탁에서 말싸움을 끝내고 싶은가? '네, 그리고…'를 사용한다면 옥신각신하던 대화가 생각지도 못한 '이해'의 장으로 바뀔지도 모른다. 솔루션을 찾고 있을 때 '네, 그리고…'를 사용한다면, 새로운 사실을 발견하고 기회를 찾아낼 뿐만 아니라 언제나 '더 좋은 문제'와 마주치게 될 것이다.

'네, 그리고…'를 사용해서 '나 자신'을 내려놔라. 사생활에서, 그리고 직장에서 많은 사람이 통제권을 갖고 싶어 한다. 자신의 의견에 힘을 싣고 싶어서 '노'라고 말하는 경우도 많다. '네, 그리고…'라고 말하면 이성과 자존심 사이에 약간의 공간이 만들어진다. 객관적이고 개방적인 태도로 다른 사람의 관점을 들을 수 있게 되는 것이다. 자신만의 관점에 사로잡혀 있을 때 '네, 그리고…'는 당신을 해방시켜줄 수 있다. 내 생각을 계속 밀어붙이지 말고, '네, 그리고…'를 사용해 남들이 내놓는 뜻밖의 아이디어에 마음을 활짝 열어젖혀라.

회사에서 '네, 그리고…'라고 말하면 타인에게 관대하고 스스로에게 자신감을 갖는 조직문화를 만들 수 있다. 서로를 응원한다고 느끼고, 내 의견도 소중한 대접을 받는다고 믿게 되어 아이디어가 쑥쑥 자랄 수 있다. 스탠퍼드대학교 디스쿨의 수업 원칙 중에는 "남들이 빛나게 하라."가 있다. 사생활에서도 직장에서도 대화를 나눌 때 '네, 그리고…'라고 말하면 긴장이 풀리고, 실수가 두렵지 않으며, 보다 자연스럽게 협업이 이뤄진다. 결국 '네, 그리고…'는 아직 눈에 보이지 않더라도 어딘가에 있을 게 틀림없는, 다른 옵션을 탐색하게 해준다. 다시 말해 '네, 그리고…'는 우리를 미래로 데려다줄 수 있다.

Future Ready Action

로봇 그리기

다른 사람과 긴밀하게 호흡을 맞추는 게 쉽지 않은 활동들도 있다. (지금 당장 생각나는 것은 가구를 옮기거나 자동차 여행을 함께하는 것이다.) 다음 간단한 연습은 협업을 할 때(이 경우 로봇을 디자인할 때) '네, 그리고…'를 사용하면 어떤 일이 일어나는지를 잘 보여준다.

Chapter 1

협업자 한 명을 찾아서 각자 사용할 종이 한 장씩과 함께 사용할 펜 한 자루를 준비한다. 1라운드에는 1번을 맡은 사람이 펜으로 자기 종이에 선을 하나 그어서 로봇 그리기를 시작한다. 사용한 펜을 2번 사람에게 넘기면, 2번은 또 자기 종이에 선을 하나 그어서 로봇 그리기를 시작하고, 펜을 다시 1번에게 넘긴다. 1번은 자기 그림에 선을 하나 추가하고, 펜을 다시 2번에게 넘긴다. 2번도 자기 그림에 선을 하나 추가한다. 이런 식으로 15회 정도 왔다 갔다 하면, 각자의 종이에 로봇 비슷한 게 그려져 있을 것이다.

두 로봇을 비교해 마음에 드는 것을 하나 고른 다음, 마음에 들지 않는 것은 버린다. 선택한 로봇 그림의 비어 있는 뒷면을 이용해 다시 작업을 시작한다. 다만 이번에는 종이와 펜을 동시에 상대에게 넘기고 번갈아 한 획씩 그리는 방식으로 두 사람이 함께 하나의 로봇을 그려나간다. 이번에도 15회 정도 왔다 갔다 한 다음, 두 사람이 함께 그린 로봇과 뒷면에 있는 로봇 그림을 비교한다. 어느 로봇이 더 마음에 드는가? 아마도 함께 그린 로봇이 더 마음에 들 것이다. 이유가 뭘까? 다른 사람의 아이디어를 받아들여서 거기에 덧붙이기를 하면('네, 그리고…') 두 사람 모두 그 아이디어를 개선하는 데 참여한 것이 되기 때문이다.

프레임을 바꾸면 '더 나은 것'이 보인다

'예스'라고 말하고 '네, 그리고…'로 시작하면, 뇌는 '더 나은 가능성'을 볼 수 있는 유연성이 생긴다. 끝내주는 낙천성을 개발하는 두 번째 방법은 '프레임을 바꾸는 것'이다. 프레임을 바꾸면 완전히 새로운 것을 보는 데 도움이 된다.

우리는 인생의 사건들을 돌이켜볼 때 자신의 신념과 편견, 경험에 기초한 프레임을 사용하는 경향이 있다. 세상을 이해해보려고 노력하는 것은 인간의 본능이기 때문에 우리는 이 프레임이라는 것을 사용한다. 프레임은 인생의 초기에 개발된다. 나중에 겪은 사건들 때문에 프레임이 바뀔 수도 있지만, 인생의 큰 선택들을 내릴 때쯤이면 프레임은 상당 부분 결정되어 있는 경우가 많다. 연애라든지 커리어, 어디에 살지, 뭘 하며 살지 등을 선택할 때 말이다. 프레임은 이런 큰 의사결정에 영향을 주지만, 우리가 매일 내리는 수백만 가지의 작은 의사결정에도 영향을 미친다. 뭘 입을지, 뭘 먹을지, 말 그대로 다음 발자국은 어디로 뗄지까지 말이다.

나는 친구 셋과 캘리포니아 하이시에라에서 6일간 하이킹을 한 적이 있다. 우리는 매일 하프마라톤 정도 되는 거리를 걸었는데, 보통 고도가 해발 3,300미터 정도는 되었다. (이 이야기를 제대로 이해하려면 내가 심한 고소공포증이 있다는 사실을 알아야 한다.) 이튿째에 우리는 루시^{Lucy}라는 등산로의 킹스-컨 분수계^{Kings-Kern Divide}를 지나고 있었다. 루시는 요세미티 등급체계(등반 난이도를 숫자로 나타낸 체계. 평지는 1이고 숫자가 커질수록 난이도가 높다.—옮긴이) 기준으로 3등급과 4등급 루트가 간간이 섞인 2등급짜리 루트여서 아주 가파르고, 돌무더기로 이루어진 사면이 미끄럽기로 유명하다. 우리는 어찌어찌 꼭대기까지 올라갔지만, 정식 등산로를 벗어나는 바람에 150미터 낭떠러지 앞에 도착하고 말았다. 그곳을 벗어나려면 선택할 수 있는 방법이 몇 가지 없었다.

내가 고소공포증이 있는 것을 아는 친구 하나가 용기를 북돋워 주었다. 친구는 한 번에 돌 하나씩, 내가 손발을 짚는 곳만 쳐다보라고 했다. 나는 한 손을 옮기고, 한 발을 옮기고, 또 한 손을 옮기고, 한 발을 옮겨서 그곳을 벗어날 수 있었다. 당면한 순간에만 온 주의를 집중하다 보니(오로지 몸의 움직임과 감각에만 집중했다) 두려움 없이 한 발씩 앞으로 나아갈 수 있었다. 때로는 그냥 앞으로 나아가는 게 목표일 때가 있다. 한 발, 한 발 가다 보면 시각을 수정하고 더 많은 정보를 얻을 수 있는 곳에 도착한다.

등산을 마치고 기진맥진한 상태였지만 감사한 마음으로 시선을 조금 넓혀 보았다. 수백만 년의 세월이 깎아놓은 광대한 산악 경치를 보면서 그에 비하면 나라는 존재는 정말 눈 깜짝할 새에 왔다 가는구나 싶었다.

프레임을 바꾼다는 건 당신의 정체성을 바꾸라는 얘기가 아니다. 당신이 보는 내용(초점)과 그에 대한 인식(장애물이냐 기회냐)을 바꾸라는 이야기다. 당신이 보고 있는 대상 자체는 바뀌지 않는다. 바라보는 방법을 바꿈으로써 당신과 그 대상과의 관계가 바뀔 뿐이다.

당신은 혹시 엉뚱한 문제를 풀고 있지 않은가

지금 당신이 보고 있는 것부터 시작해보자. 초점이 좁거나 가까우면 사각지대가 생긴다. "안 보이니까 일단 해롭지는 않은 거 아냐?" 그럴 수도 있다. 하지만 보지 못하고 있는 게 엄청난 도움이 되는 무언가일 수도 있다. 당신은 그게 거기에 있었다는 사실조차 모를 테지만 말이다. 렌즈를 바꾸면, 시야를 넓히면, 상황의 다른 면들이 보인다. 당신이 보고 있는 게 무엇이든, 그걸 둘러싼 주변 관계와 시스템을 이해하는 데 도움이 되어줄 맥락이 생긴다. 그렇게 되면 더 많은 정보를 바탕으로 더 좋은 의사결정을 내릴 수 있다.

시각을 더 잘 넓히는 방법(과 그래야 하는 이유)를 가장 잘 보여주는 것은 아마도 찰스 임스Charles Eames와 레이 임스Ray Eames 부부의 그래픽 영화 〈10의 제곱수Powers of Ten〉일 것이다.[4] 영화는 어느 커플이 공원에서 피크닉을 즐기고 있는 모습을 하늘에서 내려다보는 것으로 시작한다. 그리고 9분 동안 영화는 10초마다 줌아웃을 계속해서 1억 광년이 떨어진 곳에서 지구를 바라본다. 그다음에는 더 빠른 속도로 줌인을 해나가는데 나중에는 연인 중 한 명의 피부 세포를 들여다본다. 이렇게 10배씩 커지고 작아지는 어드벤처는 바라보는 시각이 전부임을 극명하게 보여준다. 그리고 더 중요한 사실은 이 시각이야말로 당신이 온전히 통제할 수 있는 부분이라는 점이다.

직장에서 골치 아픈 상황이 하나 있다고 생각해보자. 프로젝트를 완수해야 하는데 팀원들이 협업에 어려움을 겪고 있다. 팀원들을 한 명, 한 명 만나보니, 모두 자기 역할을 정확히 잘 수행하고 있었다. 그래서 프로젝트 자체를 들여다본다. 그 자체만 놓고 보면 별 문제가 없어 보인다. 그러나 팀원들을 혼란에 빠뜨리는 무언가가 분명히 있다.

당신은 시각을 약간 넓혀서 이 프로젝트가 당신 팀이 제공해야 할 서비스나 제품과 잘 맞는지 생각해본다. 시야를 조금 더 넓혀서 이 프로젝트가 전체적인 사업 전략과 잘 맞는지도 살펴본다. 이렇게 보니 주의를 사로잡는 문제가 있다. 당신은 이 프로젝트가 요구하는 사항으로 다시 돌아가 본다. 그리고 프로젝트의 문제 설정이 잘못되었음을 깨닫는다. 다시 말해 팀은 그동안 온갖 올바른 툴을 가지고 엉뚱한 문제를 풀려고 낑낑대고 있었다.

이렇게 시야를 넓혔다가 좁혔다가 해보면, 밤잠을 잘 이루는 데도 도움이 될 수 있다. 진심이다. 다음번에 당신이 개인적인 문제로 밤잠을 이루지 못하고 조바심치고 있다면 (예컨대 친한 친구와의 사이에 문제가 있다거나 하다면) 시야를 넓히는 연습을 해보라. 지금 당장은 친구와 마지막으로 주고받은 짜증 섞인 대화밖에 생각이 나지 않을 것이다. 그러나 시야를 넓혀서 그동안 이 친구와의 관계를 생각해보라. 당신이 친구를 가장 필요로 할 때 그 친구가 어떻게 당신을 응원하고 재미난 유머로 즐겁게 해주었는지 떠올려보

라. 당신의 격려로 친구의 삶은 또 얼마나 달라졌는지 기억해보라. 조금 더 시야를 넓혀서 두 사람이 서로 친구가 되기 전에는 어떤 삶을 살았는지 떠올려보라. 다시 현재로 돌아오면, 두 사람은 모두 여전히 성장 중이고, 각자 변화하는 니즈를 표현할 방법을 찾고 있을 뿐임을 깨닫게 될지도 모른다. 그러니 밤잠을 이루지 못하고 있는 그 문제는 사실 건강하고 생산적인 과정이며, 전혀 문젯거리가 아닐지도 모른다.

안 좋은 상황에서도 좋은 면에 초점을 맞추면 문제 속에 둥지를 틀고 있는 여러 가능성이 보인다. 이렇게 프레임을 긍정적으로 바꾸는 것은 부정적 사건을 부인하는 게 아니다. 그저 해당 결과나 경험에 부정적인 측면뿐만 아니라 다른 것도 더 있다는 사실을 인정하는 것이다. 긍정적 프레임으로 보면 어려운 경험 속에서도 얻어갈 수 있는 '더 나은 것'이 보인다.

프레임을 바꾸는 연습

프레임을 바꾼다는 것은 모든 문제에 당연히 들어 있는 가능성과 기회를 본다는 뜻이다. 이제 연습해보자. 종이를 한 장 꺼내서 가운데에 세로선을 그어라. 왼쪽 칸의 제일 위에 '문제'라고 쓰고, 지금 당신이 직면한 크고 작은 문제를 모두 나열하라. 나열할 때는 완성된 문장의 형태로 써라.

오른쪽 칸의 제일 위에는 '가능성'이라고 써라. 그런 다음 '더 나

Chapter 1

은 것'을 향한 가능성이 보일 때까지 각 문제를 기울여도 보고, 옆으로도 보고, 거꾸로도 보라. 가능성은 질문의 형식으로 써라.

이렇게 프레임을 바꾸는 연습을 계속하면 몇 가지를 깨닫게 될 것이다. 첫째, 그동안 여러 가지 문제에 지나치게 굴복해왔다는 사실을 알게 될 것이다. 둘째, 평소 생활 속에서 더 나은 것을 찾기 위한 노력을 거의 기울이지 않았음을 알게 될 것이다. 마지막으로 어느 문제와 관련된 여러 가능성을 고민하다보면 낙천성과 창의성에도 불이 붙는다는 걸 알 수 있을 것이다.

때로 프레임을 바꾼다는 건 문제를 더 좋은 문제로 바꾼다는 뜻이다. 나는 이걸 "올바른 산에 오른다."라고 표현한다. 예전에 엘리베이터와 에스컬레이터를 만드는 글로벌 기업 코네^{KONE}에서 혁

문제	가능성
집에서 업무를 하니까 미칠 것 같다.	어떻게 하면 어디서 일하든지 좀 더 차분하고, 생산적이고, 창의적인 기분이 들까?
나는 가뭄과 극단적인 기온차, 물 부족을 겪는 곳에 살고 있다.	기후위기가 악화되지 않도록 내가 선택할 수 있는 생활방식은 무엇일까?
더 이상 고객들이 우리 가게를 찾지 않는다.	어떻게 하면 고객을 찾아가는 서비스를 제공할 수 있을까?
불편한 가족 관계에 꼼짝없이 발이 묶인 느낌이다.	어디에 가면 나에게 필요한 정서적·사회적 관계를 찾을 수 있을까?

신 컨설턴트로 일한 적이 있다. (코네라는 이름은 들어보지 못한 사람도 코네에서 만든 엘리베이터나 에스컬레이터는 타보았을 가능성이 크다.) 미국, 핀란드, 이탈리아, 멕시코, 중국, 인도에 있는 코네 직원들에게 사용자 중심 프로세스, 시제품 위주의 프로세스를 적용해 복잡한 문제를 해결하는 방법을 교육했다.

교육을 시작할 때 우리는 엘리베이터계의 오래된 숙제 하나를 들여다보곤 했다. 이용자들이 엘리베이터가 너무 느리다고 생각한다는 문제였다. 직원들에게 코네는 평소 이 문제에 어떻게 접근하는지 물었다. 그들은 기계적인 측면에서 새로운 기술을 사용할 수도 있고, 모터를 교체하거나 타이밍 알고리즘을 조정할 수도 있다고 했다. 나는 그들에게 문제의 프레임을 바꿔보라고 했다. 소비자들을 정말로 괴롭히는 내용에 집중해보라고 말이다. '기다리는 게 지겹고 짜증난다.' 그러고 나면 직원들은 이 문제를 아주 다양하게 그리고 창의적으로 생각해볼 수 있었다. 심지어 손 세정제를 제공하는 것도 한 방법이었다. 알다시피, 세균을 죽이다 보면 시간도 죽일 수 있기 때문이다.

코네의 직원들은 프레임을 바꾸는 연습을 할 때마다 무언가 더 나은 것, 특별한 것을 할 기회를 찾아냈다. 다들 그동안 머리 위의 전등이 꺼져 있었다. 직원들은 오랫동안 한 번도 창의적으로 생각해본 적이 없는 문제들의 답을 찾아내고 있었다. 우리는 여러 숙제의 프레임을 바꿔보았다. 그중에는 사용자가 10만 명이 넘는 건물의 유동인구 흐름을 관리하는 문제도 있었고, 엘리베이터 통로로 사람이 추락할 위험을 줄이는 방법, 엘리베이터 내부에서 사용자의 신체 안전을 담보하는 방법에 관한 것도 있었다. 놀라운 성과를 목격한 코네는 결국 '코네 혁신연구소KONE Innovation Labs'를 설립하는 단계까지 갔다. 새로운 혁신전도사들을 양성해 전 세계 더 많은 직원과 부서에 혁신을 확장하기 위해서였다.

일반적으로, 문제가 크면 프레임을 바꿔서 더 좋은 문제로 만들 기회도 크다. 누구를 위한 솔루션인지 잘 생각하면서 문제를 '어떻게 하면….' 질문으로 바꾸어라. 예컨대 다음과 같은 문제가 있다고 치자. 아이들을 아이스크림 가게에 데려갈 때마다 얼굴이며 옷이 온통 아이스크림 범벅이 되는 것은 물론, 자동차 뒷좌석까지 뚝뚝 떨어진 아이스크림 국물로 엉망진창이 된다. '문제'가 있다.

- **어떻게 하면 아이스크림이 녹아서 뚝뚝 떨어지지 않는 새로운 종류의 콘을 만들 수 있을까?**

문제 속에 이미 솔루션(새로운 종류의 콘)을 포함시켜버리면 다양한 해결책을 생각해낼 수가 없다. 심지어 문제를 잘못 파악할 가능성도 있다.

- **어떻게 하면 모두가 먹을 수 있는 새로운 디저트를 만들 수 있을까?**

너무 광범위하고, 지금 당장 해결이 필요한 문제가 아니다.

■ 어떻게 하면 꼬마들이 들고 다닐 수 있고 여전히 재미있지만 조금 덜 엉망진창이 되는 아이스크림 경험을 새롭게 디자인할 수 있을까?

우리가 생각하는 고객들(자동차 뒷좌석에서 아이스크림 범벅이 되고 있는 꼬마들)에게 딱 맞으면서도 해결이 가능한 문제다.

그 문제를 왜 해결하고 싶냐고 스스로에게 물어보면, 더 좋은 문제를 얻게 된다. 더 의미 있고 실용적인 내용으로 프레임을 바꿀 수 있기 때문이다. 문제를 어떻게 해결할 거냐고 스스로에게 물어보면, 더 구체적이고 실행 가능하고 달성 가능한 내용으로 프레임을 바꿀 수 있다.

효과적으로 프레임을 바꾸는 또 하나의 방법은 특정 조건에 너무 많은 무게를 싣지 않는 것이다. 내가 늘 스스로 되뇌는 말이 하나 있다. '영원한 것은 아무것도 없으므로 지금 일어나고 있는 일에 집착하거나 매달릴 필요가 없다.' 문제는 전혀 다른 어떤 문제로 발전할 수도 있고, 아니면 아예 사라질 수도 있다.

퓨처 레디 마인드에 관한 이야기를 시작할 때 내가 자주 사용하는 방법이 있다. 사람들에게 '미래'라고 하면 무엇이 상상되는지 그림을 그리거나 글로 한번 써보라고 한다. 그러면 대부분 안절부절못한다. 내가 의미한 게 드론과 자동차가 날아다니는 종류의 미래인지, 아니면 '내일은 무슨 일이 일어날까' 같은 미래인지 혼란스러워한다. 사람들은 '정답'을 찾는 데 진심인 듯하다.

이야기 중에 나는 미래에 대한 생각을 써놓은 그 종이를 구겨서 바닥에 던져버리라고 말한다. 그러면 많은 사람이 좀처럼 그렇게 하지 못한다. 나는 무슨 이야기를 하고 싶은 걸까? 집착은 혁신의 적이다. 정답을 바라는 충동을 놓아주고, 답이라는 것과의 관계를 바꿔야 한다. 그냥 몇 분간 스케치를 해본 게 전부인데도 사람들은 거기에 정서적 집착이 생긴다. 본인의 아이디어를 마음에 들어 하고, 그걸 방어할 태세를 갖추며, 수중에 있는 것 외에 다른 아이디어는 생각조차 하지 못한다.

더 좋은 아이디어를 갖고 싶다면 지금 갖고 있는 아이디어는 놓아주어야 한다. 그렇게 할 수 있는 방법을 아주 강력하게 알려주는 것이 바로 명상이다. 명상은 자신의 생각이나 느낌을 관찰한 다음, 부드럽게 그걸 놓아줌으로써 새로운 것이 들어올 수 있는 공간을 마련한다. 이렇게 상황을 객관적으로 인식하는 것은 끝내주게 낙천적인 사람들의 비밀 병기이다. 이 비밀 병기는 특히나 두려운 마음이 들 때 힘을 발휘한다. 낙천적인 사람들은 상황이 곧 바뀔 테고 더 나은 것이 금세 눈앞에 나타날 것임을 확신한다. 구글에서 일했던 캘리 라이언은 다음 기회로 넘어가기 위해 지금의 것을 놓아주는 일을 정말로 잘했다. 프레임을 바꾸는 데 주저함이 없는 그의 이야기를 들어보자.

나는 스웨덴 출신으로 아일랜드에서 자랐다. 내 부모님은 무엇보다 창의적인 표현을 중시하셨다. 나는 어른이 되고 뉴욕시에서 7년 동안 거주하면서 창의적인 생활에 푹 빠져 있었다. 음악을 연주하고 시를 쓰며 사람들 앞에서 공연을 했다. 아일랜드로 돌아왔을 때도 그런 열정은 내 안에서 부글부글 끓고 있었고, 공연을 해야겠다고 마음먹었다. 그러나 실망스럽게도 뉴욕에서 하던 것과 엇비슷한 것조차 찾을 수가 없었다. 그때 깨달았다. 내가 보고 싶은 종류의 공연을 직접 만들어야겠다고. 공연의 테마를 고르고 각 분야의 예술가들을 초청해 라인업을 짰다. 그렇게 결국 10년 동안 계속하게 되었던 이 공연의 이름은 '브라운 브레드 믹스테이프 Brown Bread Mixtape'였다.

그중 잊을 수 없는 순간이 있다. 두 번째인가, 세 번째 공연이었을 것이다. 나는 관객들과 함께 노래를 부르고 있었다. 아마도 〈마이 블러드 이즈 보일링 포 아일랜드 My Blood Is Boiling for Ireland〉였던 듯하다.[5] 방 전체가 들썩였다. 마치 방 안에 널린 전기선들이 타다닥 소리를 내며 튀어오르는 듯한 기분이었다. 그냥 내 바보 같은 노래를 사람들이 큰소리로 따라 불러주고 있을 뿐이었는데, 한 순간 모든 얼굴에 기쁨이 가득했고, 난생처음 느껴보는 완벽한 충족감을 느꼈다. 우리는 모두 같은 것에 목말라 있었다. 창의적 교감을 느끼고 싶었다. 그것뿐이었다.

오랫동안 구글과 메타에서 일하면서 회사에서의 나는 브루스 웨인(배트맨의 평소 모습)이고, 창의적인 나는 배트맨인 것 같다고 농담하곤 했다. 강력한 창의적 충동을 느끼는 사람으로서 나는 일하는 나와 창의적인 나 사이에 저렇게 뚜렷한 선을 그어 놓는 게 옳지도 않고 심지어 건강하지도 않은 일임을 알고 있었다. 어느 날 스스로에게 물었다. '배트맨이 출근을 하면 어떨까? 좋았어!' 즉각 답이 나왔고, '그러면 이제 어떻게 하지?'라는 생각이 들었다.

이때부터 나는 내 일을 전혀 다른 각도에서 바라보게 됐다. 나는 이렇게 묻기 시작했다. '이걸 창의적으로 바라보려면 어떻게 해야 할까? 이걸 창의적으로 이해하려면 어떻게 해야 할까? 이걸 창의적으로 표현하려면 어떻게 해야 할까?' 이전의 내가 뻔한 방식으로 문제를 해결했다면, 지금의 나는 내 앞의 모든 과제와 프로젝트에서 창의성을 발휘할 기회를 발견한다. '너 혹시 프레젠테이션을 뮤지컬 버전으로 해보고 싶니? 어, 맞아. 그거 꼭 해봐야겠다. 엉망진창으로 끝난다고 한들, 최악의 경우에 과연 무슨 일이 일어날까? 효과가 없더라도 어제 몰랐던 걸 오늘 하나는 배웠을 거야.' 나는 월화수목금 매일 이런 식으로 일하고 있다.

이렇게 프레임을 바꾸고 나니, 내 커리어의 궤적도 극적으로 바뀌었다. 구글에 있는 동안 사내에서 소통할 때도 아주 독특한 방식을 사용했다. 다양한 미디어를 활용하며 아주 시각적인 방식을 동원했다. 알고 보니 회사야말로 배트맨이 정말로 필요한 곳이었다.

아무리 여러 가지를 섞어보고, 균형을 깨보려고 노력해도 종종 전통적인 방식을 고수하고 있는 자신을 발견하게 될 것이다. 그럴 때면 '내가 리스크를 회피하는 버릇을 엄청 키웠구나.'라고 깨닫게 된다. 그걸 깨고 싶을 때 나는 나 자신에게 이렇게 말한다. '아무런 위험도 감수하지 않는 위험을 감수할 수는 없어.'

나에게 끝내주는 낙천성은 일종의 신뢰다. 뭍에 닿았을 때 뭘 얻게 될지는 알 수 없지만, 그게 뭐가 됐든 효과가 있을 거라고 믿는다. 겁도 나고 흥분되기도 하지만, 분명 어딘가 새로운 곳에 도달할 것임을 나는 알고 있다. 저 앞에 어딘가에 마법이 있다는 걸 믿어야 한다. 그리고 그곳에 도착했을 때 그 마법으로 무언가를 할 준비가 되어 있어야 한다.

나는 2016년에 국제연합(UN)의 파트너가 되어 글로벌 기구 내에 혁신의 문화를 키우는 일을 했다. 4년간 이탈리아 토리노, 스위스 제네바, 스페인 마드리드에서 사원, 매니저, 경영진을 교육했다. 조직 전체에 혁신을 가속화할 앰배서더 군단을 키우기 위해서였다. 유네스코, 세계보건기구^{WHO}, 국제통화기금^{IMF}, 세계지적재산권

기구^{WIPO}, 유엔인도지원조정국^{UNOCHA} 등 여러 기관에서 만난 사람들 중에는 UN이 느리고, 위계서열적이며, 변화를 싫어한다고 말하는 사람이 꽤 많았다. 아마도 다 맞는 말일 것이다. 그러나 이것들은 모두 실험이나 리스크를 피하기 위한 변명에 불과하다. UN이 수많은 문제에 대해 새로운 해결책을 찾기 위해서는 실험과 리스크가 꼭 필요하다.

내가 초점을 맞췄던 부분은 그들이 이 '변명' 단계를 지나서 본인들도 신나게 추진할 수 있는 아이디어를 내는 조직이 되게 만드는 것이었다. 우리가 협업을 시작했을 때 토양은 척박했고, 그걸 갈아엎어 혁신이 일어나기 쉬운 환경을 만들려면 노력이 필요했다. UN은 이런 작업을 해온 지가 너무나 오래되어서 직원들은 이렇게 생각했다. '우리 문제를 우리보다 더 잘 아는 사람은 없어.' 그렇지만 프레임 바꾸기라는 콘셉트를 알려주었더니, 직원들은 깜짝 놀라 자세를 고쳐 앉았다. 그동안 그들이 봉사했던 사람들의 구체적 니즈를 이해하려는 노력이 충분하지 않았음을 다들 깨닫는 듯했다.

UN이 그동안 미래의 그림을 그리거나 미래를 위해 무언가를 할 기회를 놓치고 있었다는 사실을 인정하는 데는 용기가 필요했다. 함께하는 동안 나는 그들이 배우고 성장하는 모습을 지켜보았다. 나는 UN 직원들이 가진 끝내주는 낙천성에 감명을 받았다. 그들은 세상을 있는 그대로 보면서도 더 나아질 수 있다고 생각했다.

끝내주는 낙천성의 핵심은 '더 나아지는 것'이다. 끝내주는 낙천성은 더 나아지는 것이 가능하다고 믿는다. 지금 당장 더 나아지기 위해 아이디어를 샘플링하고, 리믹스하고, 반복한다. 끝내주는 낙천성은 기꺼이 기회로 가는 길의 셰르파(히말라야에서 등산객의 짐을 운반하고 길을 안내하는 일꾼―옮긴이)가 되려고 한다. 끝내주는 낙천성 없이도 당신의 미래를 찾을 수 있을까? 물론이다. 어둠속에서 뒹굴고, 닥치는 대로 붙잡고, 깜짝깜짝 놀라고 싶다면 그래도 된다. 반면에 끝내주는 낙천성은 빛과 같다. 그 빛이 당신의 미래라는 가능성을 밝게 비춰줄 것이다.

주위를 온통 채우고 있는

가능성이 보이나요?

따라 해보세요

1. 마트에서 장을 보고 왔는데 다른 사람의 봉투 하나가 딸려온 것을 알게 되었다.

2. 오른쪽 네모칸을 글자 방향에 맞춰 돌려보면서 앞으로 전개될 수 있는 네 가지 상황을 곰곰이 생각해보라.

3. 각 상황은 당신을 어디로 데려가게 될까?

마트에 전화를 걸었더니
봉투 주인이 어쩌면
길 건너 커피숍에 있을 거라고 한다.

봉투를 들려주려고
곧장 마트로 되돌아갔다.
마트 주차장에서 접촉 사고가 났다.

마트에 전화를 걸었더니
물건을 그냥 가지라고 한다.
그래서 봉투를 열어봤는데
초콜릿 케이크 반죽과
생일축하용 초가 나왔다.

늘 찾던 마트에 들어섰지만,
봉투 주인은 더 이상 없어져있다.

늘 챙기던 물건을 두고 나왔다.

거침없는 개방성

열린 마음으로
변화를 환영하라

UNRESERVED OPENNESS

거침없는 개방성은 쉽게 말해 다른 사람들의 품으로 자유낙하하
는 것이다. 그들이 나를 꽉 잡아줄 거라고 믿어서가 아니라, 잡아
주든 잡아주지 않든, 내가 얻을 게 있다고 믿기 때문이다. 그렇게
용기를 냈을 때 당신의 시각이 확장된다.

나는 고등학교를 졸업하고 독일에서 사회복무요원으로 근무했다. 알츠하이머 환자들을 지원하고 노인들에게 음식 배달을 하며 사회복무까지 마치고 나니, 다음 단계로 넘어갈 차례였다. 요리사가 되는 데 관심이 있었지만, 고향이라는 안전한 품을 떠나는 게 겁이 났다. 그래서 집 근처 여러 레스토랑에 취업해보려고 했다. 지금 생각해보면 다행스러운 일이지만, 아무도 나를 채용하지 않았다. 이제 익숙한 영역을 벗어나 나에게 닥쳐올 일을 알아보는 수밖에 없었다.

　배를 타고 호수를 건넜다. 고향에서 멀지 않은 곳에 있는, 오스트리아와 스위스, 독일의 국경을 이루는 호수였다. 나는 콘스탄츠 대학교에 진학할 참이었다. 유학길에 오르는 여느 젊은이들과 다를 바 없는 행보였지만, 큰맘을 먹은 결정이었다. 성격은 수줍었고, 목적도 불확실했다. 대학에서 과연 속할 만한 집단을 찾을 수나 있을지, 심지어 학업에 성공할지조차 자신이 없었다. 어렴풋이 공학과 교육학을 공부하겠다고 생각하고 있었지만, 심리학과 디자인이 될지도 몰랐다. 그러나 대학에서 얻은 가장 큰 배움은 학업 자체보다는 신념 체계가 바뀐 것이었다.

시간이 지나면서 나는 내가 '나의 가정들'로 이루어진 일종의 요새를 짓고 그 안에 들어앉아 있었음을 깨달았다. 교육적·정서적·물질적으로 이러저러한 것들이 필요하다고 생각하고 있었지만, 실제로 그 가정들은 나에게 별 도움이 되지 않고 있었다. 나는 하나씩 차례대로 이 가정들을 놓고 씨름하면서 저울질하고 테스트를 해서 완전히 새로운 가치관을 채택할 수도 있었을 것이다. 그러나 용케도 인생에 가장 중요한 기회가 눈앞에 왔다는 걸 알았다. 아직 만나보지 못한 여러 경험과 생각에 나 자신을 완전히 열고, 뭐가 맞는지 찾아볼 수 있는 기회 말이다. 뭘 믿어야 하고, 나는 어디에 적합한 사람이며, 어떻게 하면 내가 세상에 영향을 끼칠 수 있을지 알아볼 수 있는 기회였다.

이게 시작이었다. 그때부터 나는 줄곧 거침없는 개방성을 추구해왔다. 확신이 없거나 마음이 불안할 때조차 자신감을 갖고 싶다면 완전히 포기하고 들어가야 한다. 마음을 열기 위해서는 한 단계를 뛰어넘는 게 필요하다. 이미 마음이 열린 것처럼 행동해야 한다. 겁이 나지만 용기를 내서 과감하게 뛰어넘는 게 필요하다. 그러고 나면 다음번에 똑같은 기회가 왔을 때는 지난번보다 더 마음이 열린다. 개방성은 증식한다. 약간의 개방성은 더 큰 개방성을 낳고, 이는 다시 더 큰 개방성을 만들어낸다. 용기를 내서 뛰어들 때마다 개방성은 강화된다. 마음의 문을 걸어 잠글 때마다 스스로를 더 부정하게 된다. 아주 간단한 원리다.

불확실성을 기꺼이 끌어안는 사람들

누구나 어느 정도는 폐쇄적이다. 변화를 두려워하는 '현상유지 편향status quo bias' 때문에 현 상태를 위협하는 것은 무엇에든 마음을 닫게 된다. 닫힌 마음은 개인의 습관, 전통, 사회적 규범이라는 이름을 갑옷처럼 두르고 있다. 이 갑옷들은 그동안 해보지 않은 건 하지 않아도 된다고, 새로운 건 피해도 된다고 허락을 내준다. 우연히 새로운 경험으로 가는 문을 열게 되면 우리는 자신의 용기와 모험심에 스스로를 대견스러워하다가도, 다시 조용히 그 문을 닫고 늘 살던 대로의 모습으로 되돌아가버린다.

닫힌 마음은 '필요한 건 이미 모두 알고 있다.'는 잘못된 시그널을 보낸다. '기존의 아이디어도 그런대로 효과가 있는데 왜 굳이 저 새로운 아이디어를 시도해봐야 해?' 그러나 분명히 말하지만, 지금 아는 것에만 매달려 있으면 기회는 당신을 찾지 못한다. 그렇게 되면 새로운 경험을 통해 무언가를 배울 수가 없다. 당신의 관심사는 협소하고 정적인 상태에 머물게 된다.[1]

닫힌 마음은 무수히 많은 기회를 박탈할 뿐만 아니라 당신을 경직되게 만들어서 변화하지 못하게 만든다. 그러나 변화는 '늘' 일어나고 있음을 기억해보면, 닫힌 마음은 당신을 영원히 수세적으로 만든다. 꽉 쥔 주먹을 한번 떠올려보라. 그런 식으로 사는 것은 신체적으로도, 정신적으로도 너무나 지치는 일이다. 그래서 당신이 늘 피곤했던 것이다. 자연의 법칙에 맞서 싸우고 있으니! '영원한 것은 없다.'는 자연의 법칙 말이다.

개방성의 흥미로운 특징 한 가지는 마치 수도꼭지처럼 열렸다 닫혔다 한다는 점이다. 한 순간 열렸다가, 다음 순간 바로 닫힌다. 개방성과 관련해 어떤 선택을 내리고 있는지 좀 더 또렷이 인식해보고 싶다면, 하루 중에 우연히 생긴 일에 대한 반응을 기록해보라. 갑자기 나타났고 대응이 필요한 일이라면 뭐든 좋다.

예컨대 대학 동창이 오랜만에 연락해 무언가를 부탁한다. 아니면 상사가 프레젠테이션 파일을 또 수정하라고 한다. 또는 마트 밖에 서 있는 남자가 잔돈을 구걸한다. 이럴 때 개방적인 반응이란 어떤 것일까? 폐쇄적인 반응은? 서로 다른 두 반응은 어떤 결과를 만들어낼까?

경험을 곱씹어본다면, 먼저 개방적인 반응이 폐쇄적인 반응보다 스트레스가 덜하다는 사실을 알 수 있을 것이다. 폐쇄적으로 저항하려고 하면 개방적으로 기꺼이 귀를 기울이는 것보다 신체적·정서적으로 힘을 더 많이 써야 한다. 개방적인 반응은 또한 더 긍정적이다. 왜냐하면 불가능한 사항이 아니라 가능한 사항을 살피고 있기 때문이다. 이는 그 순간뿐만 아니라 이후까지도 당신이 체감하는 행복을 늘려준다.[2] 마지막으로 긍정적인 반응은 예후가 더 좋다. 왜냐하면 갈등이 아니라 협업과 창의성에 불을 붙이기 때문이다.

만약 당신도 모르게 폐쇄적인 반응을 향해 직진하고 있는 것을 알아챘다면(늘 하던 대로의 인식, 취향, 습관을 향해 뒷걸음질치고 있는 것을 발견했다면) 그 반응을 떨쳐낼 방법이 있다. 잠깐 시간을 내서 한 가지 감각에 집중해보라. 하늘의 색깔, 방금 깎은 잔디의 냄새, 꽉 막힌 아침 도로의 소리. 당신이 집중하고 있는 그 대상을 묘사할 단어를 떠올려보라. 그러면 감쪽같이 다시 현재로 돌아와 개방성이라는 스위치를 켤 수 있을 것이다.

인정할 건 인정하자. 우리는 확실성을 갈망한다. 대부분의 사람은 확실하지 않은 것보다는 확실한 것을 택할 것이다. 불확실한 상태일 때 느끼는 긴장감과 불안이 싫기 때문이다. 그러나 과거와는 다른 미래를 창조해내는 사람들은 확신할 수 없는 것을 택한 사람들이다. 뭐가 되었든 앞으로 일어날 일에 마음을 열기로 선택한 사람들 말이다.

거침없는 개방성에는 강력하고 짜릿한 느낌이 따라온다. 지각이 예민해지고, 공연자나 운동선수가 느낄 법한 그런 건설적인 긴장감이 생긴다. 앞으로 마주치게 될 변수에 잘 대응할 수 있다는 자신감도 생긴다. 저들은 이 감정에 익숙하다. 왜냐하면 이는 저들이 하는 일의 본질적인 부분이기 때문이다. 반면에 나머지 우리는 마음을 열었을 때 느끼는 그 조마조마하고 약간은 불안한 기분을 느끼려면 일부러 루틴과 거리를 두고 생활 속에 새로운 자극을 초대하려고 노력해야 한다. 그래야 익숙한 영역을 벗어나 배움과 성장의 영역으로 들어설 수 있다. 무슨 일이든 일어날 수 있는 영역 말이다.

열린 태도로 미래를 향해 나아가는 법

2017년 12월의 어느 날, 나는 강연을 하려고 강의실에 들어서다가 한 통의 전화를 받았다. 모르는 독일 전화번호였다. 몇 분 정도 시간이 있었기 때문에 전화를 받았다. 올리버 비어호프Oliver Bierhoff 였다. 1996년 유러피언 챔피언십에서 '골든골'**3**을 넣어 독일대표팀에 승리를 안겨준 독일의 축구 영웅 말이다. 솔직히 나는 대단한 축구 팬은 아니지만, 흥미로운 통화가 될 것 같다는 확신이 들었다.

올리버는 내가 《슈피겔》과 나눈 "네, 한번 해보죠Yeah, lasst es uns versuchen."라는 제목의 인터뷰 기사를 읽었다고 했다. 개방적이고, 혁신적이며, 앞을 내다보는 조직문화를 만드는 방법에 관한 내용이었다. 기사를 읽고 나를 만나고 싶어서 연락처를 수소문을 했다고 했다. 독일 축구협회 국가대표팀 및 축구개발 담당 이사인 올리버는 독일 축구가 과거에 그랬던 것처럼 다시 월드컵 우승을 차지할 만한 경기력을 갖출 방법을 모색 중이었다. 그는 협회가 새로운 비즈니스 방식에 마음을 열어야 한다고 확신했고, 스포츠계 밖에서 영감을 찾고 싶어서 나에게 전화한 것이었다.

독일 축구협회는 남성 및 여성 국가대표팀뿐만 아니라 독일의 축구 리그 시스템 전체를 관장하는 기구다. 따라서 엘리트 축구의 프로경기뿐만 아니라 동네마다 열리는 지역 유소년 축구경기에 이르기까지 독일의 축구 문화 전반에 지대한 영향력을 미친다.

협회에 속한 모든 프로축구클럽의 최고 경영진과 선수, 심판 중에서 뽑힌 혁신 코치들을 교육할 기회를 내가 덥석 문 것은 당연한 일이었다. 나는 구글과 스탠퍼드 디스쿨에 있을 당시 테스트했던 개념들을 이들이 어떻게 활용할지 보고 싶었다. 그리고 새로운 사고방식이 680만 협회 회원에게 미치게 될 파급력도 궁금했다.

올리버를 비롯한 독일 축구협회 회원들과 인터뷰를 나누자 협회가 시대에 뒤쳐진 마인드에 갇혀 있음을 알게 됐다. 그들은 거울을 볼 때 과거의 챔피언이 보였다. 미래를 그려보려고 해도 과거밖에 보이지 않았다. 그 결과 독일 축구협회는 관료주의적이고 자기 침잠적인 조직이 되었다. 가능성을 탐색하기보다는 과거의 모습을 보존하는 데 초점을 맞춘 것이다. 나는 그들이 과거에 알던 것을 놓아주고 새로운 미래를 향한 길을 개척하도록 도와주고 싶었다.

독일 축구협회의 개방성 실험

독일 축구협회를 위해 구글 함부르크 지부에서 퓨처 레디 마인드와 혁신 문화에 관한 워크숍을 열었다. 그리고 그때부터 수개월에 걸쳐 프랑크푸르트에 있는 독일 축구협회 본부에서 협업을 진행했다. 이들은 오래된 문제를 기꺼이 새로운 방식으로 해결해보려 노력하는 조직문화를 구축하고 싶어 했다. 그래서 우리는 협회와 각 팀이 새로운 사고 패턴과 혁신적 아이디어, 건강한 피드백 문화에 마음을 여는 데 도움이 될 만한 행사를 만들었다.

운동선수를 비롯한 스포츠계의 전문가들은 흔히들 각종 행사를 심리적 기준으로 활용하기 때문에, 나는 이 방법이 그들에게 효과가 있을 것 같았다. 교육할 때는 행사의 힘을 십분 활용했다. 루틴화되어 있는 사고와 행동을 깨부수고 새로운 시각이 들어설 길을 마련하는 데 매우 효과적이기 때문이다. 웹사이트나 직원 매뉴얼을 보면 조직의 가치관은 그저 평면적인 바람을 담고 있는 경우가 너무나 많다. 행사는 그런 가치관에 생명을 불어넣는 데 강력한 툴이 될 수 있다.

독일 축구협회는 개방성과 실험을 권장하기 위해 이런 가치관과 관련된 행사를 만들었다. '자책골'이라는 이름의 공유 행사는 팀원 한 명이 잘못된 의사결정이나 실패 사례, 그로 인한 부정적 결과를 설명하면 다른 팀원들이 거기서 무엇을 배울 수 있는지 함께 찾아보는 행사였다. 축구경기 시간에서 따온 '90분'이라는 행사를 만든 것은 조직의 모든 구성원에게 매일 아침 10시부터 11시 30분까지 방해받지 않고 자신의 업무에만 집중할 수 있는 기회를 주기 위해서였다. '점심 복권' 행사를 도입한 것은 서로 다른 부서에서 일하는 사람들을 한자리에 모으기 위해서였다. 직원 두 명이 무작위로 짝을 이뤄 다섯 번의 점심 데이트를 했는데, 상대방으로부터 '우리와는 다른 무언가'를 배워오게 했다. 종종 로타 마테우스Lothar Matthäus나 비르기트 프린츠Birgit Prinz, 마누엘 노이어Manuel Neuer 같은 특별 손님이 모습을 드러내면 #점심셀카를 널리 공유했다. 직원들은 자신이 기획한 행사가 특별한 순간을 만들어낸다는 사실을 알게 됐다. 의미 있는 성장과 변화의 작은 촉매제였다.

올리버 비어호프는 개방적인 문화를 조성할 가능성을 알아보았다. 독일 축구협회가 하나의 기구로서 활동하는 모습뿐만 아니라 팀이나 선수들을 어떻게 교육해야 미래의 승리를 만들어낼 수 있을지 다시 상상해보았다. '그래서 독일 대표팀이 다시 승리하고 있을까?'라고 궁금한 사람들도 있을 것이다. 2022년 유럽축구연맹UEFA 여자축구 챔피언십에서 독일 여자 대표팀은 우승 직전까지 갔다가 영국에 2대1로 패했으니 상황은 개선되고 있다고 말해도 좋을 것이다. 그러나 더 중요한 결과는 협회가 자신들을 좀 더 전체적인 시각에서 가치 지향적으로 바라보게 되었다는 점이다. 이를 여실히 보여주는 것이 프랑크푸르트에 있는 4만 5000평 규모의 새로운 본부 시설이다. 새 본부는 캐주얼한 미팅을 장려하고 직원이나 방문자가 어느 건물에서든 야외 활동을 잘 볼 수 있게 설계되었다. 그래야 비즈니스 부문과 스포츠 부문이 서로 배우고 발전할 수 있다고 생각한 것이다.

구글에서 경영자 코칭을 하고 있는 애덤 리어나드는 지극히 현실적인 엔지니어들이 불확실성에 대해 좀 더 마음을 열 수 있게 명상을 활용했다. 내면을 탐색하는 데 누구보다 뛰어난 그의 이야기를 들어보자.

> ### 거침없이 개방적인 애덤의 이야기
>
> 어린아이들이 대부분 그렇듯이 나도 질문이 많은 아이였다. 주위의 어른들은 늘 해답을 갖고 있는 듯 보였고, 자연히 '어른들은 모든 걸 아나보다.'라고 생각했다. 어느 날 엄마에게 좀 까다로운 질문을 했더니 놀라운 대답을 들을 수 있었다. "그건 아직 아무도 몰라. 미스터리야." '미스터리'는 내가 처음 들어보는 단어였고, 아직 확실한 답이 없는 질문이 있다는 게 짜릿했다. 새로운 동기가 확 부여됐다. 나는 이미 알려진 것들도 알고 싶었지만, 알려지지 않은 것들도 탐구하고 싶었다.
>
> 새로운 발견에 대한 갈증(알려지지 않은 것들에 대한 경이와 경외의 감정)은 어른이 되어서까지 따라왔다. 나는 마음을 활짝

여는 태도가 새로운 발견의 주된 수단이라고 생각한다. 그러나 미스터리 앞에서 개방적인 태도를 유지하고, 익숙한 영역을 벗어나 미지의 영역을 탐험하기 위해서는 용기가 필요하다. 그에 비하면 일반적인 것, 익숙한 것을 향해 뒷걸음질하는 것이 훨씬 쉽다. 익숙한 것에서 낯선 것으로 가는 여정은 보통 불편한 느낌이 든다. 그래서 미지의 것이 코앞에 다다랐을 때 나는 불편함을 편안하게 느끼려고 의식적으로 노력한다.

그 좋은 예가 나에게는 여행이었다. 나는 계획 없이 훌쩍 떠나는 배낭여행을 아주 좋아한다. 미리 짜놓은 일정 없이 완전히 새로운 곳으로 떠난다. 이렇게 떠날 때면 이전에는 결코 알 도리가 없었던 새로운 사람을 만나고, 새로운 장소를 보고, 새로운 곳에 머물게 될 거라고 확신한다. 정해진 목적이 없다는 건 겁이 날 수도 있지만 동시에 자유로울 수도 있는 일이다. 즉흥적인 일, 우연한 일을 더 많이 겪게 될 가능성이 열린다. 내 경우에는 낯선 지역을 방문할 때의 신선하고 예측 불가능한 상황이 창의적 에너지를 마구 샘솟게 했다. 평생 동안 이런 방식으로 몇 달에 걸쳐 백패킹을 했던 적이 여러 번 있는데, 그때마다 방향은 달랐지만 전혀 새로운 변화의 시작이 되곤 했다.

나는 똑같은 의미의 개방성을 내면의 여행에도 적용해왔다. 다양한 질문과 사색, 반성을 하다 보면 뭐가 나올지 알 수 없다. 내면을 탐구할 때는 항상 내가 뭘 찾아내든 거기에 마음을 여는 것을 목표로 한다. 평가를 내리기보다는 알아채는 데 주력하려고 한다. 이런 내면의 여행은 흔히 예상치 못한 창의적 아이디어로 이어져서 내 삶을 한층 높은 곳으로 끌어올려준다.

구글에서 나의 첫 '20퍼센트 프로젝트'는 '지포즈^{gPause}'라는 것으로, 조직의 곳곳에 마음챙김과 명상을 소개하는 운동이었다. 당시 구글의 복지팀장은 빌 두에인$^{Bill\ Duane}$이었고, 지금은 유명해진 구글의 '내면검색$^{Search\ Inside\ Yourself}$' 프로그램이 한창 진행 중이었다. 명상과 정서지능 교육을 받는 직원이 점점 늘고 있었다. 나는 구글에 합류하기 전부터 오랫동안 명상을 해왔기 때문에 두에인의 프로그램이 인기를 끄는 게 기뻤다. 하지만 사내 곳곳에 마련된 명상실은 별로 사용되지 않는 눈치여서, 사람들이 그저 교육만 받는 것인지 실제로 명상을 실천하는지 알 수가 없었다. 그래서 명상 동호회를 만들어 명상을 좀처럼 받아들이지 않을 듯한 사람들도 명상을 한번 시도해보게끔 도와주기로 했다.

어떻게 하면 이 똑똑하고 분석적인 엔지니어들이 그들의 문화에서는 너무나도 낯선 명상과 같은 것을 받아들이게 할 수 있을까. 이 친구들은 과학적 방법론, 특히 실험을 아주 좋아했다. 그래서 명상을 과학적으로 이야기해보기로 했다. 나는 명상이 수많은 신경과학 연구에 바탕을 둔 여러 이점이 있다는 가설을 내놓았다. 이 가설이 옳은지 그른지 검증하려면 직원들은 직접 실험을 해보는 수밖에 없었다. 자신의 몸과 마음을 실험실 삼아 직접 경험해서 데이터를 수집해야 했다. 나는 이렇게 말했다. "훌륭한 과학자가 되고 싶다면 직접 실험을 해보셔야죠."

이 제안은 수많은 구글러에게 괴상해 보이는 명상이라는 습관에 마음을 여는 열쇠가 되었고, 결국 그들은 명상이 본인의 삶에 아주 유용하고 큰 도움이 된다는 사실을 발견했다. 2016년 엔지니어 동호회 하나로 시작한 이 활동은 전 세계 160개가 넘는 구글 지부의 일상 동호회로 발전했다. 명상에서 나오는 차분한 집중력과 에너지 회복, 창의적 아이디어가 온 지구로 퍼져나갈 수 있었던 것은 수천 명의 개인이 새로운 것에 마음을 열겠다고 선택한 덕분이었다.

나의 핵심 업무는 주로 리더들이 당면한 복잡한 난관을 헤쳐 나가기 위해 더 깊이 있고 의미 있는 대화를 나눌 수 있게 돕는 데 초점이 맞춰져 있다. IT업계는 개선된 새로운 커뮤니케이션 플랫폼에 열광하는 경우가 많고, 이 점은 나 또한 마찬가지다. 그러나 내가 더 열광하는 커뮤니케이션 방식은 매체에 관계없이 의식적이고 질 높은 인간 대 인간의 대화다.

나는 함께 일했던 최고의 리더들이 나누던 대화 방식을 '발전적 대화evolutionary dialogue'라고 부른다. 발전적 대화를 나누려면 자신감과 겸손 사이에서 균형이 필요하다. 자신의 관점을 표현할 수 있는 자신감과 거기에 내재된 한계를 인정할 수 있는 겸손이 필요하다. 대화를 나누는 사람은 서로의 시각에 마음을 열고, 자존심을 배제하고, 대화를 통해 내 생각이 바뀔 수도(업그레이드될 수도) 있다는 가능성을 인정해야 한다. 발전적 대화가 제 힘을 발휘하면, 대화에 참여한 그 어느 개인 한 명보다 현명하고 창의적인 집단지성이 나타난다. 이런 대화는 흔히 우연히 일어나지 않는다. 마음을 열고 내 약점까지 기꺼이 노출되어도 좋다는 의식적 선택이 있어야 한다.

인간이 어떤 식으로 학습하고, 성장하며, 진화하는지에 관해서는 과학계의 연구가 지속되고 있다. 아직까지는 답을 모두 얻지 못한 것이 분명하다. 그러나 한 가지 확실한 것은 폐쇄적이거나 고정된 사고방식으로는 발전이 잘 이루어지지 않는다는 점이다. 반대로 열린 사고방식 혹은 성장 중심의 사고방식을 가질 때 우리는 소위 '근접발달영역zone of proximal development'에 들어설 수 있다. 교육학에서 말하는 근접발달영역이란 지금 내가 가진 능력은 살짝 벗어나지만, 버겁다고 느낄 만큼 너무 멀지는 않은, '딱 알맞은 영역'이다. 바로 이곳에서 새로운 가능성과 잠재력이 출현한다. 마법이 일어난다.

거침없는 개방성은 삶의 모호함과 불확실성을 기꺼이 두 팔 벌려 끌어안는 것이다. 열린 태도는 다른 식으로는 절대 찾아내지 못할, 정말로 흥미롭고 믿기지 않을 만큼 큰 보상이 있는 장소로 당신을 데려다줄 것이다. 당신이 만들어가고 있는 당신의 미래로 가는 길에 이정표가 될 그런 장소 말이다.

그 길에 도달했는지, 그 길을 계속 가고 있는지는 어떻게 알 수 있을까? 투명성, 신뢰, 관용을 늘리고, 새로운 목소리를 찾아서 귀를 기울여야 한다.

투명성을 발휘하라

개방성에 관해 이야기하지만 실제로는 투명성을 뜻할 때가 종종 있다. 대인관계에서 투명성이란 '다 꺼내놓는다'는 뜻이다. 비밀도 없고, 놀랄 일도 생기지 않는다. 조직에서 투명성이란 자주 직접적으로 소통하고, 직급에 관계없이 회사 운영 정보에 언제든지 접근할 수 있다는 뜻일 때가 많다.

거침없는 개방성은 투명성과는 다른 것이지만, 제대로만 이해한다면 둘은 굉장히 좋은 합을 보여준다. 개방성은 들어오는 것을 받아들이는 태도로, 투명성은 나가는 것을 받아들이는 태도로 이해하라. 나쁜 소식을 하나 들었다고 치자. 개방성은 그걸 받아들이고, 처리하며, 그것으로 무언가 의미 있는 일을 하는 것이다. 이번에는 나쁜 소식을 내가 전달해야 한다고 치자. 투명성은 망설임 없이 정직하게 공유하는 것이다.

개방성과 투명성은 어떻게 함께 작용할까? 가장 기억에 남는 경험은 2010년 구글에 처음 입사했을 때다. 나는 TGIF^{Thank Google It's Friday}라는 주간 미팅에 참석했다. 전 세계 직원이 직접 또는 화상으로 전원 참석하는 회의였다. 금요일 오후마다 구글의 공동 창업자 세르게이 브린^{Sergey Brin}과 래리 페이지는 몇 마디 모두 발언을 하고는 무슨 말이든 하고 싶은 직원들에게 발언권을 넘겼다. 매주 두 사람이 때로는 불편할 수도 있는 단도직입적인 질문을 받고, 똑같이 단도직입적이면서 정직한 답을 내놓는 모습은 마치 조직문화 형성의 정수를 보는 듯했다.

한번은 어느 직원이 왜 구글러들은 출장을 갈 때 비즈니스 클래스를 탈 수 없는지 물었다. 당시 최고재무책임자^{CFO}였던 패트릭 피케트^{patrick Pichette}는 직원들이 이코노미 클래스를 타는 게 회사 정책이라고 답했다. 그러면서 자신도 이코노미 클래스를 타고 있으니 다른 직원에게도 똑같이 요구하는 게 공정하다고 생각한다고 말했다. 활발한 대화가 오갔고 결국 새로운 출장 시스템을 만드는 계기가 됐다. 새 시스템은 구글러들이 이코노미 클래스를 이용하거나 저렴한 호텔에 묵을 때마다 포인트를 적립하고, 충분한 포인트가 쌓이면 비즈니스 클래스나 퍼스트 클래스도 탈 수 있게 했다.

초창기부터 구글의 창업자들은 이렇게 모두가 모일 수 있는 행사를 만들어 투명성이라는 가치를 실천했다. 금요일마다 그들은 개방성을 활용해서 무슨 일이 일어나든 대처할 수 있는 능력을 키워갔다. (두 사람은 회의에서 무슨 얘기가 나올지 전혀 알지 못했다.) 그리고 투명성을 이용해 신뢰를 쌓았다.

개방성과 마찬가지로 투명성도 그저 하나의 선택이다. 내 약점까지 노출되는 한이 있더라도 개방적으로 행동하고 단도직입적으로 이야기를 나눌 것인가? 아니면 모호하게 행동하고 나의 본모습의 일부(혹은 전부)를 감추면서 스스로를 보호할 것인가?

개방성과 마찬가지로 투명성도 늘 쉬운 선택은 아니다. 투명성을 선택한다는 것은 내가 하는 말이나 행동을 싫어할지도 모를 사람들의 비난을 자초한다는 뜻이다. 화형 당할 것을 알면서 왜 나 자신을 광장에 내놓는가? 한 가지 이유는, 그게 신뢰 관계를 구축하고 유지할 수 있는 지상 최고의 방법이기 때문이다. 안타깝지만 '어느 정도 투명하다.' 따위는 없다. 완전히 투명하든지, 아니면 불투명한 것이다.

투명성은 익숙해지는 과정이 조금 필요하다. 먼저 다른 사람이 나에게 투명해질 기회를 제공하라. 나에게 중요한 어떤 문제에 대해 포장 없이 솔직한 피드백을 요청하면 된다. 최근에 부모로서 개입했던 일에 대해 자녀는 과연 어떻게 생각하는지 한번 물어보라. 당신이 주재하는 회의에서 부하직원에게 나를 평가해달라고 부탁할 수도 있다. 소통의 역학관계를 뒤집어서 듣는 입장이 되어보면, 나부터 투명해지는 방법에 관해 많은 걸 배울 수 있다.

투명성을 실천하는 또 다른 방법은 남보다 먼저 나서서 어려운 일이나 어려운 얘기를 해보는 것이다. 한 예로 당신이 저지른 실수를 공유하라. 구글에서 경영진 미팅을 하면 각자 지난주에 자신이 명백히 잘못했던 일을 이야기한다. 사업적 의사결정을 잘못 내렸을 수도 있고, 누군가와의 대화를 잘 처리하지 못했을 수도 있다. 처음에는 다들 이런 이야기를 꺼내는 게 불편했다. 동료들에게 못난 사람으로 비칠까 하는 두려움이 컸다. 그러나 시간이 지나면서 신뢰가 구축됐고, 우리는 서로에게 투명성을 기대하고 또 그걸 소중하게 여길 수 있게 됐다.

아직 구상이 끝나지 않은 일을 공유하는 방법도 있다. 구글의 TGIF 미팅에서는 한두 팀이 아주 초기 단계의 시제품이나 개발 중인 신기술의 데모를 공유하는 경우도 있었다. 미팅 참석자가 참석자인 만큼, 긴장될 수도 있는 상황이었다. 그러나 나는 이 미팅에서 놀라운 협업이나 파트너십이 형성되는 경우를 여러 번 보았다. 사실 관심도가 높으면서도 중립적이고 비판적인 사람들을 상대로 위험을 무릅쓰고 아이디어(종종 불완전한 아이디어)를 테스트해보면 프로젝트의 성공률이 올라간다. 똑똑한 사람들을 내 프로젝트에 끌어들이는 효과가 있기 때문이다.

투명성과 관련해서 마지막으로 해줄 이야기는 진정성이다. 많은 사람이 자신의 특정 부분만 남들에게 보여준다. 불안한 부분이나 흠은 노출하고 싶어 하지 않는다. 그러나 가감 없이 솔직한 소통을 하면, 사람들은 그게 당신의 진짜 모습이라는 것을 안다. 그러

Chapter 2

주변을 비우기

스탠퍼드대학교 디스쿨의 강의실과 실습실은 비어 있는 게 기본 상태이다. 강의라고 했을 때 떠올릴 법한 물건(책상, 의자, 칠판 등등)은 늘 수업이 끝나면 치워진다. 이렇게 하면 다음번 수업에서 뭘 가르치고 배우게 될지 예상이나 짐작을 할 수 없다. 수업 시작 전 강사가 그날 학생들이 배우고 발견하기를 바라는 내용에 맞춰 교실을 채운다.

주변 환경이나 루틴에서 '마음을 여는 것을 기본 상태'로 만들기 위해 할 수 있는 일에는 무엇이 있을까? 퇴근할 때 자리를 치운다고 해서 당신이 씨름하고 있는 그 문제가 사라지지는 않겠지만, 내일 아침 출근했을 때 문제를 새로운 눈으로 바라보는 데는 도움이 될 수 있다. 전자 기기는 또 어떨까? 수면 전문가들이 자기 전에 전자 기기를 멀리하라고 하는 것을 알고 있을 것이다. 하지만 이걸 아침에 실천해보면 어떨까? 각종 콘텐츠를 소비하는 것으로 하루를 시작하는 게 아니라, 깨어나는 생각들과 함께 몇 분 정도 가만히 앉아 있는 것이다.

작업 모드로 전환할 준비가 될 때까지는 전자 기기를 집어 들지 않도록 노력해보라. 뇌가 찬찬히 하루를 시작할 수 있게 시간을 주면 열린 모드가 되는 걸 느낄 수 있을 것이다. 그날 하루 어떤 일이 벌어질지 호기심이 더 생기고 더 수용적인 상태가 될 것이다.

면 그들도 경계심을 내려놓고 자신의 진짜 모습을 보여줄 때가 많다. 가장 튼튼하고 오래가는 관계는 때로 진짜 자기 모습을 공유할 때 탄생한다.

내가 어떤 사람인지 보여줄 때는 가장 겸손한 제스처가 깊은 인상을 남길 수도 있다. 내성적인 성격의 내 친구는 낯선 사람들과 어울리는 게 쉽지 않은데 그럴 때 투명성을 이용한다. 파티 자리에서 혼자 구석에 서 있는 대신에 (혹은 파티 자체를 회피하는 대신에) 낯선 사람에게 자신을 소개하고 잠시 후에 자신이 낯을 가려서 파티 자리가 쉽지 않다고 털어놓는다. 별 것 아닌 자신의 본모습 하나를 공유함으로써 약간의 친밀감이 형성되고, 그러고 나면 상대방이 술술 다음 이야기를 이어간다. 친구는 결코 나누지 못했을 근사한 대화를 나누게 된다.

결국 투명성이란 우리의 겸손함을 보여주는 일이다. 이게 쉽다는 얘기는 아니지만, 충분히 시도해볼 가치가 있다. 투명해지려고 한번 시도해보라. 그리고 개방성에 대한 생각이 어떻게 바뀌는지 지켜보라.

자신의 목소리에 귀를 기울여라

마음을 열기 위해서는 무슨 일이 일어나도(좋은 일이든, 별로 좋지 못한 일이든) 대처할 수 있다고 스스로를 믿어야 한다. 물론 쉽지 않은 일이다. 새로운 경험에 마음을 열었는데 결과가 좋으면 이렇게 생각한다. '우와, 또 해봐야지!' 그러나 결과가 좋지 못하면 우리는 그 기억을 잘 보관해두었다가 나중에 활용한다. 미래의 실수로부터 스스로를 보호하기 위해서다.

어린아이들은 뭘 해야 할지 전혀 알 수 없는 상황에 자주 놓인다. 기댈 만한 경험이 많지 않기 때문에 학교에서도, 집에서도, 운동장에서도 아이들은 순간순간 즉흥적으로 행동한다. 나중에는 참조할 만한 프레임이 만들어져서, 내가 이러저러한 반응을 했을 때 무슨 일이 일어날지 떠올리게 된다. 아이들이 소위 '실수'를 한번 저지를 때마다 으레 어른들이 고쳐주게 마련이고, 그러다 보면 아이들은 우리가 평생 배우는 그 '룰'을 따르면서 나머지 우리와 같은 길을 가게 된다.

예상치 못했거나 익숙하지 않은 어떤 일이 일어났을 때 뭘 어떻게 할지 몰랐던 그 어린 시절의 느낌을 한번 떠올리려고 노력해보라. (영화 〈나 홀로 집에〉가 떠오른다.) 한편으로는 조금 무서웠었다. 그렇지 않은가? 마치 누가 뜨거운 감자를 던져 주었는데 어찌할 바를 모르는 것과 비슷했다. 다른 한편으로는 그래서 어린 시절이 흥미진진했다. 그렇지 않은가? 무언가 스릴 같은 게 있었다. 그래서 다음번에는 오히려 이렇게 말하기가 쉬웠다. "야, 이쪽이야, 그 감자 나한테 던져!" 그 순간이 승리로 장식되든 참사로 끝나든 그 경험은 당신이 뭘 할 수 있는지 알려주었다.

빨리감기로 현재로 돌아와보자. 이제 당신은 뜨거운 감자를 리스크 내지는 위협으로 보는 습관이 들어 있다. 당신 무릎에 뜨거운 감자가 떨어지면 불안감이 치솟는다. 가장 먼저 드는 생각은 이런 것이다. '어떻게 해야 이걸 없애버리지?' 그러나 헐레벌떡 불안감을 없애려고 하지 말고, 그 불안감에 익숙해져라. 무언가를 배우는 과정의 정상적인 일부로 생각하자.

예상치 못한 일이 벌어졌을 때 더 긍정적이고 생산적으로 반응하는 방법은 무엇일까? 우선 자신의 첫 반응을 인지하는 것이다. 걱정이 되는가? 화가 나는가? 좌절감이 드는가? 좋다, 그걸 기억해 둬라. 그러면 이제, 이미 벌어진 일은 바꿀 수 없다는 사실을 떠올려라. 바꿀 수 있는 것은 이미 벌어진 일에 대한 당신의 태도뿐이다. 벌어진 일을 다른 각도에서 보고 조금이라도 더 나은 기회로 활용하라.

회사 경영진이 대거 교체된다는 사실을 알게 됐다고 치자. 지난번에 이런 일이 일어났을 때는 소속 부서의 직원 두 명이 해고됐고, 상황이 안정되는 데까지 1년이 걸렸다. 과거 경험에 비춰보면 당신이 불안해질 만한 소식이다. 이 사건을 마치 당신 손에 들어온 어떤 물건처럼 생각해보자. 그리고 사건의 면면을 검토하면서 자세한 내용을 목록으로 작성하자. 이 변화로 인해 생길 수 있는 기회를 찾아낼 때까지 목록을 계속 추가하라.

이 연습을 해보면 훨씬 더 객관적인 프레임이 생긴다. 연습이 끝나도 뜨거운 감자는 여전히 당신 손에 있겠지만, 평생에 걸쳐 쌓아왔고 머릿속에 늘 들어 있는 습관적 반응들은 힘을 잃었을 것이다. 이제는 앞으로 일어날 일에 대해 마음을 열고 이 사건에 접근할 수 있다. 시간이 지나면 열린 마음을 가진 당신을 스스로 신뢰하는 법을 배우게 될 것이다. 이렇게 예상치 못한 사건이 생겨도 당신은 그걸 미래를 향한 디딤돌로 바꿔놓을 수 있다고 믿게 될 것이다.

개방성이 늘 미지의 것을 향해 허겁지겁 돌진한다는 뜻은 아니다. 일상적 경험의 다양한 측면을 차분히 받아들이는 것도 개방성이 될 수 있다. 무작위로 들어오는 자극에 일일이 반응하느라 얼마나 많은 시간과 에너지를 쓰는지 생각해보라. 대부분의 경우 그렇게 시간과 에너지를 쓰고 있는지조차 몰랐을 것이다. 자극이 나를 향해 달려드는 것은 막을 수 없다(모기떼를 떠올려보라). 그러나 그 자극이 무엇인지 슬로우모션처럼 인식하는 것은 가능하다.

예를 들어 옆집 아이가 드럼 연습을 한다고 치자. 오후마다 아이가 차고에서 드럼을 두드려대는 통에 일에 집중할 수가 없다. 소음제거 헤드폰도 샀고, 옆집 부모에게 전화를 걸어 사정해볼까 고민도 했다. 그런데 어느 날 아이가 연주를 시작했을 때 신경을 세우는 대신, 하던 일을 멈추고 귀를 기울여본다. 아이는 같은 음악을 계속 반복해서 연습하고 있다. 잠시 후 조그만 변화를 알아챈다. 연주가 조금 더 부드럽게 흘러갔을 수도 있고, 더 자신감 있는 소리가 났을 수도 있다. 아이가 뭔가를 조금씩 익혀가고 있다는 사실을 깨달은 당신은 절로 미소가 나온다. 엄밀히 말해서 매일 당신이 듣는 소리는 똑같이 '소음'이다. 그렇지만 이제 애정을 갖고 관찰해보니 그 소리가 달리 들린다.

이런 순간은 하루에도 무수히 많다. 각각의 순간은 그 일을 관찰하고 받아들이는 당신 자신을 실험해볼 수 있는 기회다. 이렇게 하다 보면 당신은 본능적 반응이나 편견에 덜 휘둘릴 수 있는 더 자연스러운 상태가 된다. 그런 순간 가만히 앉아 있으면 마음을 연다는 게 어떤 뜻인지 정말로 느낄 수 있다.

구글 싱가포르 지부의 글로벌 사업운영 매니저인 새라 브라운은 바로 이 방법을 사용해서 끊임없는 변화의 한가운데서도 평화를 찾을 수 있었다. 자신의 목소리에 귀를 기울이는 새라의 이야기를 들어보자.

> ## 거침없이 개방적인 새라의 이야기
>
> 나는 2011년부터 구글에서 일했다. 2016년까지는 마운틴뷰에 있었고, 이후로는 죽 싱가포르에 있었다. 그동안 학습과 리더십 개발, 커뮤니티 참여에 초점을 맞춘 여러 운동을 전개했다. 2019년 초부터 내가 속해 있던 여러 프로젝트가 구조조정이나 우선순위 변경으로 폐지됐다. 거기에 코로나 사태까지 더해져서 나는 4년 동안 3~6개월마다 직무를 바꿔야 했다. 이 기간에 개인적으로도 어마어마한 변화와 소란이 있었고, 결국 병원 신세까지 지게 됐다. 쉽게 말해 스트레스 때문에 소화기계가 뒤

집어져서 대체의학 및 식이요법 등의 도움을 받아 내 몸을 대시 내 몸 같이 느끼는 데 거의 1년의 시간이 걸렸다.

재밌는 사실은 이런 일을 겪게 되면 터널의 끝을 빠져나오기 전까지는 '내가 배움 단계에 들어와 있다.'는 사실을 알 수 없다는 점이다. 세상은 정말 미친 곳이어서 끊임없는 변화를 겪고 있고, 우리는 그 변화를 전혀 통제할 수 없다. 동료 중에 늘 이렇게 말하는 친구가 있었다. "통제할 수 있는 것만 통제해." 내 힘으로 바꿀 수 있는 것에만 초점을 맞추라는 뜻이었다. 건강상의 위기를 겪기 전까지는 나 역시 그 뜻을 제대로 이해하지 못했다.

사실 우리가 통제할 수 있는 것은 오직 하나뿐이다. '내 경험에 대한 나의 반응.' 아프기 전까지 나는 건강에 좋다는 여러 활동을 하고 있었다. 러닝과 사이클, 웨이트 트레이닝도 했다. 모두 신체 건강에 좋은 활동이었지만, 스트레스를 관리하는 데 적절한 도구는 아니었다. 나에게 더 필요했던 것은 내가 나 자신과 조화할 수 있게 해주고, 감정 상태를 더 잘 읽고, 이해하고, 조절하게 만들어줄 활동이었다. 나 자신을 알고 내 몸의 신호를 읽을 수 있는 법을 배우고 나니 스트레스가 많은 상황이나 변화에 대처하는 방법이 바뀌었다. 힘든 순간에 대처할 수 있는 능력과 스스로의 장점을 깊이 이해하게 됐다. 그리고 그런 순간에 필요한 성공적으로 대처하는 요건들을 키우는 데도 마음을 열게 됐다.

마음을 열기 위해서는 자신에 대한 높은 신뢰와 미래에 대한 어느 정도의 낙천성이 필요하다. 필요한 것은 무엇이든 구할 수 있다고 믿어야 한다. 그래야 상황을 통제하겠다는 생각을 버릴 수 있다. 내 생각에 개방성과 통제는 스펙트럼의 정반대편에 있다. 통제를 원한다는 것은 상황이 나에게 유리하게 펼쳐질 거라고 믿지 못하고 겁이 난다는 뜻이다. 낙천성과 짝을 이룬 개방성은 온 우주를 진정으로 신뢰하는 것과 같은 느낌이다. 낙천성과 개방성을 함께 가지고 있으면 다음과 같이 말할 수 있게 된다. "내가 이러고 있을 줄은 몰랐고 내게 이런 일이 생길 줄 상상조차 못했지만, 이 상황이 나를 예상치 못했던 흥미로운 곳으로 데려다줄 수도 있어."

내 안에 이러한 낙천적 개방성을 키웠더니 훨씬 더 평온해지면서 이전에 느꼈던 스트레스가 많이 사라졌다. '뭐가 되었든 일어날 일은 일어난다.'라는 사실을 열린 마음으로, 호기심을 갖고, 자신의 장점을 인식하면서 마주하면 된다. 그러면 겁이 나거나 스트레스를 받기보다는 이 상황이 흥미진진하게 느껴진다. 이렇게 시각을 바꾼 것이 일이나 인간관계에 대한 접근법을 얼마나 많이 바꿔놓았는지 모른다. 나는 이 점을 매일 되새긴다. 그러면 내가 쓰는 나에 관한 내러티브에 어떤 공통점이 있는지가 보인다. 다른 선택을 내릴 수 있는 기회도 얻게 되고, 내가 어떻게 발전해가고 있는지도 보인다.

구글 조직 내의 예상치 못했던 또 다른 변화로 인해 지금 나는 내 커리어 단계에서 결코 선택하거나 원하지 않았을 법한 직책을 맡게 되었다. 그러나 이렇게 되었다고 해서 좌절하거나 불안해하기보다는, 새로운 능력을 개발하고 배울 기회라고 생각한다. 직업적으로 겪어보고 싶은 일들은 더 많지만, 나는 지금의 내 위치를 소중하게 생각한다. 내 건강과 웰빙 전반이 이처럼 달라진 것은 모두 이렇게 생각을 바꾼 덕분이다.

미래의 가능성과 기회를 공유하라

1990년대 말 소프트웨어 개발 분야에서 오픈소스^{open-source}라는 개념이 처음 생겼을 때 긴장하는 사람들도 있었다. 회사가 자신들의 소스 코드^{source code}를 공개해서(그것도 공짜로) 다른 이들이 그걸 수정하거나 발전시켜 새로운 제품을 만들 수 있도록 해준다는 건 흡사 미친 짓처럼 보였다. 사실 이는 상당히 오래된 개념인데, 지난 100년간 혁신의 동력을 공급하는 데 이보다 더 큰 영향을 끼친 요소는 아마 없을 것이다.

귀중한 지적재산을 이렇게 세상에 던져주기 위해서는 공유의 이점이 공유의 비용보다 훨씬 더 클 거라는 어마어마하게 큰 신념이 있어야 하고, 그걸 증명하기 위해 모든 것을 걸 의향이 있어야 한다. 누구라도 이렇게까지 높은 위험을 감수하고 무언가를 공유한다면 땀이 흥건해질 것이다!

그렇지만 안심하라. 내가 여러분에게 하려는 말은 수십억 달러 어치의 소스코드 재산을 공유하라는 게 아니고, 그저 별것 아닌 몇 가지를 공유하라는 얘기다. 거침없는 개방성의 특징인 '공유'는 리눅스Linux처럼 목적을 가진 공유, 심지어 계산된 공유다. 미래의 가능성과 기회를 위해 공유하라는 얘기다. 나중에 큰 보상을 받게 될 투자라고 생각하라.

공유라는 행동은 새로운 발견으로 가는 길을 만든다. 무언가를 하나 공유할 때마다 여러 방향으로 일련의 교류와 사건이 만들어진다. 공유에는 '각자 원하는 어드벤처를 선택'하는 것과 같은 측면이 있어서, 하나의 공유는 X로 가는 길을 열고, 또 다른 공유는 Y로 가는 길을 열어서, 각자가 연쇄적인 결과를 파생시킨다. 공유를 많이 할수록 탐험할 경로도 많아진다.

공유를 한다는 건 무언가를 내놓는 일이지만, 또한 돌려받는 일이기도 하다. 물론 그 돌려받는 일은 즉각적이지 않을 수도 있고, 어쩌면 오래 걸릴 수도 있다. 실제로 여러 갈래의 파급력이 지속적으로 퍼져 나가고 유입되면서 그때마다 당신에게 새로운 영향을 끼칠 것이다.

현재 공유를 위한 기술 인프라가 워낙 잘 구축되어 있기 때문에 어떤 공유 툴을 사용할지는 별로 걱정되지 않는다. 다만 꼭 공유를 하라는 것이고, 아이디어에서부터 시작해서 여러분이 타인들과 무엇을 공유할지가 내 관심사다.

아이디어를 공유한다는 것은 신뢰의 행동이다. 아이디어는 예민하다. 아직은 그냥 혼자만의 것인 어떤 생각이 머릿속에서 희미하게 모습을 갖춰가는 것과 같다. 아이디어를 이야기했다가 조롱의 대상이 되거나 오해를 받은 사례는 역사에 수두룩하다. 그러니 아이디어가 생겼어도 아직은 그냥 혼자만 알고 있으면서 보호하고 싶은 생각이 드는 것도 이해가 된다. 그렇지만 중요한 것은 '아이디어는 사회적 산물'이라는 사실이다. 그게 쓸 만한 아이디어인지 알려면, 다른 생각과 섞이고 어우러지면서 몇 바퀴를 돌아야 한다. 물론 그 과정에서 두들겨 맞고 조금은 (혹은 많이) 부서질 수도 있지만, 공유함으로써 알게 된 내용을 통해 훨씬 더 튼튼한 아이디어가 될 수도 있다.

아이디어를 공유한다는 것은 이 아이디어가 앞으로 무엇은 될 수 있고 무엇은 될 수 없을지, 그 가능성에 마음을 연다는 뜻이다. 더는 완벽해질 때까지 혼자서 고민할 필요가 없다. 이미 세상에 내놨으니까! 구글에 합류하고 얼마 지나지 않아 나는 혁신 교육 센터 및 커뮤니티를 만들면 좋겠다는 아이디어가 떠올랐다. 어떤 제안이 들어온 것도 아니었고, 심지어 콘셉트를 완벽히 잡은 것도 아니었지만, 이 아이디어를 온갖 부서의 사람들과 공유하기 시작했다.

이런 단계의 아이디어를 큰소리로 떠들고 다닌다는 건 직업적 관점에서 다소 위험한 일이었다. 사람들은 얼마든지 내 아이디어에 구멍을 내거나 심지어 내 아이디어를 난파시킬 수도 있었다. 어쨌거나 나는 입사한 지 얼마 안 된 사람이었으니 말이다. 그렇지만 내 아이디어를 들은 사람 중 다수가 즉각 아주 좋은 아이디어라고 함께 흥분해주었고, 그들의 피드백이 아이디어를 구체화시키는 데 도움이 되어, 결국에는 구글의 유명한 '혁신을 위한 창의성^{Creative} $^{Skills for Innovation}$' 프로그램, 약칭 '씨에스아이랩$^{CSI:Lab}$'이 만들어졌다. 나중에 우리는 이 프로그램을 세상과 공유했다.

누군가와 인연을 만드는 것 역시 개방성으로 가는 강력한 도관이 된다. 아주 짧은 순간에 불과하더라도 타인과 교감하고 나면 힘이 솟고 기운이 날 텐데, 우리는 이런 인연을 만드는 일을 깜박하기 쉽다. 종일 일과에 떠밀려 고개조차 한 번 제대로 들어보지 못하는 날이 얼마나 많은가? 그 과정에서 마주치고도 제대로 알아보지 못한 사람은 또 얼마나 많은가?

의도적으로 마음을 열고 타인과 자상하게 대화를 나누면, 개인적인 인연을 형성할 '점'들이 늘어난다. 그렇게 되면 퓨처 레디 마인드에 너무나도 중요한 창의적 영감의 원천은 또 얼마나 많이 늘어나겠는가. 아무리 짧은 접촉이라고 해도, 당신의 생각이나 감정의 방향을 틀어놓을 수 있다. 그렇게 만들어진 파문이 그날 하루 당신의 내적·외적 접점을 얼마나 많이 만들어낼지는 아무도 모른다.

직장에서 친하지 않은 누군가와 점심을 함께하는 것도 마찬가지다. 처음 보는 사람에게 손에 들고 있는 그 책은 무엇인지 물어보라. 엘리베이터에서, 커피숍에서, 통근 지하철에서 매일 보는 그 사람에게 인사를 해보라. 인연을 만드는 이런 순간에는 두 가지 이점이 있다. 첫째, 아주 짧게라도 템포를 늦추고 다른 사람과 인간적 소통을 하게 만든다. 이는 공기나 물, 음식처럼 우리에게 꼭 필요한 것이다. 둘째, 새로운 통찰을 불러일으키거나 전혀 예상치 못했던 무언가가 시작되게 만든다.

내 아내 앤절라가 동네 샌드위치 가게에 갔을 때의 일이다. 아내는 아그네스라는 이름의 젊은 경찰관 뒤에 줄을 서 있었다. 아내가 샌드위치를 주문하자, 경찰관은 아내의 억양을 알아채고 독일어로 말을 걸었다. 반갑고 놀라운 일이었다. 두 사람은 몇 분간 이야기를 나누었고 헤어질 때는 연락처까지 교환했다.

이후 1년여의 시간 동안 아그네스는 우리 가족의 일원이 됐다. 종종 아내와 내가 저녁 외출을 할 때면 아이들과 즐겁게 놀아주기까지 했다. (경찰관이 돌봐주면 아이들이 얼마나 고분고분하게 말을 잘 듣는지 모른다.) 이후 아그네스는 와이오밍주에서 국립공원 관리자로 일하게 되어 산타크루즈를 떠났다. 그렇지만 가끔 이메일이나 사진을 보내올 때면 예상치 못했던 그의 존재로 인해 우리 가족의 삶에 얼마나 긍정적인 영향이 있었는지 새삼 기억나곤 한다. 나는 이런 생각을 자주 한다. 앤절라가 그렇게 낯선 사람과 인연을 만든 일이 그 시기에 우리 가족에게 어떤 영향을 미쳤고, 또 어쩌면 앞으로도 오랫동안 우리 가족 구성원 각자의 삶에 얼마나 큰 영향을 주게 될까 하는 생각 말이다.

공유와 관련해서 마지막으로 하고 싶은 이야기는 간단하다. 온전한 관심을 공유하라. 동료들과 회의를 갖든, 친구들과 식사를 하든 혹은 가게 점원과 거래를 하든 간에 온전한 관심을 줘라. 그렇게 하면 그 대화가 당신에게 (그리고 상대에게도) 더 큰 가치를 갖게 될 것이다. 관심이 흩어지면('멀티태스킹'을 하느라, 휴대전화를 보느라, 머릿속으로 다른 할 일을 생각하느라) 참여도 줄고, 새롭게 알게 되는 것도 줄고, 그 대화로 느끼는 감정도 줄어든다. 어차피 온전한 관심을 기울일 때와 똑같은 시간을 쓰면서 얻어가는 것은 훨씬 적다. 더욱이 관심이 쪼개지면 대화를 통해 만들어질 수 있는 여러 가능성도 줄어든다. 그 대화를 통해 얻어갈 수 있는 것들에 온전히 마음을 열지 않을 거라면, 굳이 그런 대화를 왜 갖는가?

하루 날을 잡고 일상에서 나누는 모든 대화에 온전한 관심을 기울여보라. 평소 같으면 놓쳤을 온갖 소소한 것이 눈에 들어올 것이다. 상대의 표정, 특정한 단어 선택, 대화의 행간에 담겨 있는 우려까지 말이다. 거기에는 정말 많은 정보가 담겨 있다. 다른 방식으로는 얻지 못했을, 의미 있고 어쩌면 실천 가능한 그런 정보들 말이다. 관심을 나누는 것은 시간을 필요로 하는 일이니 대차대조표의 '부채'란에 쓰일 것 같지만, 실제로는 '자산'란에 들어간다.

Future Ready Action

종이비행기 만들기

종이에 미래에 관한 '만약에' 질문을 써라. 질문은 개인적으로 당신에게 혹은 당신의 팀이나 조직에 중요한 내용이어야 한다. 당신이 자주 생각하거나 열망하는 내용을 써라. 종이를 비행기 모양으로 접어서[4] 가방이나 주머니에 넣고 평소처럼 일상생활을 해라.

주머니에서 종이비행기가 느껴지거나 가방에 있는 종이비행기가 눈에 띌 때마다 주위를 돌아보고 만약 저 사람이 있는 방향으로 비행기를 날리면 무슨 일이 벌어질까 상상해보라. 그 사람이 비행기를 주워서 읽어볼까? 만약에 그렇다면 당신의 꿈이나 비전을 낯선 사람과 공유하는 것은 어떤 기분일까? 만약에 그 사람이 종이비행기를 보았으면서도 무시한다면 어떨까? 무안한 기분이 들까, 아니면 당신 생각이 중요하지 않은 것처럼 느껴질까? 상대가 어떻게 받아들일지 모르는 상태로 나의 무언가를 공유한다는 것은 나 자신을 믿는 일이고, 타인과 교감할 수 있는 가능성을 믿는 일이다.

장담하건대, 온전한 관심을 기울이면 언제나 들어가는 비용보다 얻는 게 더 많을 것이다.

어른들은 보통 아이들에게 공유가 타인에 대한 친절이라고 가르친다. 하지만 이제 내가 권하는 종류의 공유는 당신의 이익을 위한 것이라는 게 눈에 보일 것이다. 공유는 가능성의 빛을 만들어내는 대화에 마음을 열게 한다.

당신은 무엇이든 받아들일 준비가 되었는가

직장에서의 다양성에 관한 사례 연구를 보면 결론은 이론의 여지가 없다. 사회적·민족적 배경이 다르고, 다양한 개성과 경험을 가진 사람들로 팀을 구성해야 업무에도 다양한 시각이 반영된다. 그래야 문제점을 찾거나 해결할 때 더 효과적으로 접근할 수 있고 더 좋은 아이디어가 나온다. 이게 실적 향상의 지름길임을 아는 조직들은 인력 구성의 다양성을 키운다.

이는 개인에게도 똑같이 적용된다. 사생활이라는 생태계에 다양성을 확보하면, 당신의 편협한 경험을 뛰어넘는 아이디어나 솔루션에 대해서도 더 마음이 열린다. 나와는 다른 시각에 나를 더 많이 노출시킬수록 내 앞에는 더 많은 가능성이 나타난다.

다양성을 확보하는 방법

당신의 생태계에 다양성을 확보하고 싶다면 먼저 현 상태부터 평가하라. 대부분의 시간을 함께 보내는 사람들은 누구인가? 당신은 무엇을 읽고, 듣고, 보는가? 어떤 음식을 좋아하는가? 여가 시간을 어떻게 보내는가? 어디로 여행을 가는가?

이런 정보를 가지고 자신의 프로필을 만들어라. 프로필을 구성하는 항목 하나하나가 곧 다양성을 추구할 기회다. 예를 들어 '사람'란에 늘 똑같은 사람 다섯 명과 시간을 보내고 있다면 바꿔볼

차례다. 겨우 안면만 튼 사람에게 커피 한 잔 하자고 말해보라. 도서관이나 무료급식소에 가서 수많은 사람과 함께 자원봉사를 해라. 아마 전부 다 모르는 사람일 것이다. 핵심은 a)당신이 늘 어울리는 집단과는 다르고, b)당신 자신과도 다른 사람들과 함께 시간을 보내는 것이다.

혁신 분야에서 일하는 사람들은 새롭고 흥미로운 기회를 찾아내기 위해 '극단적 사용자'를 연구한다. 어떤 어려움이나 솔루션의 극단에서 활동하는 사람들은 그들만이 가진 특정한 시각을 통해 독특한 통찰을 제공해줄 수 있다. 한 예로 나는 '접근 가능성'에 초점을 맞춘 팀과 작업을 한 적이 있었는데, 팀원들은 맹인이나 농아가 일상적으로 IT제품을 어떻게 사용하는지 연구했다. 그렇게 해서 개발된 것이 오늘날 많은 사람이 알고 있고 사용하는 '음성 보조 기술'이다.

들어오는 자극의 종류를 바꿀 기회는 도처에 널려 있다. 렌트한 자동차에서 라디오를 틀었더니 늘 듣던 채널이 아니었던 경험이 있는가. 채널을 바꾸지 마라! 그냥 저쪽 세상에서는 어떤 일이 벌어지고 있는지 잠시 들어보라. 침대 옆 탁자에 쌓여 있는 책들은 또 어떠한가. 대부분 미스터리나 전기인가? SF만 주구장창 보는 사람도 있을 것이다. 당신이 가장 좋아하는 책들 사이에 딱 한 권만 다른 장르의 책을 끼워 넣어보라. 아니면 다른 시대에 쓰인 책이나 전 세계에서 당신이 전혀 모르는 지역에 관한 책을 추가해보

라. 삶의 구석구석에 다양성을 도입하라. 그 어느 영역이든 새로운 영향력을 받아들일 수 있을 것이다.

타인의 생각을 두 팔 벌려 환영하라

타인과 대화를 나눌 때 상대의 시각에 마음을 열기 위해서는 먼저 자신의 시각을 접어두어야 한다. 당신 머릿속에 있는 그 생각과 아이디어와 의견은 마치 타임스퀘어 광장에 있는 거대한 옥외 광고판처럼 거대하고 번쩍인다. 그리고 소리도 너무 시끄럽다! 너무 시끄러워서 다른 사람이 하는 말을 듣기가 힘들다. 다들 이런 경험이 있을 것이다. 상대가 아직 말을 하고 있지만 나는 내 입장을 가지고 반박할 기회를 노리는 데 바빠서 미처 상대의 말은 귓등으로도 듣고 있지 않았던 적 말이다. 이런 적이 많을 것이다. 그렇지 않은가?

우리는 자라면서 자신의 생각이 가장 중요하다고 믿게 된 경우가 많다. 학교에서는 내가 무슨 생각을 하는지 남들이 정확히 알 수 있도록 나를 표현하는 방법을 가르친다. 심지어 남들이 어떻게 생각하는지 신경 쓰지 말라는 소리도 듣는다. 남들이 내 생각이나 내 행동에 영향을 끼치지 못하도록, 혹은 남들이 나를 배려하지 않을 때 내 마음을 보호할 수 있도록 말이다.

하지만 실제로는 남들이 무슨 생각을 하는지 신경을 많이 써야 한다. 왜일까? 첫 번째 이유는 '존중'을 위해서다. 상대의 생각을 중요하게 여긴다는 걸 보여주는 것은 우리가 타인에게 표현할 수 있는 가장 기본적인 예의 중 하나다. 이는 사회적 기브 앤 테이크의 일부이고, 그 덕분에 우리는 지구상에 공존할 수 있다. 남들의 생각에 동의할 필요는 없다. 다만 남들의 생각도 중요하다고 여기면 된다.

남들이 무슨 생각을 하는지 신경 써야 하는 두 번째 이유는 그게 내 생각을 튼튼하게 만들어주기 때문이다. 어떤 대화이든 당신의 이해 범위를 넓혀줄 수 있다. 당신의 생각을 재확인해주든, 반박하든, 개선하든 그 어떤 식으로든 말이다. 외부 시각을 전혀 받아들이지 않는다면, 언제나 꿈쩍도 않는 당신의 사고에 갇혀 있게 될 것이다.

타인의 생각을 두 팔 벌려 환영하는 사람이 되려고 노력하라. 타인의 생각이 들어설 공간이 생기도록 자신의 생각을 입 다물게 하는 법부터 배워라. 예를 들어 우리 팀이 씨름하고 있는 어떤 문제 때문에 회의를 준비한다면, 솔루션이 뭐가 될지 미리 생각해두지 마라. 회의에서 무슨 일이 일어날지 기대치도 갖지 마라. 대화가 흘러가는 대로 그냥 마음을 열어라. 왜냐하면 아직은 뭐가 가능하고 불가능한지 모르기 때문이다. 간단한 질문을 할 때만 빼고 '그냥 들어라.'

구글러였던 라파엘 체는 경영자나 팀을 코칭할 때 이 접근법을 살짝 꼬아서 사용했다. "저는 그 어떤 결과나 솔루션도 마음에 두지 않고 질문을 합니다. '열린 질문'이라는 공간에 최대한 오래 머물러보면, '이래야 한다.'를 벗어나 '이것도 가능하겠네.'를 늘려갈 수 있는 마음의 여유가 생깁니다. 그리고 이렇게 하면 사람들이 늘 자기 자신에게 들려주는 스토리, 즉 다른 가능성을 알아보기 힘들게 만드는, 마치 '기본 설정'처럼 되어 있는 생각을 떨쳐내는 데도 도움이 됩니다."

머릿속에서 내 관점을 치워버리는 또 다른 방법은 '상대가 옳고 내가 틀렸다.'는 입장을 취해보는 것이다. 상대의 아이디어가 내 것보다 낫다고 생각하라. 이 방법을 쓰기 가장 좋은 때는 '내가 옳다고 100퍼센트 확신하고 있을 때'이다. 대화를 멈추고 이렇게 말하라. "어, 네 생각이 일리가 있는 것 같아. 좀 더 얘기해줘." 무대를 상대에게 넘기면 상대의 말을 진심으로 듣고 그 속에 있는 가능성을 알아챌 수 있는 기회가 생긴다.

이 방법은 진짜여야 한다. 속으로는 내가 옳다고 생각하면서 겉으로만 상대의 말을 듣는 척해서는 안 된다. 속으로 정직하게 이렇게 물어보라. "만약에 내가 틀렸으면 어떻게 할 거야?" 그러면 상대의 시각을 받아들이지 못하도록 당신의 마음을 걸어 잠그고 있는 그 확신을 쫓아내는 데 도움이 된다. 해당 주제를 객관적으로 충분히 탐구하고 나면 정말로 당신의 아이디어가 최고였던 것으로 밝혀질 수도 있다. 그러나 진심으로 마음을 열고 당신의 아이디어가 최선이 아닐 가능성까지 모조리 검토해보기 전에는 결코 그 사실을 확실히 알 수 없을 것이다.

교육을 할 때 내가 "베스트 최악의 아이디어"라고 부르는 연습이 있다. 그룹을 반으로 나누어서 모두에게 녹색 종이 한 장과 붉은색 종이 한 장을 나눠준다. 그런 다음 붉은색 종이에는 각자가 떠올릴 수 있는 최악의 레스토랑 아이디어를 자세히 써보라고 한다. 그리고 녹색 종이에는 최고의 레스토랑 아이디어를 써보라고 한다. 그리고 종이를 모두 거둬서 최고의 레스토랑 아이디어가 적힌 녹색 종이는 버린다. 붉은색 종이를 나눠준 후 최악의 레스토랑 아이디어를 선택해서 그걸 최고의 아이디어로 바꿔보라고 한다. 그러면 사람들은 최악의 아이디어 특징들을 모두 고려해서 그걸 최고의 아이디어로 바꿀 방법을 찾는다. 이렇게 하면 본인의 아이디어에 대한 집착을 놓아주고 타인의 아이디어에 의존해서 더 나은 결론을 도출하는 연습을 강제로 하게 된다. 이 연습에서 도출된 특이한 콘셉트 몇 가지는 실제로 현실이 되기도 했다. 어둠 속에서 만찬을 즐기거나 메뉴에 벌레밖에 없는 식당을 여러분은 어떻게 생각하는가?

남들의 시각에 마음을 열기 위해, 다시 말해 당신만의 생각을 벗어나기 위해 내 생각이 훌륭하다는 선입견을 버리면, 우리가 살고 있는 세상만큼이나 사람들의 시각도 다양하다는 사실을 알게 될 것이다. 이렇게 다양한 시각을 인정하는 것에 더해서 기꺼이 새로운 것을 받아들이고 시도해본다면, 난관을 더 잘 헤쳐 나가고 참신한 솔루션을 찾을 수 있다.

마음을 연다는 것이 마주치는 모든 것에 동의하거나 모든 것을 좋아해야 한다는 뜻은 아니다. 다만 벌어지고 있는 일을 평가하려 들기보다는 벌어지는 그대로 받아들이고 수용하기로 선택한다는 뜻이다. 거침없는 개방성은 좋은 상황과 나쁜 상황, 성공과 실패를 함께 환영한다. 왜냐하면 오직 새로운 배움과 경험에 초점을 맞추기 때문이다.

매년 11월, 멕시코의 명절 '죽은 자의 날Dia de los Muertos'이 되면 구글 X의 직원들은 성공하지 못한 아이디어를 한자리에 모은다. 시제품, 프로젝트 제안서, 사업 기획서, 심지어 포스트잇 메모까지 등장한다. 그리고 이것들을 관에 넣고 불을 붙여서 오래된 아이디어들이 연기로 사라지는 것을 보며 기린다. 매년 다 함께 이 행사를 여는 이유는 과거는 잊고 다가올 것을 향해 마음을 열기 위해서다.

고인이 된 선종의 지도자 스즈키 순류鈴木俊隆는 이렇게 말했다. "마음을 비운다면 언제나 무슨 일이 벌어지든 준비가 되고 모든 일에 마음이 열린다. 초심자의 마음에는 수많은 가능성이 있으나, 전문가의 마음에는 가능성이 거의 없다." 초심자가 되라. 거침없는 개방성을 선택하라. 그러면 순류가 말하는 '무슨 일'과 '모든 일'이 나타날 것이다.

Chapter 2

기회가 당신을
쉽게 찾아오는가?

따라 해보세요

1. 오른쪽 페이지의 화살표 위를 보세요.

2. 무엇이 보이나요?

3. 2에서 본 것에서 당신이 확실히 아는 것은 무엇인가요?

4. 2에서 본 것에서 당신이 전혀 모르는 것은 무엇인가요?

4. 2에서 본 것에서 어떻게 하면 더 많은 것을 알아낼 수 있을까요?

Chapter 2

CHAPTER 3

강박적 호기심

잠들어 있는 호기심을
깨워라

COMPULSIVE CURIOSITY

강박적 호기심은 당신을 미지의 땅 토착민으로 만들어준다. 미스터리에 흠뻑 취하고, 한 번도 못 가본 길을 탐구하고 싶게 만든다. '만약에?'는 당신만의 주문이 된다.

내가 어렸을 때 《마이어스 백과사전^{Meyers Enzyklopädisches Lexikon}》이라
는 참고서가 우리 집에 있었다. 이 책에 코를 박고 보낸 시간이 얼
마인지. 백과사전은 알파벳순으로 정렬이 되어 있어서, 방대한 양
의 정보에도 무언가 질서가 있는 듯한 느낌이 들었다. 그러나 실제
로는 그 알파벳순 때문에 놀랍고도 가끔은 충격적인 불협화음을
경험하기도 했다. 비 오는 어느 오후 '알베레^{aalbeere}'라는(까치밥나
무 열매 비슷한 베리 종류다.) 항목을 읽다가, 페이지를 넘겼더니 '알
레^{aale}', 즉 뱀장어가 나타나기도 했다. 종종 책에서 본 내용을 몽땅
다 집어넣기에는 내 머릿속 공간이 부족하다는 느낌도 들었지만,
신선한 발견과 우연이라는 그 조합이 저항할 수 없을 만큼 너무나
매력적이었기 때문에 나는 다시 백과사전을 펴보곤 했다.

어릴 때는 아직 내가 뭘 모르는지 모른다. 학교에 가면 어른들
은 그들의 기준으로 아이가 알아야 한다고 생각하는 것을 가르친
다. 그러나 세상에는 교육기관이 결코 알려줄 수 없는 것이 너무나

많고, 이는 앞으로도 변치 않을 것이다. 어릴 때 남이 정해준 배움의 범위를 넘어 당신이 어디까지 경험하고 또 흡수할 수 있을 것인가 하는 점은 전적으로 당신의 호기심에 달렸다.

당신을 포함해 '호기심이 많다.'고 이야기할 수 있는 어른이 몇 명이나 되는지 한번 생각해보라. 내 말은 깊은 호기심, 적극적인 호기심 말이다. 많아야 한두 명일 거라고 장담한다. 이유가 뭘까? 연구에 따르면 어릴 때 100퍼센트에 가까웠던 호기심 수준은 어른이 되면 거의 0에 가깝게 추락한다.[1] 자라면서 많은 걸 배울수록 배움을 지속하는 것에 대한 흥미가 줄어든다. 더 이상 새로운 경험을 통해 무언가를 배울 수 없다는 의미가 아니라 배우고 싶은 마음이 없어진다는 뜻이다. 우리가 이미 가장 중요하다고 결론내린 삶의 여러 측면을 지키는 데 도움이 되는 신뢰성이라든가 생산성, 대처 능력 같은 다른 자질이 우리에게는 훨씬 더 소중해진다.

호기심은 아이들의 본성이지만, 그 자체가 유치한 것은 아니다. 사실 호기심은 아주 세련된 것이다. 아이들은 내가 뭘 발견하게 될지 미리 가정을 세우지 않는다. 아이들은 유능한 수사관으로 온갖 감각을 다 동원해서 정보를 수집한다. 아이들은 경이로움을 느끼는 게 아무렇지도 않다. 아이들은 답을 모두 알고 있어야 한다고 생각하지 않는다. 그리고 아이들은 '언제나' 질문을 한다.[2]

내가 이걸 직접 목격한 것은 가족과 갈라파고스제도를 여행할 때였다. 당시 우리 아이들은 열두 살, 여덟 살, 일곱 살이었다. 배가

닻을 채 내리기도 전에 아이들은 벌써 바다에 들어가서 바다사자와 거북이, 불가사리 사이에서 물장구를 치고 다이빙을 했다. 이후 며칠간 우리는 여러 섬을 탐험했다. 아이들은 이 지역 동식물들에 대한 정보, 여러 종과 환경의 관계, 이 섬세한 생태계의 놀라운 균형 등에 관해 복합적인 정보를 흡수했다. 더 높은 곳에 있는 음식을 얻으려고 수백 년에 걸쳐 거북이의 목이 길어졌다는 사실을 배우고, 바다이구아나는 보다 최근에 들어서 해초를 찾아 헤엄치기 좋게 적응했다는 사실을 알았다. 아이들은 (자신들을 포함해) 모든 생물이 생존을 위해 적응한다는 사실을 각자 깨치게 됐다.

아이들은 마치 결코 채워지지 않는 갈증을 느끼는 사람처럼 탐험을 갈망했다. 아침에 눈을 뜬 그 순간부터 밤에 곯아떨어질 때까지 더 많이 탐험하지 못해서 안달이었다. 무언가를 발견하면 할수록 더 대담해지고 더 궁금해했다. 집으로 돌아갈 때쯤에는 머릿속 보물 상자가 그득하게 채워져 있었다.

이게 바로 강박적 호기심이다. 강박적 호기심은 6가지 퓨처 레디 마인드 중에서도 저절로 채워지는 특징이 있다. 강박적 호기심은 마치 깃털로 목 뒤에 간지럼을 태운 것과 같다. 시선이 미치지 못하는 곳에서 무언가가 깜박거리고 있는 것과 같다. 코 밑을 스쳐가는 어렴풋한 향기와 같다. 이건 조사해봐야 해! 뭔지 꼭 알아내야겠어!

끊임없는 탐험을 갈망하는 사람들

이처럼 근사한 호기심을 우리가 얼마나 금방 내다버리는지 알면 충격적일 정도다. 나는 기업에서 이런 일이 벌어지는 것을 수도 없이 보았다. 세상에서 가장 호기심 많은 조직은 스타트업이다. 스타트업은 돈도 없고, 인프라도 없고, 회사 차원의 기억이라는 것도 없다. 가진 것은 끝없는 호기심뿐이다. 우리가 이렇게 하면 무슨 일이 벌어질까? A는 왜 B가 될까? 이걸 어디까지 확장할 수 있을까? 답보다 질문이 더 많기에 스타트업의 호기심은 말 그대로 그들이 앞으로 나아갈 수 있는 원동력이다.

그러나 세상에서 가장 앞서 나가고 첨단을 달리는 스타트업도 결국에는 호기심을 잃는다. 먹이를 찾아 야생을 떠도는 사냥꾼이었던 그들이 나중에는 자판기에서 점심을 꺼내먹으며 지루해하는 게으름뱅이가 된다. 무슨 일이 생긴 걸까? 호기심이 그들을 성공의 왕국으로 이끌었다면, 관습은 그들을 길들인다. 독특한 시각을 잃고, 감각이 무뎌지며, 이미 가진 것에 매달리기 시작한다. 더 이상 훌륭한 질문을 하지 않는다.

벤처캐피털 세쿼이아 캐피털Sequoia Capital에서 스무 명의 스타트업 창업자에게 강연을 해달라는 요청을 받은 적이 있다. 이미 세쿼이아로부터 수백만 달러의 종잣돈을 받아놓은 창업자들이었다. 이들은 햇병아리 기업가에게 교육과 멘토링, 개발 지원을 제공하는 프로그램의 킥오프 행사에 참석하기 위해 런던에 와 있었다. 나와 하루를 함께 보내면서 창업 스토리를 들려주는 방법, 회사의 비전을 설명하는 방법 등을 코칭 받았다. 나는 창업자들에게 미래에 관한 이야기를 했고, 특히 미래에 자신의 업적에 관해 어떤 헤드라인이 보도되길 바라는지 상상해보라고 했다.

나는 원래가 희망적인 생각을 하는 사람이지만, 그들의 반짝거리는 눈과 흥분으로 상기된 뺨을 보고 있으려니, 저들을 여기까지 데려온 저 불타는 호기심이 언제쯤 다 꺼져버릴까 궁금하지 않을 수 없었다. 어린아이들처럼 기업도 성장한다. 그러면 한때는 자신들의 정체성이었던 그 불타는 호기심을 잃어버리는 경우가 많다. 어느 날 일어나 보면 남들도 다 가는 길 위에 서 있다. 발견의 경이로움이 아니라 시장 점유율과 스톡옵션, 이사회와의 관계를 걱정하고 있다.

바로 이쯤 됐을 때, 즉 성숙기에 접어든 기업은 혁신을 자극할 수 있게 도와달라며 나를 찾아온다. 생존에 대한 불안을 느끼기 시작하는 것이다. 빠르게 변화하는 환경에 더 이상 대처하지 못하고 있음을 느낀다. 그저 배우고 싶어서, 알고 싶어서 정보를 찾아내고 조사하고 캐내는 방법은 이미 잊은 지 오래다. 질문을 하는 게 아니라 답변을 하는 데 시간을 몽땅 쓰고 있다.

호기심은 배울 수 없는 거라고 말하는 사람들도 있다. 그러나 나는 누구에게나 호기심을 일깨울 수 있다고 생각한다. 입지가 확보되어 한없이 느긋해진 기업조차 말이다. 나는 적극적이고 강박적인 호기심이야말로 퓨처 레디 마인드에서 가장 중요하다고 생각한다. 호기심 없이는 창의성과 혁신이 생길 수 없기 때문이다. 호기심은 당신을 겁 없이 점^{dot}들을 수집하는 점 수집가로 만들어줄 것이다. 게임의 규칙을 바꾸는 열정적 도전자로 만들어줄 것이다. 결코 배움에 만족하지 않는 연구자로 만들어줄 것이다. 이런 자질들이 모여 당신의 미래를 구체화시킬 새로운 아이디어가 나온다. 호기심에 불을 붙이고 싶다면 당신이 가진 여러 가정을 인정하고, 감각을 동원하며, 미지의 것을 두려워하지 마라.

가정을 뛰어넘어 호기심에 다가가라

구글에 처음 입사해서 내가 시작했던 업무 외 '20퍼센트 프로젝트'는 구성원들의 경험을 근본적으로 바꿔보고 싶다는 바람에서 출발한 것이었다. 나는 먼저 직원들의 전형적인 하루가 어떤 모습인지 알고 싶었다. 어디를 가고, 누구와 얘기를 나누며, 주변과 어떤 교류를 하는지부터 알아야 했다. 직원들이 하루를 어떻게 보내는지 생생한 그림을 얻을 수 있다면, 그들이 좀 더 집중하고 생각할 시간을 가질 수 있도록 시간 운영을 개선할 방법을 찾아낼 수 있을지도 몰랐다. 그래서 생각해낸 아이디어 중 하나가 몇몇 직원의 목에 카메라를 걸고 그들의 일상을 촬영해 알아보는 방법이었다.

당시 내가 사용하고 싶던 카메라는 알츠하이머 환자의 단기 기억을 자극하기 위해 저속 촬영을 테스트하고 있던 특수 카메라였다. 근사한 장비였지만, 직원들에게 카메라 착용을 부탁하겠다는 아이디어는 인사팀에서 단호히 거부당했다. 인사팀에서는 이 아이디어를 언급조차 하지 말라고 당부했다. 하지만 그럴수록 오히려 이 실험을 통해 내가 과연 뭘 알 수 있을지 호기심이 더 커졌다. 그래서 내 목에 이 카메라를 2주간 장착했다. 아침에 일어났을 때부터 잠들 때까지 각종 회의, 식사 시간, 출퇴근 시간, 아이들을 재울 때까지 카메라를 착용하고 있었다.

실험 전까지 나는 내가 매일 무엇을 하는지 명확히 알고 있다고 생각했다. 특별한 게 뭐가 있겠는가? 아침에 출근 준비하고, 운전해서 회사에 오고, 사람들을 만나고, 점심 먹고, 또 사람들 만나고, 컴퓨터 앞에 앉고, 집에 가고, 저녁 먹고, 잠깐 놀고, 잠들겠지. 그러나 저녁마다 내가 확인해본 그 사진들은 전혀 다른 이야기를 들려주고 있었다. 물론 나는 앞서 말한 행동도 모두 했다. 그렇지만 그것 말고도 오만가지 일을 했다. 내가 노출되었던 상황들에는 수많은 자잘한 세부적인 면이 있었고, 굉장히 많은 정보에 노출됐다. 아무런 '가정'없이 내 경험을 사진으로 보니 생각했던 것보다 훨씬 더 다채롭고 다양했다.

누구나 개인적으로 가지고 있는 여러 가정이 있다. 이것들은 매일 벌어지는 일들을 이해하기 위해 나 자신에게 들려주는 이야기다. 이 가정들은 일상을 좀 더 마찰 없이 영위할 수 있게 해주지만, 새로운 통찰이나 경험을 갖기 어려운 장벽을 만들기도 한다. 나는 내가 나의 하루를 그렇게 1차원적으로 규정함으로써 얼마나 많은 것을 놓치고 있었는지 미처 몰랐다. 이렇게 이상한 방식으로 삶을 잠시 엿보았더니 아주 재미난 것들이 보였다. 매일매일 탐구할 수도 있었을 텐데 미처 챙기지 못하고 지나온 것들이었다.

개인적으로 가지고 있는 여러 가정이란 이 책의 뒤쪽에서 실험을 이야기할 때 나오는 실험용 가정과는 다른 것이다. 개인적으로 가지고 있는 가정 자체가 나쁜 것은 아니다. 다만 당신이 따라가볼 수도 있었던 호기심의 끈을 가려버림으로써 당신에게 도움이 되지 않을 뿐이다. 나는 내가 가진 개인적인 가정들을 땅을 뚫고 나와 있는 나무뿌리처럼 생각한다. 의식적으로 이것들을 건너뛰어야만 내 앞에 놓인 것들을 온전히 볼 수 있다.

개인적인 가정들을 뛰어넘는다는 건 결국 내가 경험하는 내용을 추론하거나 분류하고 싶은 충동에 저항한다는 뜻이다. 모든 것을 분류해서 통에 집어넣을 필요는 없다. 당신이 매일 마주치는 것들 중에 수많은 것이 실제로는 유일무이하고 당신이 주의 깊게 관심을 기울여볼 가치가 있는 것들이다. 당신이 틀을 씌워두고 라벨을 붙여둔 일상의 수많은 요소에서 그 틀과 라벨을 걷어내면, 즉각 다른 것이 보이기 시작한다. '새로운' 것이 보이기 시작한다. 이제부터는 호기심이 당신의 빛이 되어 그런 것들을 또렷이 볼 수 있게 해줄 것이다.

셰익스피어의 〈맥베스〉는 오랫동안 여러 가지 색다른 방식으로 무대에 올려졌다. 덕분에 우리는 기존에 갖고 있던 여러 가정에 맞서 싸워야 했다. 〈맥베스〉는 시카고의 암흑가, 봉건주의 일본, 시애틀의 고등학교, 정신병동, 펜실베이니아 시골, 그리고 미래를 배경으로 재탄생됐다. 익숙한 스토리가 이리저리 변형될 때마다 관객들은 자신의 가정을 내려놓고 새로운 눈으로 연극을 바라보아야 했다.

한번은 주말을 이용해 아들과 함께 산속에 있는 선종 선원에 캘리그래피를 배우러 간 적이 있다. 아홉 번째 생일을 맞아 아들이 직접 선택한 여행이었다. 우리는 나이 많은 일본인 스님에게 수업을 듣고, 캘리그래피를 배우는 건 악기를 배우는 것처럼 재미있을 거라 생각했다. '글씨를 예쁘게 쓰는 게 어려워봤자 뭐 얼마나 어렵겠어?' 이 쓸모 있는 기술을 배워서 돌아오면 다른 가족들에게 한껏 자랑할 수 있으리라.

그러나 실제는 어땠을까? 선원에 도착해보니 중년의 미국인 캘리그래피 장인이 우리를 맞았다. 시작은 재미있었다. 하지만 엄격한 규칙에 따라 작업을 진행해야 했고, 붓질을 할 때마다 완벽하지 못한 부분을 찾아내는 법을 배웠다. 매우 실망스러웠다. 선원에서 가르치는 캘리그래피는 일종의 예술이자 명상이었기 때문에 주말 내내 몇 개 안 되는 글씨를 계속 반복해서 연습했다. 그러면서 매순간 호흡에 집중하고 매번의 시도가 이전보다 더 나을 수도 못할 수도 있다는 사실을 받아들이는 법을 배워야 했다. 집에 와서 고작 일곱 글자가 그려진 시시한 작품 두 점을 벽에 걸며 생각해보니, 주말 내내 우리가 실제로 배운 것은 '인내심'이었다.

아들과 나는 가정과 실제 경험이 일치하지 않은 것에 실망할 수도 있었다. 그러나 가정에 어긋난 상황에 부딪힐 때마다 그것 때문에 실제로 눈앞에 있는 것을 온전히 탐험하지 못해서는 안 된다고 결심했다. 우리가 가지고 있던 가정을 인정하고 그걸 뛰어넘은 덕분에 놀랍고 또 깨달음을 얻은 시간을 함께 보낼 수 있었다.

무엇이 당신의 호기심을 억누르는가

당신이 세워놓은 가정에 갇혀 있었던 상황을 하나 떠올려보라. 상사와의 면담, 치과 방문, 가족 모임. 그 가정이 당신의 경험에 어떤 영향을 주었는지 알려면, 먼저 그 상황과 관련해 당신이 갖고 있던 가정들을 목록으로 작성하라. 그 가정은 어떤 기대치일 수 있고, 선입견이나 단순히 그냥 들었던 생각일 수도 있으며, 그저 당신이 사실이라고 믿었던 어떤 정보일 수도 있다. 스스로에게 정직하게 최대한 많은 가정을 적어보라.

그러면 이제 각 가정마다 이렇게 한번 자문해보라. '이 가정은 사실에 기초한 것인가, 의견에 기초한 것인가? 이 가정이 부정확한 것이었을 수도 있는가? 이 가정 때문에 내가 간과할 수도 있었던 새로운 정보는 무엇일까? 이 가정이 없었다면 나의 경험은 어떻게 달라졌을까?' 그 일이 일어나고 나서 이 연습을 해보면 나의 가정이 어떻게 방해가 되었는지 보일 것이다. 실시간으로 자신의 가정을 의식하고 의도적으로 그걸 뛰어넘으면 호기심이 이끄는 대로 마음을 열 수 있다.

미리 확인해두지 않으면 당신의 가정들이 호기심이라는 충동을 완전히 압도해버릴 수 있다. 2021년 독일에서 기독교민주동맹(기민당)이 연방선거에 패배하자 당 지도부가 연락을 해왔다. 지도부는 당을 어떻게 '재창조'해야 할지 고민하는 과정을 도와달라고 했다. 앙겔라 메르켈Angela Merkel 총리의 리더십 아래에서 기민당은 지난 20년의 절반이 넘는 기간 동안 독일 정치를 지배했다. 그런데 이제 어쩔 줄 몰라 하며 다음 선거에서 다시 이길 수 있게 도와줄 대단한 통찰 같은 것을 찾고 있었다.

나는 기민당 소속은 아니었지만 한번 만나보자고 했다. 그들이 처한 어려움이 무엇인지 들어보고 싶었다. 한참 이야기를 나눈 후에 딱 한 가지를 말해줄 수 있었다. '당신들은 호기심이 사라지고 없다.' 기민당이 실시한 여론조사 결과는 늘 보아왔던 똑같은 정보를 보여주고 있었다. 벌써 수년째 그들이 고려하고 있는 똑같이 오래된 이슈에 관한 내용들이었다. 그들은 이 데이터를 바탕으로 견고한 가정들을 세워놓고 있었고, 그 가정이 마치 돌덩이처럼 굳어져서 더 이상 새로운 정보나 놀라운 정보를 찾아다닐 생각조차 하지 않고 있었다. 만약 그들이 계속해서 새롭고 놀라운 정보를 찾아다녔다면 정치적 소용돌이 속에서도 얼마든지 적응하고 승리했을지도 모르는 일이었다.

나는 스무 명의 당 지도부와 함께 워크숍을 개최했다. 그들이 '모르는 것'을 중심으로 생각을 전환하고 스스로에게 새로운 질문을 던질 수 있도록 도와주고자 했다. 한번은 지도부에게 이 방을 한번 둘러보고 그들의 미래에 대한 은유가 될 수 있을 법한 단순한 물건을 하나 찾아내보라고 했다. 한 사람은 빈 종이를 선택했다. 아직 쓰이지 않은 미래를 대변하는 물건이었다. 다른 사람들도 놓아주거나 챕터를 바꾸는 것을 의미하는 비슷한 종류의 물건을 골랐다. 지난 세월 그들이 축적해온 견고한 가정 일부가 그들의 머릿속에서 산산조각나는 소리가 들리는 듯했다. 그들은 자신들이 처한 상황을 완전히 새로운 관점에서 보게 되기를 간절히 열망하며 워크숍을 끝냈다.

'가정을 뛰어넘어서' 당신의 호기심에 다가가라는 말은 이처럼 간단한 의미다. 당신이 갖고 있는 가정들을 있는 그대로 보고 의식적으로 뛰어넘어야 비로소 눈앞에 있는 것들을 발견할 수 있다. 구글의 헬스 앤 퍼포먼스^{Health+Performance} 담당 이사인 뉴턴 쳉은 호기심을 자기 자신에게 집중시켜 놀라운 효과를 보았다. 유연한 호기심을 가진 그의 이야기를 들어보자.

강박적 호기심을 가진 뉴턴의 이야기

나는 미국의 전형적인 중국-필리핀계 이민자 가정에서 자랐다. 가족들은 내 미래에 대해 구체적인 그림을 가지고 있었다. 내가 존경해야 한다고 배운 집안의 어른들은 내가 의사나 변호사 같은 전문직을 갖게 될 거라고 생각했다. 엔지니어가 되고 한참이 지난 후에야 그런 시각이 나를 얼마나 제한하고 있었는지 깨달았다.

설계 리뷰 회의에서 왕창 깨지고 나오던 날, 이런 소리를 들었다. "맞아, 자네는 명절 내내 출근이야." 점점 더 싫어지고 있던 그 일을 며칠 더 해야겠다고 체념하려다가, 문득 머릿속에 솔직한 생각이 떠올랐다. '부모님이 어떻게 생각하실지 신경 쓰지 않는다면 나는 지금 뭘 할까?' 즉각 두 가지 답이 떠올랐다. '보드카를 한 병 사 가서 마시고 뻗을 것이다. 이 커리어를 내다버리고 다른 일을 할 것이다.' 나는 두 가지를 모두 실행했다.

나는 백지상태에서 생각해봤다. '내가 호기심을 갖는 일이 뭐지?' 예를 들어 20대 내내 나는 브레이크댄스를 췄다. 정말 신나는 일이지만 자주 많이 다쳤다. 30대가 되어서도 계속 해보려고 했더니, 내 몸이 이렇게 말했다. '안 돼. 더는 안 돼.' 나는 다른 할 만한 일을 찾아보다가 어느 날 스포츠센터에 가서 '데드리프트'라는 걸 해봤다. 몸을 굽혀 바닥에 있는 무거운 바벨을 들어 올리는 운동이었다. 136킬로그램을 들어 올리고 나서, 이렇게 말했다. "흠, 꽤 괜찮은데?" 그리고 생각했다. '잠깐. 내 체중에서 데드리프트 세계기록이 몇 킬로그램이지?' 유튜브를 찾아보니 리처드 호손Richard Hawthorne의 영상이 나왔다. 60킬로그램의 체중으로 272킬로그램을 다섯 번 들어 올린 호손이 이 체급의 세계기록을 여러 개 가지고 있었다. 나랑 비슷한 정도의 몸매인 친구가 어떻게 자기 체중의 네 배가 넘는 무게를 들어 올리는 거지?

대체 내 몸이 뭘 할 수 있는지 호기심이 커진 나는 세계 최고의 데드리프팅 선수들이 보유한 기술을 익히고 그들의 비결을 찾아내는 작업에 착수했다. 그리고 10년이 지난 지금, 나는 249킬로그램을 들어 올리고 있고, 세계대회 1회와 미국 대회 4회를 우승했으며, 리처드 호손과 친구가 됐다. 단기간에 이룬 일은 아니다. 아주 긴 여정이었지만, 신체적으로, 정신적으로, 영적으로, 철학적으로 나를 바꿔놓은 경험이었다. 나는 저 멀리 어디 지평선 너머에나 있을 거라고 상상했던 많은 것을 얻었다.

호기심은 나를 엔지니어의 세상에서 구글로, 내가 좋아하는 일로 데려다주었다. 지금 나는 구글러들이 신체적·정신적으로 건강하게 지낼 수 있게 도와주는 여러 글로벌 운동을 개발하고 시작하고 확장하는 일을 하고 있다. 이 일을 하면서 심각한

번아웃이 왔다고 느꼈을 때 정신건강을 챙기기 위한 휴가를 냈다. 그리고 어쩌다 이렇게까지 되었는지 생각해보았다. 원래 나는 명상과 운동, 독서, 글쓰기라는 빡빡한 일정을 통해 힐링을 하려 했던 것인데, 이게 금세 또 하나의 '일'이 되어버린 게 문제였다. 결국 한참 동안 스케줄표를 하얗게 비워두고 하루하루가 나를 어디로 데려가는지 그냥 지켜보아야 했다. 그렇게 3주 정도가 흐른 후에야 마침내 머릿속이 잠잠해졌다.

나는 또 고등학교 시절과 20대 초반에 알던 친구 몇 명에게 연락을 했다. 내 정체성의 핵심이 무엇인지 기억날 수 있게 특별히 깨끗한 '거울'이 되어줄 수 있는 사람들이었다. 나는 '커리어'라는 요새를 구축하는 동안 이들을 멀리하고 지냈다. 내가 이 허울을 벗어내려면 어린 시절의 트라우마를 다시 점검해보고, 혹시나 그게 불안으로 구현되어 내가 성과 지향적인 인간이 되었던 것은 아닌지 생각해봐야 했다.

어렵고 어쩌면 불쾌할 수도 있는 일처럼 들리지만 나는 일종의 유연한 호기심으로 이런 작업에 돌입했고, 덕분에 이 작업은 귀하고 보람 있는 노력이 됐다. 내가 가진 익숙하지 않은 면들을 기꺼이, 심지어 간절히, 이해해보려고 했다. 뭘 발견하게 될지는 알 수 없었지만, 그저 내 마음을 탐구하고 싶었다.

비슷한 문제로 씨름 중인 사람이 많다는 걸 알고 있었기에 휴가에서 돌아오면 내 사연을 터놓고 이야기하겠다고 결심했다. 아니나 다를까, 돌아오자마자 정신 건강에 관한 강연 요청이 사방에서 쇄도했다. 직원들에게 스며들고 있는 이 번아웃이라는 복잡한 문제에 대처하기 위해 리더들은 무엇을 해야 하는지 알려달라고 했다. 마치 이 문제와 관련된 일종의 운동이 모습을 드러내고 있는데 나는 어쩔 수 없이 그 운동의 일원이 되어야 하는 듯한 기분이었다.

엔지니어로서의 커리어를 놓아주는 것은 겁나는 일이었다. 하지만 내가 원하는 삶으로 나를 데려다줄 새로운 경험을 하기 위해서는 그동안 손에 꽉 쥐고 있던 것들을 놓아줘야 했다. 호기심을 가진다는 건 어딘가에 뛰어드는 일이다. 그 도약과 낙하가 기존 체계에 충격이 될 수도 있지만, 그렇게 뛰어들어야만 목적에 맞는 길을 갈 수 있는 온갖 기회와 가능성이 나타난다.

호기심의 불꽃이 꺼지지 않게 하는 법

호기심에 불을 댕길 미스터리는 오감 중 어느 것을 통해서도 나타날 수 있다. 우리가 매일 처리하는 정보의 약 80퍼센트가 눈을 통해 들어온다는 사실을 감안할 때 호기심 역시 주로 시각을 통해 자극될 거라고 생각할지 모른다. 그러나 강박적 호기심을 가진 사람은 다양한 감각을 관찰에 활용한다. 지각 능력을 모두 다 동원해 발견의 기회를 찾아낸다. 그들은 또한 오감을 모두 사용해서 호기심의 대상을 샅샅이 조사함으로써 배움을 증폭시킨다.

오감은 각각 뇌에 중요한 정보를 제공한다. 또한 깊이 있는 질문을 하게 만들고, 유용한 답변을 얻게 하며, 알아낸 사실에 맞춰 적응하게 한다. 그렇다면 오감 중 하나에만 그토록 많이 의존해야 할 이유가 있을까? 오감을 모두 활용하면 훨씬 더 많은 정보를 얻을 수 있을 텐데 말이다. 물론 인간은 시각적 동물이다. 시각은 가장 즉각적으로 행동 가능한 정보를 제공한다. 그러나 각각의 감각은 고유한 데이터를 전달하기 때문에 오감이 모두 합쳐졌을 때 우리가 경험한 내용에 대한 가장 풍부하고 의미 있는 인상이 만들어진다.

이를 가장 완벽하게 보여줄 수 있는 예는 정원에서 30분 정도 시간을 보내보는 것이다. 손으로 흙을 파고 새로운 양배추를 심어보라. 해바라기 사이로 바쁘게 날아다니는 벌들의 소리를 들어보라. 라즈베리를 따느라 조그만 가시에 팔을 찔려보라. 다리를 스쳐가는 라벤더에서 나는 향기를 맡아보라. 이파리가 무성한 호박밭 그늘에 숨은 도마뱀을 발견하라. 햇빛에 아직도 뜨듯한, 방금 딴 토마토를 한 입 베어물어보라.

정원에서 보내는 그 짧은 시간에도 온갖 감각적 자극의 세상이 펼쳐진다. 그 대부분이 자신을 더 자세히 한번 살펴보라고 손짓한다. 아내 앤절라가 정원에 끌리는 이유도 정원에서 일어나는 일들은 지극히 단순하면서도 복합적인 자극을 전해주기 때문이다. 정원은 앤절라에게 끊임없이 관찰하고, 실험하고, 적응할 것을 요구한다. 아내가 날마다 정원을 다시 찾는 이유도 호기심 때문이다. 지난 번 다녀간 후로 무슨 일이 있었을까, 하루하루 달라지는 정원에서 오늘은 또 어떤 새로운 것을 배우게 될까 하는 호기심 말이다. 아내는 자신을 '농부'라고 칭한다. 온 감각을 동원해서 정원을 일구고 이해하며 그 결과 자신도 성장하고 있는 사람에게 딱 맞는 호칭이다.

감각을 동원해 자각 수준을 높이는 연습

오감이 다 동원되는 게 정원만의 특수성이라고 생각하는 사람도 있을지 모르겠다. 하지만 그렇지 않다. 마지막으로 극장에 갔던 때를 떠올려보라. 큰 화면과 서라운드 사운드 시스템, 팝콘. 팝콘만 해도 그렇다. 로비에서 팝콘을 제조 중일 때 나는 냄새, 통에 담긴 따뜻한 팝콘을 한 줌 집을 때 손의 감촉, 처음 몇 개를 입에 넣었을 때 느껴지는 맛. 마트에서, 직장에서, 학교에서, 공항에서, 엘리베이터 안에서도 마찬가지다. 당신은 당신이 받아들이는 수많은 감각 정보를 차단하고 있다. 왜냐하면 대부분의 경우에 그 모든 정보가 필요하지는 않기 때문이다. 그러나 감각들을 동원하면 자각 수준이 더 높아지고, 그러면 호기심도 따라온다.

어떻게 해야 감각 기관들의 참여를 높일 수 있을까? 한 번에 감각 하나씩 연습을 시작하라. 어느 경험을 처리하는 데 단 하나의 감각만 사용한다면 뇌에 들어가는 정보가 완전히 달라질 수 있다.

예를 들어 캄캄한 어둠 속에서 음식을 먹는다면 좀 이상한 기분이 들긴 하겠지만 미각이라는 감각이 조사팀장 역할을 하게 만들 수 있다. 1990년대 말부터 '어두운 식사'라는 경험을 제공하는 식당이 전 세계에 생겼다. 식사를 끝낼 때까지 안대를 하고 있거나 완전히 캄캄한 환경에서 식사를 하는 식이다. 그런 식당에서 음식을 먹어본 사람들은 평범한 음식조차 훨씬 강렬하게 느껴졌다면서 음식의 재료가 더 궁금해졌었다고 말한다. 후각 역시 예민해졌다고 하는데, 뇌가 지금 먹고 있는 음식에서 시각 외의 정보를 더 많이 찾으려고 했기 때문이다.

당신도 이 방법을 실험해보라. 가장 좋아하는 음식을 준비해서 새로운 (안대를 한) '눈'으로 그 음식을 탐구해보라. 음식을 먹는 동안 새로운 인상을 받거나 머릿속에 떠오르는 질문이 있는지 보라. 지금 맛보고 있는 음식을 설명할 단어 다섯 개를 떠올려보라. 안대를 하고 먹은 음식은 눈을 뜨고 먹을 때와 어떻게 다른지 생각해보라. 더 빨리 먹게 되었는가, 더 천천히 먹게 되었는가? 음식의 온도를 더 예민하게 느꼈는가, 더 둔하게 느꼈는가? 혹시 다음번에는 그 음식을 좀 다르게 만들고 싶어졌는가? 약식으로 이 연습을 해보고 싶다면, 눈을 감은 채로 아이스크림 콘이나 잘 익은 과일을 먹어볼 수 있다.

오감 중 어느 것이나 이 방법을 써볼 수 있다. 소리를 끄고 영화를 보라. 커피나 차를 마시기 전에 눈을 감고 천천히 크게 냄새를 들이마셔 보라. 손등으로 개를 쓰다듬어 보라. 산책을 하면서 구별하기 힘든 소리에만 초점을 맞춰보라. 어느 경우에나 다른 방법으로는 결코 알아채지 못했을 사항을 적어도 한 가지는 알아채게 될 것이다. 당신이 마음먹고 더 자세히 알아보기 전까지는 그저 한동안 머릿속을 데굴데굴 굴러다니며 당신을 쿡쿡 찔러대기만 했을 그런 사항 말이다.

관찰하면 보이는 것들

우리가 뭔가 대단한 것, 혹은 충격적인 것, 경외를 일으키는 것을 찾고 있는 게 아니라는 점을 기억하라. 우리는 그저 뭘 발견하든 오감의 참여를 통해 조금만 더 깊이 있고 자세한 내용을 발견하게 되기를 바랄 뿐이다. 감각을 딱 하나만 동원해서 주의를 기울인다면 분명히 놀라운 것들과도 마주치게 될 것이다. 창밖에 벌새가 맴도는 것을 발견하고 숨이 멎을 정도로 감격할 수도 있다. 그러나 감각 기관이 알아챈 사항은 사소한 것 하나하나가 모두 중요하다. 아무리 일상적인 것이라고 하더라도 말이다. 또한 여기에는 좋은 결과도 나쁜 결과도 없다. 향기로운 냄새 못지않게 고약한 냄새에서도 많은 것을 배울 수 있기 때문이다.

관찰할 때는 정보를 습득하고 나서 그걸 바탕으로 연결을 짓고 연상을 하라. 그렇게 하면 어느 감각을 통해서든 상황을 면밀히 관찰할 수 있다. 예컨대 촉각을 통해서도 시각만큼 쉽게 상황을 관찰할 수 있다.

나는 구글러들을 비롯해 수만 명의 사람에게 눈으로 보는 것 이상을 활용해서 더 종합적인 관찰을 하는 법을 교육했다. 그중 구글의 인사팀과 함께 오랫동안 구글의 아픈 손가락이었던 채용과 교육 과정을 재고해보았던 적이 있었다. 문제는 주로 구글의 규모와 관련되어 있었다(구글은 매주 수백 명의 신입사원이 들어왔다). 우리는 신입사원들이 최대한 빠르게 업무에 적응하고(구글은 복잡한 조직이다) 사내에서 효과적인 인맥을 구축하도록(조직문화를 위해 중요한 부분이었다) 도와야 했다.

인사팀에게 프로세스 내에서 어려움을 겪는 사람들(채용 매니저, 지원자, 면접관, 교육담당 직원 등)에게 최대한 가까이 다가갈 방법을 찾아보자고 했다. 면접을 보거나 교육을 진행하면서 신입사원(누글러Noogler라는 애칭으로 부른다)이 각각의 과정에 참여하면서 뭘 보고, 말하고, 듣고, 느끼는지 정보를 수집해보라고 했다. 교육이 끝나고 1년 동안 신입사원 사후점검 기간이 돌아올 때도 마찬가지였다. 특히 사람들이 각각 무슨 말을 하고 어떤 행동을 하는지와 각각의 활동을 할 때의 환경(뭘 보고 들을 수 있는 환경인지)에 따른 여러 상황을 잘 관찰해보라고 했다. 관찰을 할 때는 진정성 있게 (경험적인 증거를 토대로), 뻔하지 않으면서(오감을 이용해 새롭게 수집

찬물로 샤워하기

고대 그리스 로마 시대 이래 사람들은 다양한 신체적·심리적·사회적 목적으로 냉수 목욕을 활용했다. 여기서는 순전히 호기심으로 시도해볼 만한 감각 실험의 하나로 소개한다. 노르웨이식 얼음 목욕이나 극지방에서 하는 얼음물 목욕이 아니어도 된다.

아침에 샤워를 할 때 마지막 60초 동안 물을 가장 차가운 온도에 맞춰라. 그리고 몸에 어떤 느낌이 드는지, 어떤 생각이 드는지 주의 깊게 살펴라. 찬물을 맞고 있을 때뿐만 아니라 하루종일 어떤 영향이 있는지 살펴보라. 재미있는 경험이었고 더 많은 것을 알고 싶은 호기심이 인다면, 매일 조금씩 찬물 샤워 시간을 늘려가면서 일주일 동안 해보라.

매번 당신의 뇌는 이러지 말라고 할 것이다. 매번 정확히 어떤 느낌일지, 당신의 즉각적 반응이나 계속해서 남는 반응이 무엇일지 알 수 없을 것이다. 모든 경험은 다르다. 물은 같아도 당신의 반응이 달라질 것이다. 순전히 호기심에서 나온 이 행동은 간단한 연습이지만 당신을 한계 밖으로 데려다줄 것이다.

한 정보), 시사점이 있는 내용(신입사원의 생각이나 감정을 엿볼 수 있는 내용)에 주목하라고 했다.

그런 다음 나중에 관찰한 내용을 유심히 살펴보라고 했다. 관찰된 상황이 벌어진 이유를 다각도로 생각해보라고 했다. 관찰된 내용(일어난 일)에서 가능성 있는 원인(왜 일어났는지)으로 초점을 옮기니, 문제를 해결할 수백 가지 창의적 솔루션이 보이기 시작했다.

인사팀이 보고한 것 중에 한 가지 흥미로웠던 관찰 내용은 대부분의 신입사원이 신입사원 교육 초창기에 겨우 여덟 명에서 열 명과만 소통을 하더라는 내용이었다. 함께 교육을 받은 신입사원이 수백 명이었는데 말이다. 인사팀은 신입사원들이 나누는 대화와 눈에 보이는 친밀함 등을 단서로 이런 관계가 형성됐다는 사실을 알았다. 왜 이런 일이 일어났을까? 고등학교 때 입학 첫 주에 함께 점심을 먹은 친구들이 졸업 때까지 매일 함께 점심을 먹듯이, 불편한 경험을 함께 나눈 신입사원들 사이에서도 단순하지만 강력하고 지속적인 유대관계가 형성되고 있었다.

대부분의 신입사원이 교육이 끝난 뒤에도 이 때 형성한 관계를 이어가기 때문에 우리는 처음에 이런 관계를 형성하고 회사를 다니는 내내 그 관계를 유지할 수 있게 지원할 방법들을 생각해보았다. 여러 운동을 전개했는데 가장 먼저 신입사원 교육 공간을 열명이서 함께 앉는 테이블 방식이 아니라 객석 의자 방식으로 바꾸었다. 우리는 구글에 있는 동안 귀중한 자산이 될 거라며 신입사원들에게 인맥 형성을 적극 권장했다. 그리고 신입사원들이 가입할 수 있는 커뮤니티를 구체적으로 알려주었다. 히스패닉/라틴계 네트워크^{Hispanic/LatinX network(HOLA)}, 성소수자 그룹^{PRIDE at Google}, 구글 흑인 네트워크^{Black Googler Network} 같은 것들이었다. 우리는 정말 많은 사실을 새롭게 발견했고, 아주 많은 아이디어가 도출됐다. 이처럼 큰 진전을 이룰 수 있었던 것은 이 한 가지 주제를 여러 감각 기관을 동원해 들여다본 결과였다. 마치 이 활동 전체가 흑백이 아닌 컬러로 진행된 것처럼 말이다.

오감은 정서와 본능, 기억을 일깨운다. 그렇기 때문에 감각은 호기심의 강력한 구성요소다. 호기심의 불꽃이 꺼지지 않도록 오감을 활용하라.

호기심이 이끄는 미지의 세계를 탐험하는 법

어른이 되면 호기심이 휴면 상태가 되어버리는 이유 중 하나는 어릴 때 괜히 호기심을 발동시켰다가 말썽에 휘말린 경험이 있기 때문이다. 예를 들어 어린아이가 '손대지 마시오.'라는 팻말을 만나면, 자연히 호기심이 발동한다. 그리고 그 결과는 불법적 쾌락에서부터 창피, 죄책감, 고통에 이르기까지 다양하다. 이런 일을 충분히 겪고 어른이 될 때쯤이면 '아, 손대지 말아야지.'라고 생각하게 된다.

그러나 안타깝게도 난로에 데이며 얻은 지혜는 호기심을 발동시킬 수 있는 다른 수많은 방법에도 영향을 미친다. 마음속에서 호기심이 두려움과 뒤섞이면서 우리는 무슨 일이 벌어질지 모르는 상황은 일단 피하고 보기 시작한다. 물론 이렇게 되면 삶에서 일부 위험과 불확실성은 제거할 수 있겠으나, 미래의 가능성을 탐구하거나 배우거나 발견하지는 못하게 된다.

호기심이라는 본능에 저항하기 위해 당신이 쌓아놓은 이 장벽을 어떻게 하면 깨부술 수 있을까?

'지평^{horizon}'이라는 개념을 생각해보면 도움이 된다. 먼저 우리가 지평선이라고 부르는 공간적 지평이 있다. 저 멀리 하늘과 땅이 만나는 것처럼 보이는 선 말이다. 이렇게 보면 지평은 흥미진진한 마법 같은 개념이다. 자연과 우주와 과학이 만나서 만드는 맛있는 칵테일 같다. 다음은 은유적으로 사용하는 '지평'이 있다. 당신의 지식과 관심, 경험이 끝나는 곳을 가리키는 훨씬 더 가까운 선이다. 이 개념은 공간적 지평만큼 근사해 보이지는 않는다. 어른들이 좋은 의도로 아이를 캠프에 보내고, 발레 학원에 등록시키고, 몰입형 외국어 수업을 듣게 하는 이유이기도 하다. "너의 지평을 넓혀주려고."

공간적 지평은 미지의 것이 품은 아름다운 미스터리를 대표한다. 우리에게 이리 오라고 손짓한다! 은유적 지평은 당신의 호기심이 바닥나는 곳을 가리키는 듯하다. 나는 이 두 가지 개념을 엮었으면 좋겠다. (은유적) 지평 즉 당신의 지식, 관심, 경험을 끝이라고 생각하지 않고 눈부시고 무한한 시작으로 생각할 수 있도록 말이다. 그렇게 되면 이 새로운 지평이 당신을 미지의 땅으로 이끌어줄 것이다. 당신이 있어야 할 바로 그곳 말이다.

'모른다'고 말하기 어려운 이유

'모른다'라고 말하는 것은 왜 그렇게 어려울까? 우리가 다른 사람 앞에서 이 말을 하고 싶지 않은 이유는 무지하거나 무능한 사람이 된 것 같은 기분이 들기 때문이다. 우리가 스스로에게 이 말을 하기 싫은 이유는 약하거나 불안정한 사람처럼 느껴지기 때문이다. '모른다'라는 말을 하지 않기 위해 그처럼 많은 시간과 에너지를 쓰는 것은 참으로 안타까운 일이다. 머리 위에 물음표가 떠 있을 때야말로 당신이라는 사람을 발견할 수 있는 최적의 지점인 경우가 많은데 말이다.

무언가를 모른다는 걸 인정하기 두려워하는 사람들은 자신이 모든 답을 알 수는 없는 상황들을 요리조리 잘 피해 다닌다. 이들은 기본적으로 자신이 잘하는 영역 밖은 좀처럼 탐구하려고 들지 않는다. 그래서 그들의 세상은 아주 좁다. 반면에 '모른다'라는 말을 아무렇지도 않게 할 수 있는 사람들은 기꺼이 초심자가 되려고 한다. 이들에게는 경계도 없고, 정해진 노선도 없고, 자신을 가두는 상자도 없다. 이들은 훨씬 큰 세상에 산다.

미지의 땅 토착민이 된 당신을 상상해보라. 당신은 무엇과 마주칠지 모르는 채로 그 땅을 돌아다니면서도 결국은 내가 알아낼 것이라는 자신감에 가득 차 있다. 당신에게는 방향도, 지도도 필요 없다. 그런 것들 대신 본능에 의존하는 게 짜릿하다. 본능에 의존하면 길을 가는 내내 눈에 보이는 것들에 더 신경을 바짝 세울 수 있다. 아는 것과 모르는 것을 활용해 탐험하면서 경험은 풍부해진다. 당신은 기민하고 주의 깊다. 매일매일 지식과 능력이 늘어난다.

어떻게 해야 이 미지의 세계에 도착할 수 있을까? 먼저 자기 자신을 사전 지식이나 경험이 전혀 없는 상황 속으로 적극적으로 밀어 넣는 것부터 시작하라. 무슨 일이 벌어지고 있는 것인지 이해하거나 적응하는 데 도움이 될 만한 지식이나 경험이 전혀 없는 상황 말이다. 말 그대로 '백지'가 되라. 그간의 내력도 모르고, 기준이 될 원칙도 없고, 그 외 맥락을 파악할 정보가 없다면, 오히려 당신은 깜짝 놀라서 온전히 당신의 지각을 통해서만 정보를 습득할 수 있을 것이다.

구글러 새라 브라운은 이걸 '남의 안경을 쓰는 것'에 비유했다. "사람들은 누구나 세상을 특정한 방식으로 보게 만드는 안경을 쓰고 다니죠." 새라의 설명이다. "저는 사람들이 다른 안경을 쓰고 새로운 시각을 경험하게 만드는 강력한 질문을 하는 게 좋아요. 그러면 사람들은 '아, 세상이 꼭 이 방식일 필요는 없구나. 이렇게 다른 식일 수도 있구나.'라고 생각하게 됩니다."

당신이 가진 경험으로부터 최대한 멀어져라. 그 쉬운 방법 한 가지는 당신이 가볼 생각조차 못해본 곳으로 가는 것이다. 멀리 떨어진 지역이나 다른 나라도 좋다. 멀리 가지 못한다면 당신이 전혀 겪어보지 못한 종교 행사나 문화 행사에 참석하는 방법도 있다.

한 번도 당신의 마음을 울린 적이 없는 어떤 대의를 추구하는 단체에 가서 자원봉사를 해보라.

중서부에 사는 내 친구가 소말리아 이주민의 정착을 돕는 비영리단체에서 자원봉사를 한 적이 있다. 친구는 소말리아의 역사에 관해 아무것도 몰랐다. 심지어 지도상에서 소말리아가 어디쯤 있는지도 몰랐다. 처음에는 통역을 통해서, 나중에는 그 사람들의 떠듬떠듬한 영어를 통해 그들의 고향에 관한 이야기, 여기까지 오게 된 여정, 이곳에서 동화되면서 겪는 어려움 등을 들었다. 몇 달간 자원봉사를 하는 동안 이전에는 잘 알지 못했던 세계에 푹 빠져들면서 내 친구는 공감 능력과 회복력이 한층 커졌다.

호기심이 이끄는 대로 미지의 영역을 탐구하는 게 얼마나 소중한 경험인지는 아무리 강조해도 지나치지 않다. 미지의 세계를 한 번 방문할 때마다 당신은 점점 더 그곳이 편안해질 것이다. 실은 또 찾고, 또 찾고 싶어질 것이다. 그리고 그곳에서 알게 된 것들은 예상치 못한 방식으로 언제나 당신에게 중요한 어느 측면을 성장시켜줄 것이다.

경이로움을 최대한 많이 느껴라. 경이로움에 빠져 있으면 평범한 것도 특별해지고 온갖 흥미로운 것이 시야에 들어온다. 경이로움에 빠져 있으면 주변 세상에 대해 깜짝 놀랄 가능성이 더 커진다. 놀람이라는 감정은 우리가 느끼는 그 어느 감정보다 강도가 세 배 이상 크다. 공포 영화를 보다가 벽장에서 누가 튀어나왔을

영감을 위한 산책

작업을 하다 보면 종종 어느 문제에 대한 솔루션을 힘으로 밀어붙이려는 팀들이 있다. 그러면 나는 그들에게 하던 일을 멈추고 '영감을 위한 산책'을 좀 다녀오라고 한다. 그냥 잠깐 밖에 나가서 의식적으로 좀 돌아다니다가 오라는 뜻이다. 이렇게 하면 아이디어를 내놔야 한다는 생각에 빠진 뇌를 다양한 창의적 인풋을 받아들이는 상태로 바꿀 수 있다.

'내가 아는 것' 모드에서 '내가 모르는 것' 모드로 바뀌고 싶다면 화성으로 산책을 가라. 이 연습은 심지어 의자에서 일어날 필요조차 없다. 구글 어스의 보이저^{Voyager} 기능을 사용하면 화성 위를 산책할 수도 있고, 엘카피탄 산(미국 캘리포니아주에 있는 바위산.—옮긴이)을 오를 수도 있고, 고래상어 옆에서 수영을 할 수도 있다.[3] 아니면 유튜브에 있는 가상현실 채널을 찾아가서 거대한 파도를 타면서 서핑을 해도 좋다. 자신을 어딘가 다른 곳(이 경우에는 '아주' 다른 곳)에 위치시키면 시각을 바꿀 수 있고, 어쩌면 긍정적인 의미에서 '방향을 상실'할 수도 있다.

때 심장이 쿵쾅쿵쾅 뛰는 이유는 이 때문이다. 무언가 긍정적인 것에 놀랐을 때 기쁨이 확 몰려오는 이유도 동일하다. 그래서 천둥 번개가 끝나고 무지개가 뜨거나 당신이 생각 중이던 사람에게서 뜬금없이 문자 메시지가 왔을 때 기뻐서 펄쩍 뛸 수 있는 것이다. 놀랄 것을 미리 예상할 수는 없다. 그렇기 때문에 놀라는 것이다.

하지만 놀라서 어떤 기분이 들었는지, 그 감정이 얼마나 오래 지속되었는지에 주의를 기울여보라.

누가 마술을 보여줬을 때 본능적인 당신의 첫 번째 반응은 무엇인가? 상대가 어떻게 한 것인지 알아내려고 하는가? 아니면 마술이라는 공연을 잠시 음미하는 시간을 갖는가? 가끔은 합리적으로 생각하고 싶은 충동에 저항하는 것도 필요하다. 그래야 불가해한 흥미로운 것에 노출될 수 있다. 우주를 예로 들어보자. 유사 이래 인간은 밤에 하늘을 올려다보며 경외심과 경이를 느꼈다. 저 밖에는 뭐가 있고 어떤 원리로 작동되는지 알아내기 위해 수백 년을 보냈다. 우리는 많은 것을 알아냈지만, 모르는 것이 훨씬 더 많다. 호기심에 이끌려 우주에 대한 새로운 정보를 알게 될 때마다 우리는 짜릿함을 느낀다. 그런데 다른 한편으로는 언제가 되어도 그 모든 걸 알아낼 수는 없을 거라고 생각하는 게 짜릿하기도 하다. 우리가 결코 알 수 없는 이 우주의 일부임을 인식하는 게 바로 모든 연습의 핵심이다.

구글에서 일했고 현재는 기업가인 존 랫클리프는 호기심 덕분에 해답이 자신을 어디로 이끌어갈지 알 수 없다는 두려움 없이 질문을 계속 이어갈 수 있다고 말한다. 존의 이야기를 들어보자.

나는 2015년 영상제작사를 직접 차리고 싶어서 구글을 떠났다. 당시 창업하려고 했던 동기와 지금 기업가로 남고 싶은 이유는 아주 다르다. 그 당시 나에게 기쁨을 줄 거라고 생각했던 요소들과 지금 실제로 나에게 기쁨을 주고 있는 요소들은 완전히 다르다. 처음 창업을 할 당시 나는 내가 뭘 할 수 있는지 세상에 보여주고 싶었다. 대단한 일을 해낼 수 있다는 걸 보여주고 큰돈을 벌고 싶었다. 큰 고통을 겪고 나서야 나에게 정말로 중요한 게 무엇인지 알게 될 줄은 꿈에도 몰랐다.

직원이 열 명 정도였을 때 나는 그중 단 한 명도 우리가 하는 일에서 영감을 받지 못하고 있다는 사실을 깨달았다. 나는 리더였음에도 팀원들이 우리가 하는 일에 설레도록 도와주지 못했다. 당시 친구는 이렇게 말했다. "네가 역사상 최고의 선수가 되려는 생각을 그만둬야 해. 너는 역사상 최고의 코치가 돼야지." 친구의 말이 맞았다. 사업을 시작한 지 3년차였는데 나는 아직도 모든 게임을 직접 뛰고 모든 골을 넣으려 하고 있었다. 직원들에게 힘을 실어주고 영감을 주는 리더가 아니라 영웅이 되려 하고 있었다. 이렇게 똑똑하고 유능한 사람들을 영입해놓고 그들이 나 때문에 행복하지 않다는 사실을 깨달으니 기분이 끔찍했다.

존재론적 위기가 따라왔다. 나는 말 그대로 나 자신에게 묻고 있었다. '대체 우리 회사가 존재해야 하는 이유가 뭐지? 최고의 제품을 만들어내고 있는 것도 아니고, 최고의 업무 환경과 조직문화를 조성하고 있는 것도 아니라면, 대체 이 회사는 왜 있는 거야?' 리더로서 내 역할을 어떻게 수행하느냐가 팀원들의 행복과 목적의식에 직접적인 영향을 끼친다는 사실을 깨닫게 됐다. 팀원들의 마인드는 내 마인드와 직결되었다. 내가 생각을 똑바로 할 수 있다면 그들도 따를 것이다.

나는 회사의 목적에 대해 깊이 생각했다. 내가 굳이 답하고 싶은 것인지 분명치 않았던 수많은 질문을 던졌다. 내가 발견한 내용이 구글을 떠날 당시 머릿속에 갖고 있던 생각과는 아주 다를 수도 있었지만, 그 가능성을 기꺼이 받아들여야 했다. 뭘 알게 되든, 나는 그걸 꼭 알아야 했다.

지금 우리 팀은 50명 정도다. 내가 이 사람들을 이끄는 데서 얼마나 많은 기쁨을 얻는지 생각하면 하루하루가 놀라울 정도다. 우리 팀의 조직문화가 특별한 점은 창업자인 내가 그 문화를 만들지 않는다는 점에 있다. 팀의 조직문화는 팀내 다른 사람들이 만든다. 우리가 어디로 가고 싶은지를 이해하고 우리를 거기로 데려갈 사람들 말이다. 팀에서는 가장 어린 직원조차 모든 대화에서 훌륭한 질문을 하고 멋진 아이디어를 내놓는다. 그 결과 우리 제품은 빠르게 진화하고 개선된다.

우리 회사는 아주 경쟁적인 위치에 있다. 가만히 있어서는 살아남을 수 없다. 우리 제품은 언제나 작년과는 달라 보여야 한다. 그렇기 때문에 '저 밖에는 과연 무엇이 있을 수 있을까.'라는 호기심이 회사의 성공 중심이 된다. 8년간 사업이 성공적이었다고 해도 9년째에 호기심을 잃는다면 제품은 그냥 사망 선고를 당할 것이다.

호기심을 갖기 위해서는 큰 파도에 몸을 던질 준비가 되어 있고 그럴 의향이 있어야 한다. 나는 오랫동안 데즈먼드 투투 ^{Desmond Tutu} 대주교가 궁금했다. 2011년 어느 날 나는 투투 대주교의 사무실에 이메일을 보냈다. "안녕하세요? 저는 구글에서 일하고 있습니다. 언제든 무엇이든 제가 도울 수 있는 게 있다면 연락주시기 바라요." 바로 다음날 연락이 왔다. "혹시 도움을 주실 수 있을까요? 원래는 달라이 라마께서 사흘 후에 남아공으로 오실 예정이었어요. 투투 대주교의 생일 행사에 참석하려고요. 그런데 정치적인 이유로 비자가 보류되고 있거든요. 혹시 우리가 기술을 이용해서 뭔가 다른 식으로 이 행사를 진행할 방법이 있을까요?"

당시에는 구글 행아웃^{Google Hangouts}이 아직 개발 단계였다. 그러나 나는 당시 구글 플러스^{Google+}의 브랜드 마케팅 팀장이자 독실한 종교인이었던 고피 칼라일^{Gopi Kallayil}에게 전화를 걸었다. 그리고 도와줄 수 있는지 물었다. 이전까지 그를 한 번도 만난 적이 없었고, 단잠을 자다가 전화를 받았음에도 고피는 내게 이렇게 말했다. "아시다시피 불가능한 과제는 하루이틀 정도 걸리고요, 기적을 만들어내려면 조금 더 걸리니까 사흘 정도면 되겠네요. 해보시지요." 60시간 후 인도와 남아프리카공화국, 스웨덴, 미국의 구글러 몇몇은 이 기적을 만들어내기 위해 뭉쳤다.

우리는 행사 장소였던 웨스턴케이프대학교에 투투 대주교 측 장비(노트북 두 대와 안정적으로 인터넷을 연결해주길 바라면서 설치한 케이블 몇 개)를 설치했다. 1만 킬로미터 밖 인도에서는 또 다른 구글러가 뉴델리에서 히말라야에 있는 달라이 라마의 집까지 12시간을 운전해 가서 똑같은 장비를 설치했다. 행사 15분 전에 케이프타운에서 단전이 일어나기도 했고 양쪽 모두 기술적 실패 위험이 높았지만, 두 사람은 구글 행아웃을 통해 만날 수 있었다. 두 사람은 한 시간 동안 연민과 그들의 오랜 우정에 관해 대화를 나눴다.

전 세계 수천 명의 사람이 이 만남을 자신의 컴퓨터를 통해 실시간으로 지켜보았다. 오늘날에는 별 것 아닌 일 같지만, 2011년에는 정말로 센세이션한 일이었다. 기술이 아니라 호기심에서 탄생한 기적이었다. 나와 투투 대주교, 달라이 라마, 고피, 그리고 이 미친 작전을 성공시킨 열 몇 명의 구글러의 호기심 말이다. 무슨 일이 벌어질지에 관계없이 뭔가를 배우겠다고 마음먹었을 때 바로 이런 일이 가능하다.

두려움 없이 질문을 이어가라

우리는 자라면서 즉각적인 답이 나오기를 기대하며 질문하는 데 익숙해진다(구글아, 고마워!). 그러나 강박적 호기심이라는 측면에서 보면 빠르게 답을 얻거나 문제를 해결하는 것은 핵심이 아니다(구글아, 미안!). 실은 심지어 질문의 내용조차 핵심이 아니다. 핵심은 질문을 한다는 행위 그 자체다.

신경학자이자 철학자인 어윈 스트라우스^{Erwin Strauss}는 인간을 "질문하는 동물"이라고 표현했다. 질문을 할 수 있는 능력과 질문을 하고 싶은 본능을 타고난 독특한 존재라고 했다.[4] 스트라우스는 또한 누군가의 질문은 그 사람의 꿈만큼이나 그 사람에 관해 많은 것을 알려준다고 했다. 왜냐하면 질문과 꿈은 둘 다 풍부한 역사적·문화적·사회적 비축고에서 나오는 것이기 때문이다. 질문을 할 때는 더 많이 알고 싶은 의식적(그리고 무의식적) 욕망을 표현하고 있는 것이다. 우리가 가진 호기심을 표현하고 있는 것이다.

호기심의 핵심은 우리가 스스로에게 말하는 한 단어에 모두 들어 있다. '궁금해.' … 하는 이유가 궁금해. 만약에 … 하면 무슨 일이 일어날지 궁금해. 어떻게 하면 … 일지 궁금해. 이 상자 안에는 뭐가 들었을지 궁금해…. 이 바위 아래에는 뭐가 있을지 궁금해…. 내 미래가 나를 어디로 데려갈지 궁금해….

이 말줄임표들은 당신을 답으로 이끌어줄 볼링핀 같은 것이지만, 그러려면 생각이 그대로 사라지지 않게 만들어야 한다. '궁금해'는 자주 그대로 사라져버리기 때문이다. 그 생각을 잠깐 가지고 있어라. 생각은 머릿속을 돌아다니다가 당신을 이상하고 경이로운 곳으로 데려갈 것이다. 결국 당신은 여러 개의 답과 더 많은 질문으로 이어지는 길을 따라가기 시작했을 것이다. 그 길 위에서 당신이 내딛는 모든 걸음이 하나의 선택이다. 걸음이 많다는 건 선택이 많다는 뜻이고, 이전에는 갖고 있지 못했던 정보도 늘어난다는 뜻이다. 이 모든 창의적인 인풋이 '가능한 것은 무엇인가?'에 대한 당신의 생각을 확장시켜줄 것이다. 그러면 여기서부터는 당신이 만들고 싶은 미래가 어떤 모습인지 상상할 수 있고 볼 수 있다.

2000년, 학부시절 교환학생으로 캘리포니아주립대학교 롱비치 캠퍼스에 왔을 때 나는 캘리포니아에 푹 빠지고 말았다. 거의 8개월 동안 친구네 아파트 바닥에 에어 매트리스를 깔고 잤지만 내 생각은 오직 '어떻게 하면 여기에 더 오래 머물 수 있을까?'뿐이었다. 결국 나는 고향 독일로 돌아가야 했지만, 2009년에 스탠퍼드대학교 연구직을 맡으면서 행복하게 돌아올 수 있었다. 당시에는 이후 나의 커리어가 어떤 모습이 될지 몰랐지만, 머릿속으로는 이곳에 정착해야겠다는 생각이 강해지고 있었다.

어느 날 앤절라와 나는 사람들이 그렇게 많이 떠들어대는 구글 본사가 들어선 구글플렉스Googleplex를 방문해보기로 했다. 우리는 방문객 전용 건물로 들어가서 우리가 참여할 수 있는 단지 내 투어 프로그램이 있는지 물었다. 안내 직원은 웃음을 터뜨리면서 체

질문을 뒤집기

최고의 답을 얻으려면 때로는 황당한 질문을 할 수 있을 만큼 호기심이 커야 한다. 먼저 당신이 해결하고 싶은 문제를 살펴보라. 예컨대 당신네 주력 상품 매출이 몇 개월째 늘지 않아서 점점 초조해진다고 치자. 당신은 '어떻게 하면 매출을 늘릴 수 있을까?'라는 질문으로 팀원들을 계속 괴롭히지만, 팀원들은 늘 하던 답변만 내놓는다. 마케팅, 광고, 소비자 조사 같은 것들 말이다. 그렇다면 이제 질문을 바꿔봐라. '어떻게 하면 매출을 줄일 수 있을까?'

이렇게 질문을 뒤집고 나면, 좀 더 도움이 되는 논의가 활발하게 오갈 것이다. 생각해보지 못한 이슈도 나타날 테고, 결국에는 당신이 찾고 있던 답과 그밖에 전혀 찾아보지 않았던 답들까지 드러날 것이다.

삶의 어느 영역에서든 이 방법을 시도해보라. 남녀관계가 뜻대로 되지 않고 있다면 스스로에게 이렇게 물어보라. '어떻게 하면 이 관계가 더 나빠질까?' 문제의 근원일지도 모를 소통 패턴이나 행동 등이 금세 눈에 보일 것이다. 아니면 스트레스나 불안 수준이 높아졌다고 치자. 스스로에게 이렇게 물어보라. '내가 더 버거운 기분이 들 수 있는 방법이 뭘까?' 혹은 어려운 의사결정을 앞에서 끙끙대고 있을 수도 있다. 새로운 일자리를 제안받았다거나 하는 경우처럼 말이다. 그럴 때는 '이직을 해야 하나?'라는 질문 대신, '내가 이직을 안 하면 어떤 일이 벌어질까?'라고 물어보라. 이렇게 질문을 뒤집어보면, 당신이 물어봐야 한다고 생각했던 질문으로는 알기 어려웠던 새로운 진실이나 현실이 드러나는 데 도움이 된다.

크인 화면에 있는 버튼 세 개를 가리켰다. 거기에는 '면접, 비즈니스 약속, 사적인 약속'이라고 적혀 있었다. 안내원은 단지를 둘러볼 방법은 이 세 가지 경우뿐이라고 했다.

그때 나는 '면접 버튼을 누르고 싶다.'고 생각했다. 11개월 후에는 똑같은 장소에 서서 다른 안내 직원과 이야기를 나누며 화면의 '면접' 버튼을 눌렀다. 그 11개월 동안 내가 바라는 내 미래의 모습이 하루하루 더 분명해졌다. 그건 내가 구글에서 일하는 그림이 아니었다. 나의 모든 호기심이 하나로 합쳐지는 그림이었다.

디스쿨에서 가르쳤던 수업 중에는 6주 동안 질문만 찾아다니는 수업이 있었다. 마지막 수업에서 우리는 '퀘스트룸questroom'을 설치했고, 학생들은 본인의 질문을 설명하는 물건을 전시하고 그 질문을 찾는 여정에 대한 설명을 달았다. 한 학생은 "어떻게 하면 보다 지속 가능한 방식으로 옷을 생산할 수 있을까?"라는 질문 옆에 다섯 장의 티셔츠를 전시했다. 각 티셔츠 옆에는 팻말에 이 제품이 어디서 생산되고, 얼마나 많은 사람이 생산에 참여했고, 어떤 재료와 화학용품이 사용되었는지가 적혀 있었다. 간단한 연출이었지만, 이들 티셔츠를 만드는 방법이 전혀 지속 가능하지 않다는 사실을 극적으로 보여주었다.

박사과정에 있던 아주 똑똑한 학생 한 명은 이 수업이 본인이 들어본 수업 중 가장 어려웠다고 했다. 질문을 고민할 때 예상 답안은 생각조차 해보지 말라고 요구했기 때문이다.

호기심이 질문을 어디까지 확장시키든 그대로 내버려둬라. 그래야 질문이 당신보다 앞서서 미래에 닿을 수 있다. 만약 질문이 너무 코앞의 문제에 초점을 맞추고 있다면, 더 큰 무언가 혹은 아직 일어나지 않은 무언가를 포괄하도록 질문을 확대할 방법을 생각해보라. 처음 캘리포니아에 왔을 때 나 자신에게 이렇게 물었다. '어떻게 하면 여기에 더 오래 머물 수 있을까?' 그 질문이 꼬리에 꼬리를 물다가 나중에는 이렇게 물었다. '어떻게 하면 면접 버튼을 누를 수 있을까?' 그리고 그 다음에는 이렇게 물었다. '전 세계에서 가장 혁신적인 기업 중 하나인 이곳에서 나는 어떤 영향력을 끼칠 수 있을까?' 그리고 마지막으로 이렇게 물었다. '어떻게 하면 이곳에서 가정을 꾸릴 수 있을까?'

호기심이 발동하면 그 어떤 원초적 필요나 욕망보다 더 큰 동기가 부여된다. 개인적 만족과 성장을 위해 무언가를 찾아 나서게 된다. '호기심을 만족시킨다.'라는 흔한 구절에는 좀 미안한 말이지만, 강박적 호기심은 절대 만족될 수 없다. 강박적 호기심은 안으로부터 당신을 확장시켜줄 더 많은 경험과 배움을 찾아 나서는 끝없는 여정이 된다.

호기심을 갖기 위해서는 용기가 필요하다. 사회는 늘 호기심에 대해 얼굴을 찌푸린다. 왜냐하면 호기심은 종종 사람들이 규칙을 깨거나 불편한 질문을 하게 만들기 때문이다. 그렇다. 호기심은 기존 질서에 대한 위협이다. 당신을 권위 있는 기관이나 심지어 당신 자신의 가치관과 불화하게 만들 수도 있다. 하지만 이런 일 없이는 발전과 혁신이 일어나지 않는다.

호기심이 걷는 길은 직선이 아니다. 구불구불하고 비틀리며 바로 코앞에서 방향을 바꾼다. 막다른 길이나 모순에 이르러 영영 답을 찾지 못할 거라고 착각하게 될 수도 있다. 그렇기 때문에 호기심은 점들을 수집하는 크고 대담한 탐험이 된다. 그 많은 창의적 인풋과 몰아치는 점들을 몽땅 수집하고 나면, 당신의 상상은 당신의 미래로 가는 길로 바뀔 것이다.

매일 새로운 기회를
발견하고 있는가?

T R Y   T H I S

따라 해보세요

1. 이 책을 다른 무언가로 만들어보세요.

2. 이 책을 도구로 사용해보세요.

3. 이 책을 가지고 음악을 만들어보세요.

4. 이 책을 옷처럼 입어보세요.

5. 이제 이 책이 책 이상의 것이 되었나요?

CHAPTER 4

끊임없는 실험

미지의 땅에서
가능성을 발견하라

PERPETUAL EXPERIMENTATION

끊임없는 실험은 즉각적 발견의 원동력이다. 아이디어를 빠르게 반복적으로 테스트하면서 새롭게 알게 된 사실을 따라가게 만든 다. 우리가 찾는 것은 대단한 깨달음이 아니다. 우리가 찾는 것은 우리를 새로운 아이디어로 이끌어줄 수많은 작은 통찰이다.

아내 앤절라를 처음 만난 날 이렇게 말했다. "우리는 아주 특별한 관계가 될 거예요." 아내는 웃음을 터뜨리며 어떻게 아느냐고 물었다. 나는 이렇게 대답했다. "이유는 모르지만 느낌이 오네요."

만남을 이어가면서 나는 우리가 정말로 특별한 관계가 될 수 있을지 빠르고 확실하게 알아낼 방법이 없을까 생각해보았다. 보통은 상당 기간 서로를 알아가야(바로 데이트!) 알 수 있는 부분인데 말이다. 나는 몇 달씩 혹은 몇 년씩 시행착오를 겪고 싶지 않았다. 그러다가 우리가 서로 찾던 배우자가 맞는지 일찌감치 테스트해볼 수 있는 아이디어가 떠올랐다.

이 아이디어를 설명했더니, 처음에 앤절라는 나를 이상하게 쳐다봤다. 그렇지만 우리 사이가 잘될 수 있는지 어떤지 '테스트'를 해본다는 생각 자체는 아주 마음에 들어 했다. 그래서 만난 지 겨우 1개월이 되었을 때 우리는 우리 관계를 탐구해보기 위해 둘 다 한 번도 가본 적이 없는 지역을 3주간 함께 배낭여행하기로 결정했다. 아무런 일정이나 계획 없이 그저 각자 배낭만 챙겨서 이 새로운 우정에 대한 희망을 잔뜩 품고 출발했다.

일주일 내내 하루 종일 익숙하지 않은 상황을 함께하는 게 어떤 것인지는 금세 알게 됐다. 우리는 둘 다 자연과 시골 시장과 음식 탐방을 좋아한다는 사실을 알았다. 힘들었던 어느 야간 산행 때는 정신적·육체적으로 서로에게 의지할 수 있다는 걸 알게 됐다. 둘 다 배가 고프고 지쳐 있을 때도 처해 있는 상황에 대해 웃을 수 있는 사람임을 알았다. 그리고 우리 둘 모두에게 가장 중요했던 사실은, 여행이 끝날 때쯤 우리가 함께한다면 어떤 고난을 마주쳐도 해결할 수 있다는 걸 알게 됐다.

우리의 경험이 전통적인 관계 형성 기준에서 봤을 때 이례적이었던 것은 맞다. 그러나 이렇게 집중적으로 3주간 집을 떠난 경험을 함께한 것은 너무나 귀중한 실험이었다. 우리는 시제품을 하나 만들어본 것이나 다름없었다. 둘 사이의 관계가 잘 작동할지, 우리가 원하는 관계가 맞는지 판단해볼 수 있는 시제품 말이다. 결국 관계는 잘 작동했고 우리가 원하던 관계였던 것으로 밝혀졌다. 우리 두 사람은 2010년 결혼했고, 그 실험 결과를 기초로 아주 더할 나위 없이 훌륭한 관계를 만들어가고 있다.

퓨처 레디 마인드에서 끊임없는 실험이야말로 가장 목적 지향적이고 행동 지향적이다. 무언가를 그저 생각만 하고 있는 게 아니라 밖에 나가 직접 해보는 작업이기 때문이다. 그렇다면 끊임없는 실험은 우리가 가장 쉽게 강화할 수 있어야 할 것이다. 그렇지 않은가? 마치 스포츠센터에 다니는 것처럼, 실천하기로 마음을 먹고 나서 규칙적으로 다니고 시간이 지나면 근육이 커져 있어야 한다.

어찌 보면 그렇기도 하다. 끊임없는 실험은 당신이 선택할 수 있는 긍정적인 습관 내지는 행동이고, 분명한 결과도 가져다줄 수 있다. 그러나 어떤 사람들에게는 실험이 가장 강화하기 힘들지도 모른다. 평생 적극적으로 혹은 무의식적으로 실험을 회피해왔기 때문이다.

탐구나 실험을 하고 싶은 본능은 어릴 때 자연히 발현된다. 처음에는 탐험에 장애물 따위는 문제가 되지 않는다. 그러나 시간이 지나면 두려움 때문에 실험 본능은 질식한다. 위험이나 고통에 대한 두려움, 미지의 것에 대한 두려움, 실패에 대한 두려움 같은 것들 때문이다. 안타깝게도 아이가 어릴 때 부모를 비롯해 영향력을 가진 어른들은 대게 실험이라는 본능을 처음부터 눌러줘야 할 책임이 있다. 틀림없다. 부모의 가장 중요한 의무는 아이가 큰 사고를 치지 않게 도와주는 것이기 때문이다. 그러나 아이를 보호하는 과정에서 무심코 확실하지 않거나 안전하지 않은 경험은 피하도록 가르친다. 그 결과 어른이 된 아이는 실험하는 방법을 잊어버린 상태가 된다.

가능성을 발견하는 사람들

나는 여러분에게 미래로 가는 길에 돌을 놓는 것은 실험이라는 이야기를 하려고 한다. 수없이 많은 끝없는 실험 말이다. 작고 조용하고 보이지 않는 실험. 크고 대담하고 시끄러운 실험. 너무나 많은 사람이 실험은 과학자나 창의적 업무에 종사하는 사람들이나 하는 일이라는 생각을 갖고 있다. 그러나 실제로 실험은 누구나 마음껏 활용할 수 있는 강력한 툴이다. 실험 가운 따위는 필요하지 않다. 궁극적으로 실험은 누구나 지금 있는 그 자리를 탈피해 미래의 가능성을 발견할 수 있는 방법이다.[1]

실험은 사고의 한 방식이다. 정체하는 대신에 행동하고, 알려진 것 대신에 미지의 것을 추구하려는 경향성이다. 실험을 하기 위해서는 퓨처 레디 마인드 중 하나인 경험에 대한 열린 마음이 필요하다. 또한 설렘과 상상력을 주입해줄 건강한 정도의 호기심도 필요하다.

예를 들어 완전히 낯선 방에 들어와 있다고 치자. 방에는 닫힌 문이 하나 있다. 당신이라면 그 문을 열어도 될지 허락을 구할 사람을 찾겠는가? 누군가 그 문을 열고 들어오기를 기다리겠는가? 아니면 그냥 문을 열고 문 뒤에 뭐가 있는지 알아보겠는가?

행동 지향적인 탐험가라면 물어볼 필요도 없이 즉각 문손잡이를 향해 손을 뻗을 것이다. 그리고 문이 잠긴 것을 확인했다면 어떻게든 안으로 들어갈 방법을 찾아보려 할 것이다. 다른 사람들은 모두 호기심의 부족 때문에(문 뒤에 뭐가 있든 뭐가 중요해?) 혹은 결과에 대한 두려움 때문에(문 뒤에 뭔가 나쁜 게 있으면 어떻게 해?) 꼼짝 못하고 있을 것이다. 실험적 사고방식은 모든 닫힌 문 뒤에 있는 가능성과 기회를 본다.

그렇다면 실험은 왜 그렇게 힘들까?

그 이유 중 하나는 인간의 뇌가 에너지를 절약하려는 경향이 있기 때문이다. 그래서 우리는 과거에 효과가 있었던 아이디어나 해결책을 그대로 쓰고, 어려울 수도 있는 새로운 방식은 그냥 피한다. 우리는 익숙한 것에 집착한다. 심지어 익숙한 것이 별로 훌륭하지 않을 수도 있다는 걸 알 때조차 그렇다. 매일매일 새로운 경험, 혹시나 더 좋을 수도 있는 경험을 선택하기보다는 아는 경험을 택한다. 평생 점점 더 스스로를 제한한다. 최소한의 노력만을 사용하고, 이 '안전하다'는 잘못된 느낌을 보존하려고 한다.

하지만 일상의 모든 의사결정을 익숙한 것과 습관적 행동을 '피하는' 쪽으로 선택한다면 어떻게 될까? 반갑고 놀라운 일들을 마주치거나 경험하게 되는 경우가 대부분이라는 사실을 금세 깨닫게 될 것이다. 그리고 '발견'이라는 마법에 약간은 중독될 것이다. 이 부분은 내가 경험으로 확실히 말해줄 수 있다.

실험을 피하는 또 하나의 이유는 실패에 대한 두려움이다. 우리는 실험의 목적이 성공이라고 생각하는 경향이 있다. 그렇게 되면

문을 나서자마자 기준이 너무 높아져버린다. 어떤 사람들은 실패에 대한 두려움 앞에서 꼼짝없이 얼음이 되어버려 아무런 노력도 시도하지 않는다. '시도를 안 하면 실패할 일도 없잖아?' 그러나 실험의 목적은 성공이 아니다. 실험의 목적은 '배움'이다. 무언가 새로운 것을 시도할 때마다 우리는 새로운 것을 배운다. 성공에 초점을 맞추는 것에서 배움에 초점을 맞추는, 이 한 가지 인식 변화만으로도 새로운 발견에 대해 훨씬 더 마음을 열 수 있을 것이다.

우리가 실험을 잘하지 못하는 또 하나의 이유는 실망하기 싫기 때문이다. '새로운 식당을 시도해봤는데 생각만큼 좋지 않으면 어쩌지? 새로운 경험을 위해 주사위를 던지느니 늘 가던 식당에 가는 편이 (그래서 늘 시키던 음식을 시키는 편이) 낫지.' 그러나 더 좋은 질문은 이것이다. '새로운 식당을 시도해보면 어떤 즐거움이나 통찰을 얻을 수 있을까?' 기회 자체에 초점을 맞춘다면 실망에 대한 두려움은 힘을 잃을 것이다.

오랫동안 구글은 '구글 가이스트Googlegeist'라고 하는 직원 대상 연례 설문조사를 실시했다. 조직의 건강 상태를 진단하고, 기업의 미션, 지도부, 글로벌 시민의식에서부터 몰입도, 보상, 직무 만족도에 걸쳐 직원들의 솔직한 의견을 수집하기 위해서였다. 90퍼센트에 가까운 구글러들이 구글 가이스트에 참여했는데, 이는 직원 설문조사 치고는 이례적일 만큼 높은 참여율이었다.

설문조사 결과가 직원들에게 공개되고 나면, 점수가 가장 낮은 세 가지 영역이 표시됐다. 그러면 부서와 지역을 막론하고 모든 구글러는 다음 1년간 팀원들과 함께 이들 분야에서 의미 있고 측정 가능한 변화를 만들어낼 방법을 실험하도록 권장되었다. 어느 해에 구글 가이스트 결과 웰빙이라는 영역에서 매우 낮은 점수가 나타났다. 다른 조직 같았으면 직원들의 탈출 러시가 멀지 않았다는 힌트가 될 수도 있는 영역이었다. 구글의 경우 이 결과 덕분에 '지포즈^{gPause}'라는 프로그램이 탄생했다. 명상과 마음챙김을 장려하는 이 프로그램에서 구글의 시그니처가 된 여러 운동이 파생되었고 이들 운동은 전 세계 구글 지부에 채택되었다. 나쁜 소식이나 실망스러운 소식을 정말로 두려워해야만 구글 가이스트가 구글을 위해 한 것과 같은 과감한 시도를 할 수 있다.

그러면 어떻게 해야 실험을 싫어하는 자신의 편향에 저항하고, 어릴 때처럼 두려움 없이 자연스럽게 계속해서 실험하는 법을 다시 배울 수 있을까? 가능성의 왕국에서 살아가는 데 익숙해져야 한다. 테스트를 하고, 시제품을 만들며, 리스크를 감수하고, 놓아주는 데 익숙해져야 한다.

'만약에'를 고민하면 일어나는 변화

실험이란 무엇이 가능한지를 밝히는 데 초점을 맞춘 행동이다.

모든 실험은 어찌되었든 아직 알려지지 않은 것을 지향하는 일이고, 이게 바로 실험의 묘미다. 한 발을 내디딜 때마다 더 많은 게 분명해지기 때문에 목적을 가지고 움직일 수 있다. 단순히 참신한 시각을 얻으려고 실험한다 하더라도, 다른 각도에서 세상을 볼 수 있는 능력이 확장된다. 실험을 한 번 할 때마다 혁신의 가능성에 대해 조금 더 마음을 열게 된다.

어릴 때 나는 할아버지의 차고에서 많은 시간을 보냈다. 할아버지가 쟁여둔 온갖 잡동사니를 이용해 이것저것 만들어보곤 했다. 그 당시에도 이 유별난 장소가 무언가 자유롭게 만들고 싶은 기분을 조성한다는 사실을 알고 있었다. 나는 언제나 물리적인 공간을 중시했다. 직접적인 환경이 사람들에게 미치는 영향력은 흥미로웠다. 특히나 여러 사람이 공유하는 공간이라면 말이다.

혁신의 스파크가 일어나는 공간 '더 거라지'

구글에 입사한 지 얼마 되지 않았을 때 직원들이 사용할 수 있는 놀이 공간(공놀이방과 테이블 축구 기구 등등)은 그렇게 많은 데 비해 상상과 실험을 할 수 있는 작업공간이 부족한 것에 놀랐다. 나는 나 말고도 창의력을 발휘할 수 있는 공간에 대해서 관심이 있는 사람 네 명을 더 모았다. 그리고 실험 친화적인 환경을 하나 만들었을 때 '20퍼센트 프로젝트'를 추구하고 싶어 하는 여러 구글러들에게 어떤 도움이 될지 다 함께 생각해봤다.

이런 공간을 만들어도 좋다는 허락을 받아낸 우리는 솔선수범해서 실험 모드에 들어갔다. 이 공간을 우리가 설계하지 말고, 직원들이 이 공간을 어떻게 사용할지 정의하도록 지켜보는 건 어떨까? 화이트보드를 이용해 바퀴달린 테이블을 만들었다. 직원들이 평면 위에서 아이디어를 빠르게 소통하고 쉽게 이리저리 옮길 수 있게 하기 위해서였다. 직원들이 3D 프린팅과 레이저 커팅에 관심을 갖기에 그 기술도 공간에 통합시켰다. 하루는 재봉틀을 두었다. 그냥 무슨 일이 벌어지는지 보고 싶어서였다. 알고 보니 정말 인기 있는 장비였다!

우리는 대충대충이라도 많은 것을 빠르게 시도해보고 싶었다. 저속 촬영 카메라를 설치해서 각 공간이 어떻게 사용되는지 보고, 그에 따라 공간을 바꿨다. 나는 어릴 때 경험에서 영감을 얻어 고물상에 가보자고 했다. 그리고 낡은 자동차 부품을 잔뜩 가져와서 이 공간을 꾸몄다. 나중에 '더 거라지The Garage'로 알려진 이 장소는 결국 구글 캠퍼스 내에서 가장 사랑받는 장소가 됐다. 사람들은 브레인스토밍, 대화, 콘서트 기타 창의적인 작업을 위한 모임에 이 장소를 애용했다.

우리가 이 공간을 '만들었다고' 표현하기는 좀 망설여진다. 어찌 보면 이 공간은 저절로 만들어졌기 때문이다. 우리가 바랐던 것은 그저 아이디어 생성과 그걸 실현하는 것 사이의 마찰력을 없앨 방법을 찾는 것이었다. 혁신으로 가는 첫걸음으로서 구글러들이 아이디어를 시제품으로 만들어볼 수 있기를 바랐다. 실험 공간을 실험하다가(너무 '메타'인 걸 알고 있다) 혼돈과 질서 사이의 생생한 균형을 발견했다. 좋은 종류의 위험 부담이 있는 행동에 영감을 줄 수 있는 균형점이었다. 우리는 사람들이 뭔가를 배울 수만 있다면 이것저것 만지고, 옮기고, 심지어 깨부수는 걸 좋아한다는 사실을 알게 됐다. 공간이 유동적이고 유연했기 때문에 지난번에 앉았던 똑같은 지점에 앉아 똑같은 행동을 하는 사람은 아무도 없었다.

구글의 '더 거라지'는 주변 환경이 혁신에 영향을 미칠 수 있다는 사실의 전형을 보여줬다. 나는 수많은 기업으로부터 비슷한 혁신 공간을 만들어달라는 요청을 받았다. 그러나 주변 환경은 실험을 장려하는 측면에서 아주 중요할 수도 있지만, 혁신 공간을 만든다고 해서 혁신이 절로 일어나지는 않는다. 누군가에게 붓을 쥐어준다고 해서 그 사람이 예술가가 되지는 않는 것과 마찬가지다. 머릿속 공간에서 일어나는 일이 혁신을 이끈다. 그리고 그 무대를 마련하는 것은 온전히 깨어 있는 마인드다.

대부분의 사람은 훌륭한 아이디어가 있어야 혁신이 시작된다고 생각한다. 그러나 실제로 혁신이 시작되는 것은 보통 훌륭한 질문을 통해서다. 만약에 우리가 쓰레기를 전혀 만들어내지 않으면 어떻게 될까? 만약에 우리가 '정상적인' 바이오리듬을 버리고 밤낮의 구분 없이 식사를 하고 잠을 자고 일을 하면 어떻게 될까? 만약에 전 세계에 국경이 없다면 어떻게 될까?

문을 통과하기

주변 환경은 실험적 마인드를 갖추는 데 기본이다. 그러나 종종 우리의 관심을 끌려면 극단적 환경이 필요하기도 하다. 미묘한 환경의 변화를 느껴보고 싶다면 문을 통과해야 할 때 어느 한 순간을 골라보라. 문을 지나기 직전에 잠깐 멈춰서 숨을 한 번 들이쉰다. 그리고 문을 통과하면서 지금 들어서는 공간에 무언가 조금이라도 다른 느낌이 나는지 잘 느껴본다. 조명이나 온도 혹은 주변 소음에서 차이가 느껴지는가? 공간의 밀도나 개방성은 어떤가?

이 연습에서 문이라는 부분은 그저 잠시 멈추고 당신이 이제 다른 경험을 하게 될 거라는 사실을 인지하도록 일깨워주는 용도다. 연습을 오래 해보면 더 이상 문이 없더라도 한 공간에서 다른 공간으로 넘어갈 때 무슨 일이 일어나는지 주의를 집중할 수 있을 것이다. 물리적 공간 혹은 정신적 공간을 이동할 때 무언가 새로운 것을 발견하다보면 실험에 대한 걱정 기타 걸림돌을 줄이는 데 도움이 될 것이다.

이런 식의 범위가 큰 질문, 말도 안 되는 질문을 소리 내서 해본 적이 언제인가? 아이들은 시도 때도 없이 대담한 질문을 한다. 현실적인 제약에 주눅 들지 않고 끊임없이 '만약에…'를 궁금해한다. 타고난 선지자들은 어른이 되어서도 계속해서 이런 식으로 세상을 본다. 그들은 어린아이처럼 들릴 각오를 하고 답변의 범위가 활짝 열린 거대한 질문을 던진다. 이런 질문은 현 상태에 의문을 제기하고 다른 이들로 하여금 무엇이 가능할지를 생각해보게 한다.

2016년 미국 항공우주국^{NASA} 사람 몇몇이 구글에 있는 나를 찾아왔다. '10배식 사고$^{10X\ thinking}$'라는 심화 브레인스토밍 기법을 배우기 위해서였다. 이 기법은 점진적 개선이 아니라 10배의 개선을 목표로 했다. 벌써 몇 년째 워싱턴으로부터의 지원이 감소하면서 미국항공우주국은 어려움을 겪고 있었다. 60년에 가까운 NASA 역사상 처음으로 인간을 우주에 보내는 과제도 없었다. 세계적인 수준의 우주비행사들과 과학자들, 수십억 달러어치의 장비를 보유하고 있었으나 훈련이나 계획의 목표가 될 미션이 없었다. 그들은 낙담한 듯 보였고 혁신의 스파크가 사라져버린 듯했다.

나는 이들을 '더 거라지'로 데려갔다. NASA의 리더, 엔지니어, 디자이너 들에게 구글러들과 협업해서 다시 한번 그들의 창의성에 불을 붙일 기회를 주고 싶었다. 그들이 가진 기술이 있어야만 해결될지 모를 다른 문제들에 대해서도 고민해보길 바랐다. 많은 조직이 그렇듯이 NASA도 혁신을 할 수 있는 어마어마한 재원과 인프라를 갖고 있었다. 다만 그들의 전성기를 만들어주었던 '만약에'라는 커다란 호기심으로부터 어느새 멀어진 점이 문제였다. 워크숍 주제로 그들은 우주와 무관한 연습을 골랐다. 그들은 '도시를 다시 상상'해보겠다고 했다.

1970년대에 지어진 지오데식돔$^{geodesic\ dome}$(수많은 평면 삼각형을 이어 붙인 것처럼 생긴 돔 구조—옮긴이)들과 〈우주선 지구^{Spaceship}

^{Earth}〉라는 다큐멘터리에서 영감을 얻은 NASA팀은 어떻게 하면 지구에 자급자족 환경을 조성할 수 있을지를 탐구했다. 화성에서 자급자족 환경을 조성한다고 했을 때 뭐가 필요할지 예측해보기 위해서였다. 이어서 다른 '만약에'들도 고민해보았다. 그중에는 인간이 화성까지 가는 동안의 외로움을 달랠 방법, 시민들에게 우주여행을 홍보할 방법, 이착륙에 사용되는 로켓 설계를 변경해서 우주 탐험을 보다 친환경적으로 만들 방법 등도 있었다. 호기심이 가진 힘을 깨닫고 흥분하는 모습과 달착륙처럼 커다란 꿈을 다시 꾸는 모습을 지켜보고 있으니 보는 사람도 즐거웠다.

안타깝게도 우리에게 큰 영향력을 가진 기관(교육기관, 정부, 직장 등)은 대부분 우리에게 시간이 걸리는 거대한 질문을 탐구하기보다는 단기 성과를 보고하고 확실한 답을 내놓으라고 요구한다. 그러나 새로운 아이디어를 발견하려면 다소 불편하더라도 질문과 실험이 우리를 인도할 때까지 내버려두어야 한다. 장기적으로 보았을 때 이런 질문이 어떤 결과를 낼지는 전혀 알 수 없다. 그러나 이런 질문은 우리의 낙천성에 힘을 보태고, 결국에는 이들 질문에서 흘러나온 실험이 혁신적 돌파구를 이끌어, 이전에는 상상조차할 수 없었던 일들이 실제로 일어난다.

심리적 안전지대를 찾아라

실험을 하지 못하게 우리를 막는 것은 실패에 대한 두려움만이 아니다. 많은 사람이 대담한 질문을 하고 그 답을 찾는 모험을 하지 않는 이유는 남들이 어떻게 반응할지가 두렵기 때문이다. 웃음이 터지거나, 어색한 침묵이 흐르거나, 조롱, 거절, 그보다 더한 것을 받을까 두렵기 때문이다. 갈릴레오를 보라. 팀내 역학관계에 관한[2] 여러 연구에 따르면 잘 운영되는 팀의 멤버들은 자신의 의견이나 걱정을 이야기하고 아이디어를 공유하는 것을 '안전하다'고 느낀다. 심리적으로 이 정도까지 안전하다고 느끼면 더 자신감 있게 속마음을 이야기하고 위험 부담이 있는 일도 추진할 수 있다.

팀원들이 자유롭게 실험을 해도 되고 실험이 응원을 받는다고 느끼려면 역시나 '안전하다'는 느낌이 필요하다. 실험에서 얻는 배움은 두서없이 일어날 수 있다. 두서없는 일을 했다고 남들에게 비난받고 싶은 사람은 아무도 없다.[3] 궁금증을 크게 소리 내서 말해도 되고 통념을 벗어나는 일을 공개적으로 시도해도 된다는 사실을 알기만 해도 실험을 하고 싶은 마음이 한층 커진다.

픽사 애니메이션 스튜디오Pixar Animation Studios는 '심리적 안전psychological safety'을 공개적으로 북돋는 조직문화를 가지고 있다. 솔직한 의견 교환 없이는 평범하거나 부족한 결과밖에 나오지 않는다는 믿음으로 픽사 애니메이션 스튜디오의 설립자들은 일찍부터 '브레인트러스트 미팅Braintrust meeting'이라는 것을 만들었다. 픽사의 영화제작자들이 정기적으로 모이는 이 회의는 프로젝트의 당면 문제 해결에 초점을 맞춘다. 이 미팅만이 가진 독특한 특징은 '전적인 솔직함'이다. 열정적인 크리에이티브 종사자들이 방 안 가득 모여 있는데 '전적으로 솔직해진다'는 게 결코 쉽지는 않을 거라는 게 상상이 갈 것이다.

픽사가 설립되고 30년이 넘는 세월 동안 이 회의는 픽사의 개발 과정에 초석이 되어 왔다. 회의 참석자들은 동료의 정직한 피드백에 위협을 느끼는 게 아니라, 그 피드백을 이용해서 프로젝트의 맹점이나 스토리텔링상의 장애물을 극복한다. 회의 참석자들은 누구나 똑같은 문제를 수없이 겪어본 경험이 있기 때문이다. 이 회의가 아주 큰 효과를 내는 이유 중 하나는 대화의 내용이 사람이 아니라 프로젝트에 초점을 맞추기 때문이다. 회의 참석자들은 마치 옹기종기 모여서 어느 자동차의 후드를 열어놓고 왜 엔진에서 덜그럭 소리가 나는지 알아내려고 애쓰는 한 무리의 정비공들과 같은 자세로 주제에 접근한다. 자존심 싸움 따위는 없다. 그저 '어떻게 해야 이 문제를 해결할 수 있을까?'뿐이다.

브레인트러스트 미팅에서는 다른 곳 같았으면 뼈아픈 비난으로 인식될 말들도 귀중하고 믿을 만한 통찰을 가진 사람들의 솔직한 전문적 도움으로 받아들여진다. 이런 종류의 심리적 안전은 실험에 대해 열린 마음을 갖는 데 아주 중요하다. 그렇지만 이는 집단 상황에서만 해당되는 얘기는 아니다. 머릿속에서도 안전하다고 느낄 수 있어야 한다. 뭔가 좀 다른 걸 해볼까라는 생각을 하다가도 스스로에게 안 된다고 말했던 적이 얼마나 많은가. 우리는 스스로에게 규칙을 넘어서도 된다는 허락을 좀처럼 내주지 않고 그 허락을 남들에게서 구하는 경향이 있다. 남들은 우리의 '미친 아이디어'를 포기하라고 설득하는 경우가 더 많을 텐데 말이다.

보통은 좋은 의도에서 나온 행동이지만, 가까운 사람들은 선택의 결과로부터 우리를 보호하려고 든다. 그러나 이는 우리를 더 안전하게 만드는 행동이 아니다. 오히려 새로운 것을 시도하는 데 자신감만 줄어들게 할 뿐이다. 그렇다면 과연 어떻게 해야 (당신의 머릿속에서, 가족들 사이에서, 당신이 속한 다양한 커뮤니티 속에서) 위험을 감수하고 실험을 해도 된다고 안전하게 느낄 수 있는 환경을 조성할 수 있을까?

나는 이 질문에 대한 답을 오랫동안 찾아왔다. 나는 십 대 때 여러 지역에서 살며 다양한 직업을 시도해보면 내 관심사나 장점을 발견할 수 있으리라 생각했다. 부모님은 이 계획을 썩 마음에 들어 하지 않으셨으나 나는 이 실험이 반드시 필요하다고 생각했다. 지금의 나를 테스트해보아야 미래의 나를 그릴 수 있다고 생각했다. 부모님은 그게 불필요하게 위험한 계획이라고 생각했고, 틀린 생각은 아니었다. 안전망도 없이 움직이고 있다는 사실을 깨달을 때면 나 역시도 두려움을 많이 느꼈다. 예컨대 언어도 모르는 국가에서 새로운 일을 시작할 때면 말이다.

부모님은 내가 하는 일을 온전히 다 응원해주시지는 않았으나 한 가지는 허용해주셨다. 내가 미지의 것을 향해 계속해서 돌진할 수 있는 심리적 안전을 느끼도록 해주신 것이다. 부모님은 이렇게 말씀하셨다. "네가 무슨 일을 하든, 우리는 네 방을 그대로 남겨둘 거야. 그러니 네가 바랐던 대로 상황이 전개되지 않으면 언제든지 돌아와도 돼."

이게 바로 내가 여러분에게 실험을 해도 안전하다고 느낄 수 있는 환경을 머릿속에 조성하라고 말할 때의 의미이다. 극히 개인적으로 내면의 확신을 얻고 나니(이 경우에는 시각적으로 그려볼 수 있는 내용이었다), 실험을 계속해도 된다는 느낌이 들었다. 비록 사람들은 온갖 (흔히 훌륭한) 이유를 들이대며 나에게 다시 상식적인 길을 가라고 했지만 말이다. 부모님은 내가 세계를 돌아다니는 동안 끊임없이 걱정을 하면서도 너그럽게 내 마음을 편하게 해주었다. 이런 부모님의 배려 덕분에 나는 목표를 이루었을 뿐만 아니라, 평생 내가 실험을 해나가는 데 필요하게 될 심리적 안전의 모법답안을 얻었다.

2010년으로 빨리감기를 해보자. 나는 구글에 입사지원을 해놓았다. 리더십과 혁신을 뒷받침할 수 있는 학습 환경 설계를 돕는 자리였다. 장장 4개월에 걸쳐 14회의 전형적인 면접을 치렀고, 마지막 과제는 1만 구글러에게 적용할 수 있는 독창적인 학습 경험을 설계해보는 것이었다. 구글이라는 회사와 직무의 성격을 고려했을 때 이 과제를 독특한 방식으로 풀어내야 한다는 느낌을 받았다. 그래서 아이디어 도출과 시제품 제작, 솔루션 전달이라는 과정 전체를 영상으로 제작하기로 했다.

나는 일주일에 걸쳐 저속 촬영 영상을 제작했다. 작업 과정의 각 단계에 해당하는 색깔별 티셔츠를 입고 내 생각을 설명했다. 지금 그 영상을 보면 약간 잠을 자지 못한 미친 과학자 같은 분위기가 난다. 심지어 색깔 티셔츠가 동나서 아내의 티셔츠를 빌려야 했던 순간도 있었다. 한편으로는 내 프레젠테이션이 발표를 받아들이는 쪽의 과녁을 벗어날 수도 있다는 사실을 알고 있었다. 그러나 다른 한편으로 내 머릿속에서는 이런 식으로 대놓고 실험을 하는 게 온전히 안전하다고 느꼈다. 구글은 나를 채용했다.

여러분이 함께 일하거나 일원으로 있는 집단이 실험에 대한 심리적 안전 확보를 최우선사항에 생각할 수 있게 분위기를 조성하는 것도 매우 중요하다. 남들의 실험을 공개적으로 응원하라. 가족이나 팀, 관련 조직 내에서 실험을 적극적으로 홍보하라. 그곳이 어디가 되었든 몸으로 직접 보여주는 것(실험을 지지하고 내가 직접 실험을 하는 것)이야말로 최선의 홍보이다.

실험은 어떻게 모멘텀을 만들어내는가

실험을 하면 한 단계씩 나아갈 때마다 자신감이 더 강화된다. 당신이 실험을 하고 배움을 얻는 것을 남들이 보면, 그들도 당신이 만들어가는 길을 신뢰하기 시작한다. 그리고 이는 다시 당신이 전진할 수 있는 격려가 된다. (그들 자신도 새롭게 무언가를 실험해볼 용기가 생길 가능성이 크다.) 스탠퍼드대학교에서는 학기가 시작될 때마다 크리에이티브 평가 툴을 사용해서 학생들이 얼마나 편안하게 자신의 미완성 작품을 서로에게 보여줄 수 있는지 테스트한다. 학기 초의 학생들은 늘 걱정이 매우 크다. 그러나 학기가 진행되면서 미완성의 아이디어를 터놓고 공유하는 것에 대해 점점 마음이 편해진다. 학생들은 일찌감치 모여서 피드백을 주고받는 것의 가치를 깨닫고, 그게 앞으로의 의사결정에 도움이 된다는 사실을 알게 된다. 학기가 끝날 때 학생들을 다시 평가해보면, 자신감은 훨씬 더 커져 있고 드러내놓고 당당하게 실험할 수 있는 근육이 키워져 있다.

톰 치는 구글X에서 제품기획 팀장을 지냈다. 제품 개발이 한창일 때 근무했던 그는 실험이 어떻게 모멘텀을 만들어내는지 잘 알고 있다. 실험을 즐기는 톰의 이야기를 들어보자.

끊임없이 실험하는 톰의 이야기

나는 대만에서 태어나 두 살 때 가족들과 함께 미국으로 이주했다. 이후 2년간 중국어와 영어를 떠듬떠듬 배웠으나 둘 중한 가지 언어라도 적극적으로 가르쳐주는 사람이 아무도 없었다. 그래서 학교에 입학했을 때 사실상 말을 거의 못했다. 쓸 수 있는 언어가 없으니 숫자와 그림을 통해 세상을 보았다. 이후 몇 년간 서서히 언어를 배웠지만, 덕분에 살면서 추상적인 언어를 사용하지 않아도 한참 동안 즐거운 시간을 보낼 수 있게 되었다.

그 결과 어릴 때부터 나는 문제를 시각적으로 바라보았고, 개념을 사용하기보다는 손을 사용해서 문제를 해결하고자 했다. 이는 커리어에 아주 큰 영향을 끼쳤다. 만들고자 하는 물리적 대상의 뉘앙스를 완벽하게 표현하지 못할 경우 언어나 추상적 개념 때문에 오히려 길을 잃게 될 수 있다는 사실을 알고 있었기 때문이다. 수많은 물건을 만들기도 하고 남들에게 만드는 법을 가르치기도 했지만, 보통은 무언가를 만드는 데 더 도움이 되는 것은 숫자나 그림이라는 사실을 발견했다.

프로젝트를 시작할 때 나는 이렇게 말한다. "자, 우리가 지금서 있는 곳은 여기고요, 미래에 도착하고 싶은 곳은 저기에요." 그러나 여기에서 저기까지 도달하는 방법은 모른다. 그리고 저기까지 가는 동안 길을 잘못 들어서거나 길을 잃을까봐 걱정이된다. 그러니 게임처럼 접근해보자.

내가 당신에게 주사위를 하나 준다고 치자. 그걸 굴려서 6이 나오면 당신이 게임에 이기는 것이고, 당신에게 100만 달러를지급한다. 근사한 게임이지 않은가? 그러나 6이 아닌 다른 숫자가 나오면 당신이 게임에서 지는 것이고, 나에게 100만 달러를 내야 한다. 이제 당신은 게임을 하고 싶지 않을 것이다. 졌을 때의 리스크와 비용이 너무 크기 때문이다.

좋다. 그런데 이번에는 주사위를 20번 굴릴 수 있다면? 6이 나오면 당신이 이긴다. 20번을 시도해도 6이 나오지 않으면 당신이 진다. 그러면 당신은 "좋아요. 그러면 할게요."라고 말할 것이다. 그러면 나는 "좋네요. 발전했네요."라고 답할 것이다. 당신은 아까는 얼음이 됐다가 이제는 이길 수도 있겠다는 느낌이 든다. 그렇지만 17번, 18번을 던져도 6이 나오지 않는다면 땀이 나기 시작한다.

이 게임의 또 다른 버전이 있다. 이번에는 주사위를 100번 던진다. 100번을 던진다면, 두 번째이든, 열일곱 번째이든, 쉰한 번째이든, 언젠가는 당신이 게임에서 이길 것이다. 이제 당신의 자신감은 하늘을 치솟는다. 이게 뭘까? 이게 바로 당신이 이미 하고 있는 게임이다.

지금 당신이 서 있는 그곳에서 원하는 곳에 도착하기 위해 필요한 것들을 알기까지 여러 번의 시도를 해봐야만 게임에서 이길 수 있을 것이다. 이 게임에서 지는 방법은 아무것도 안 하는 것밖에 없다. 뭐라도 한다면 당신은 문제를 해결하든지, 아니면 이 길이 아니라는 것과 그 이유는 무엇인지를 알게 될 확률이 100퍼센트다. 두 결과 모두 승리다. 왜냐하면 아무리 많이 주사위를 굴린다고 한들 언제나 더 나은 위치가 될 것이기 때문이다. 그저 주사위를 던지고, 또 던지고, 다시 던질 준비만 되어 있으면 된다.

구글 글래스 프로젝트를 시작하던 첫날 팀원들에게 앞으로 10주 동안 우리가 매주 15개의 시제품을 직접 만들 거라고 이야기했다. 팀원이 세 명이었으니 1인당 하루에 하나씩 시제품을 만들어야 한다는 소리였다. 실험의 속도가 그처럼 빠르다 보니, 팀원들은 그 어느 실험의 결과에도 집착하지 않았다. 왜냐하면 내일은 또 다른 것을 만들 것임을 이미 알고 있었기 때문이다. 그 덕분에 팀원들은 중립적인 태도로 한 실험에서 다음 실험으로 유연하게 옮겨갈 수 있었다.

그러나 프로젝트의 지도부는 그렇게까지 개방적이지 않았다. 지도부는 처음부터 특정 아이디어(그들의 추측)에 집착했고, 우리가 그들의 생각과 충돌하는 결과물을 내놓으면 "아니오, 가서 다시 시도해보세요."라고 말하곤 했다. 나는 속으로 이렇게 생각했다. '방금 그 실험의 결과는 사실상 쓰레기라는 걸 보여줬는데도 다른 걸 시도해보는 게 아니라 효과가 없는 그걸 다시 또 시도하라고? 그런 식으로는 아무것도 배울 수 없어.'

매일이 똑같았다. 우리 팀이 "이게 오늘 저희가 실시한 새로운 실험 세 가지입니다."라고 말하면, 지도부는 "그런데 2개월 전에 내놓았던 그 XYZ 아이디어는 어때요?"라고 했다. 우리 팀은 믿기지 않을 만큼 빠른 속도로 실질적인 결과물을 내놓고 있었으나, 지도부는 본인들의 추측에만 매달렸다. 한번은 이렇게 말하기까지 했다. "XYZ 아이디어를 바탕으로 추진해보는 게 어때요?" 나는 이렇게 말했다. "3주간 그 아이디어를 광범위하게 테스트했지만, 실제 결과가 그 아이디어는 아닌 것으로 나왔습니다." 지도부가 다른 의사결정을 내릴 수 있도록 우리 팀은 수많은 데이터를 공급하고 있었지만, 그들은 완고하게 자신들만의 프레임에 갇혀서 다른 말은 어떤 것도 들으려 하지 않았다.

당시의 경험에서 배운 것들을 나는 실험에 관한 세 가지 구호로 요약했다.

1. 추측은 실험이 되고, 실제는 의사결정이 된다.
2. 집착은 혁신의 적이다.
3. 구체성은 혁신의 친구다.

구체성은 실험의 성공을 어떻게 규정할 것인가와 관련된다. 사람들은 실험이 인기가 있느냐에 초점을 맞추는 경우가 많다. 내 실험을 좋아하지 않는다면 실패한 것이고, 좋아하면 성공한 것이라고 말이다. 그래, 모두가 내 실험을 좋아했다고 치자. 그것 말고는 다른 구체적인 사항이 아무것도 없다면, 그걸 가지고 다음에 무엇을 하고 어떻게 개선할지 전혀 알 수가 없을 것이다.

내가 어느 시제품을 테스트했는데 사용자가 "아, 괜찮더라고요."라고 말했다고 치자. 왜 좋은지 추가 질문을 통해 구체적인 내용을 알아내지 않는다면, 해당 경험에서 어떤 부분이 만족스럽고 어떤 부분은 불만인지 더 중요한 정보를 알 수가 없을 것이다. 바로 그 정보, 즉 구체적 내용은 인기 측정 대회에서 큰 주목을 받지는 못할 수도 있으나 나를 즉시 명확한 다음 단계로 이끌어줄 것이다. 앞으로 나아갈 추진력이 생길 것이고, 이게 바로 애초에 우리가 실험을 하는 목적이다.

구글을 떠난 후 나는 컨설팅 회사를 차렸다. 많은 사람에게 빠른 실험과 시제품화prototyping에 관해 내가 아는 내용들을 가르쳤다. 그다음에는 벤처캐피털을 차렸다. "인류가 자연에 순 긍정요소Net Positive가 되도록 돕는" 기업에 투자하는 회사다. 우리 회사의 투자는 인류와 자연 사이의 관계를 근본적으로 바꾸고, 산업 경제에서 자연 파괴적 요소들을 제거하는 데 중점을 두고 있다. 한 예로 우리는 위험하리만치 많은 꿀벌을 죽이는 바이러스에 대처할 꿀벌 백신을 개발한 스타트업에 자금을 대고 있다. 나는 현실을 안다. 내가 이루고자 하는 일이 내 생애에 다 이뤄지지는 않을 것임을 알고 있다. 지금으로서는 미래를 향한 가능성이라는 드넓은 최전방에서 활동하는 기업들과 함께 실험을 통해 배우고 있는 중이다. 나는 이 일이 아주 즐겁다.

테스트하고, 시제품화하며, 반복하라

실험의 핵심은 미래에 대한 비전을 갖고, 그 비전에 대한 실험용 가정들을 테스트하고, 효과가 있는 것과 없는 것이 뭔지 알아낸다. 특히 실험은 다음과 같은 도움을 준다.

- 의견을 팩트로 바꿔준다.
- 가정이 옳은지 그른지 밝혀준다.
- 타깃 고객에 관한 놀랄 만한 사실을 알려준다.
- 더 많은 정보를 바탕으로 의사결정을 내리게 해준다.
- 내가 하고 싶은 이야기의 데이터를 공급한다.

테스트와 시제품화는 '실험에 실패는 없고 배움만이 있다.'를 전제로 한다. 테스트와 시제품화는 배움의 속도를 극대화하도록 도와준다. 시도를 많이 할수록 더 많이 배울 수 있다. 테스트는 의사결정에 도움이 될 데이터를 빠르게 수집하게 해준다. 아이디어를 수정할지, 그대로 진행할지, 놓아줄지 결정하게 만든다. 시제품화를 해보면 아이디어에 너무 많은 것을 투자하기 전에 두 가지 중요한 정보가 드러난다. 바람직한 아이디어인지, 효과가 있을 아이디어인지가 그것이다. 간단히 말해서 테스트와 시제품화는 무언가를 모르는 상태에서 확실히 아는 상태로 가는 길을 놓는다.

그 과정은 어떻게 될까? 먼저 '비약적 신념leap of faith'에 해당하는 가정을 찾아내야 한다. 즉 당신의 아이디어가 성공하는 데 가장 중요하다고 생각되는 실험용 가정을 찾아내야 한다. 실험용 가정 이란 무언가의 작동 원리일 거라고 믿고 있는 내용이다. 그런 다음 최소한의 자원만 사용해서 그 가정을 테스트할 수 있는 실험을 진 행한다. 결과를 평가할 때는 실험용 가정이 유지되든 안 되든, 놀 랄 만한 관찰 내용이나 새로 발견한 통찰은 무엇이든 기록한다. 그 런 다음 아이디어를 바꾸거나 방향을 틀지, 아니면 유지하고 실험 을 계속할지 결정한다.

하나의 아이디어를 테스트하기 위해서는 수많은 접근법을 시도 해보아야 한다. 연속적으로 빠르게 시도하면서, 어느 방법은 효과 가 있고 어느 방법은 효과가 없는지 알아낸다. 그렇게 알아낸 내 용을 바탕으로 후속 테스트를 결정하는데, 후속 테스트는 아이디 어를 더 다듬을 수도 있고 완전히 바꿀 수도 있다. 하지만 그 전에 내가 가진 가정들부터 밝혀내야 한다.

일반적으로 우리의 세계관은 과거의 경험을 바탕으로 쌓아온 수백만 개의 가정으로 구성된다. 우리는 나에게 일어나는 모든 일 에 본능적으로 반응하는 것이 아니라, 내가 가진 가정에 비추어 각 경험을 필터링해서 그에 맞는 반응을 선택한다. 일상생활에서 내 가정을 테스트해보는 경우는 아주 드물다. 내가 가진 가정들을 테스트하려면 막대한 시간이 소요되기 때문이기도 하고, 알고 싶 지 않거나 보고 싶지 않은 무언가를 발견하게 될 가능성도 있기 때문이다.

　나라는 존재의 토대가 되는 수많은 가정은 우리에게 위안과 확실성을 제공한다. 뇌가 가정을 그토록 좋아하는 것도 놀랄 일이 아니다. 그러나 생각을 넓히고 새로운 아이디어를 탐구하고 싶다면, 해당 아이디어와 관련된 나의 가정들을 몽땅 찾아내서 하나씩 전부 다 테스트해보아야 한다. 중요한 것은 내가 뭘 모르는지 모르고 있고, 테스트는 그걸 밝혀줄 수 있다는 점이다.

　테스트란 딱 맞는 신발 하나를 찾기 위해 100개의 신발을 신어보는 게 아니다. 내 가정이 맞다는 걸 재확인하려는 것도 아니다. 아이디어와 관련해서 가정이 옳은지, 과연 얼마나 가치가 있는지를 평가하려는 것이다. 어느 가정이 옳다는 결과뿐만 아니라 말도 안 되게 흠이 있다는 결과를 받게 될 것에도 준비가 되어 있어야 한다. 그런 다음에 그다음 가정으로 넘어가야 한다. 테스트를 하고, 또 하고, 또 해야 한다. 때로는 가정을 완전히 뒤집거나 거꾸로 돌려야 할 수도 있다. 실험이 혁신이 되기 위해서는 이처럼 엄중한 발견의 단계를 거쳐야 한다.

　테스트를 할 때는 어떤 것이 효과가 있는지 배움을 얻고, 그대로 실천해본 다음, 더 많은 테스트를 한다. 이는 야구 선수가 타석에 설 때마다 하는 일이다. 삼진을 당하든, 볼넷으로 걸어 나가든, 안타를 치든, 타자는 투수에 대한 정보를 수집한다(어떤 구종을 던지는지, 구질이 얼마나 좋은지 등등). 다음 타석에서는 그 정보를 이

배움을 시각화하기

얼마나 자주 자신의 가정을 의심하는지, 그리고 그때마다 무엇을 배우는지 시각화해보는 것이 도움이 될 수 있다.

병 두 개와 M&M 초콜릿 한 봉지를 준비한다. 한쪽 병에는 '가정'이 라고 쓰고, 다른 쪽에는 '배움'이라고 쓴다. 가정을 하나 테스트할 때마다 M&M 하나를 가정 병에 떨어뜨린다. 가정을 테스트한 다음에는 이 경험으로부터 배운 것의 개수만큼 M&M을 배움 병에 떨어뜨린다. 양쪽 병, 특히 배움 병이 차오르는 것을 지켜보라.

예를 하나 들어보자. 은행에 갈 일이 있다. 나는 은행에서 드라이브 업drive-up(차에 탄 채로 용무를 처리하는 서비스—옮긴이) 창구 이용을 꺼리는 편이다. 직접 은행 안으로 들어가는 것보다 더 불편하다고 생각하기 때문이다. 나는 이 가정을 테스트해보기로 했다. 그래서 드라이브업 창구에 서 있는 차 두 대 뒤로 내 차를 대고 줄을 섰다. 실제로 건물 내부로 들어가는 것보다 몇 분의 시간이 더 걸린다는 것을 발견했다. 그러나 차에서 기다리는 동안 간단하게 통화를 하거나 음악을 들을 수 있다는 사실도 발견했다. 은행 로비에서 자동으로 흘러나오는 클래식 음악을 들을 필요가 없었다. 또한 은행에 가는 길에 구입한 뜨거운 커피도 계속 즐길 수 있었다. 가정 병에는 M&M 하나를, 배움 병에는 M&M 세 개를 넣었다.

용해 접근법을 수정할 것이다. 물론 투수 역시 타자가 타석에 설 때마다 해당 타자에 대한 정보를 수집한다(어느 구종에 배트가 나오는지, 얼마나 참을성이 있는지 등등). 그리고 이 정보를 이용해서 해당 타자에 대한 접근법을 바꿔간다. 두 사람 사이에서는 경기당 7~8회 정도의 테스트가 진행된다. 그리고 다음날 처음부터 다시 테스트가 시작된다.

테스트란 미래로 가는 실험의 길에 자주 등장하는 작은 리스크들을 다수 감수하는 일이다. 첫발을 떼는 게 어려울 수 있으므로 첫 번째 테스트는 아주 쉬운 걸로 골라야 한다. 이렇게 하면 무언가를 생각만 하는 것과 실제로 해보는 것 사이의 장벽을 낮출 수 있다. 한 예로 우리 가족은 한동안 가족 농장을 운영해보면 어떨까 하는 이야기를 나눴다. 좀 더 친환경적으로 먹거리를 마련해보자는 의도였다. 호락호락한 일이 아니라는 걸 알고 있었기 때문에 먼저 작은 온실을 하나 만드는 것부터 시작했다. 언제 어떤 작물을 함께 키우면 잘 자랄지 알아볼 수 있는 방법이었다.

이렇게 작은 것부터 한 발 내딛면 그때부터는 속도가 붙는다. 계속되는 테스트 모드가 익숙해지면 테스트를 더 빠르게 더 객관적으로 할 수도 있다는 사실을 알게 될 것이다. 테스트를 할 때마다 생기는 배움을 통해 아이디어는 점점 더 예리해질 것이다. 아니면 아이디어가 바뀌거나 이제는 그 아이디어는 그만 놓아줘야 한다고 설득될 수도 있다. 이는 테스트를 통해 무엇을 알게 되느냐에 따라 달라진다.

빠르게 실패하는 법

구글에서 일했던 존 랫클리프는 요즘 그의 표현에 따르면 "일단 시도해보고 어떻게 되는지 보자는 주의"인 미디어 회사를 운영 중이다. "아마 1년에 실험을 10만 개는 할 거예요." 그의 말이다. "우리가 만드는 영상들은 하나 같이 100번 정도는 시행착오를 거친 것들이에요. 모든 변수를 다 고려해보는 거죠. 개발자들은 수많은 시간과 돈을 들여서 테스트를 진행해요. 예상치 못했던 귀중한 정보를 얻을 테고 그걸 다른 식으로 활용할 수 있을 거라는 사실을 아니까요. 개발자들은 본인의 실험 프로세스를 확신하기 때문에 기민하고 현명하게 움직여요."

테스트를 학교 다닐 때 같은 반에 있던 컴퓨터 천재라고 치면, 시제품화는 운동부나 연극부, 재즈밴드에 속하던 친구라고 생각하면 된다. 퍼포먼스를 보여주는 친구 말이다. 시제품화는 당연히 디자인 지향적이다. 시제품화는 무언가 예컨대 어떤 제품이나 프로세스에 대해서 당신이 품고 있는 비전을 물리적으로 테스트해준다. 시제품화를 해보면, 당신의 아이디어가 어떤 모습을 띄게 되고, 어떻게 작동하며(혹은 작동하지 않으며), 탐구를 계속할 만큼 마음에 들지 아닐지를 알 수 있다.

시제품화는 실리콘밸리의 오래된 구호와도 관련이 있다. "빠르게 실패하라^Fail fast." 시제품화를 빠르게 반복적으로 사용해서 어느 콘셉트의 흠결이나 약점을 찾아내든지 아니면 해당 콘셉트는 전혀 가치가 없다는 걸 증명하라는 뜻이다. 그러나 실험의 목적이 실패는 아니다. 실험의 목적은 배움이다. 시제품화는 흥미로운 아이디어를 찾아내고, 그걸 구체적이고 실질적인 방식으로 탐구하며, 지금 당장 효과를 볼 수 있는 것과 아닌 것을 구별하는 데 도움을 준다.

나는 시제품화가 대화와 비슷하다고 생각한다. 콘셉트를 제시하고, 즉각 피드백 수집한 다음 수정하고, 다시 콘셉트를 제시하고 논의한다. 해당 콘셉트가 옳은지 그른지 절로 드러날 때까지 이 과정이 계속 이어진다. 결국 무언가를 세상에 내놓고 싶다면, 지금 당장 그것에 관한 대화를 시작해야 한다. 그래야 그 아이디어 뒤에 숨어 있는 무수히 많은 함의를 탐구하기 시작할 수 있다.

시제품화의 핵심을 알려주려고 할 때 스탠퍼드대학교 디자인스쿨에서는 학생들에게 종이와 플레이도Play-Doh(어린이용 색깔 점토)를 나눠주고 10분 안에 게임을 하나 만들어보라고 한다. 그러면 학생들은 두어 가지 게임 규칙을 생각해내고, 점토를 이용해 게임의 구조를 전달한다. 게임 방법을 보여주는 영상을 제작하는 경우도 있다. 아주 기초적인 시제품화를 통해서 학생들은 본인이 가지고 있는 가정을 알아내기 시작한다. 그리고 자신의 아이디어에서 무엇은 효과가 있고 무엇은 가정이 깨지는지 빠르게 발견한다.

당신의 시제품이 지금 어떤 가정을 테스트하고 있는지 계속 생각하면서, 가정의 숫자를 차츰 줄여나가야 한다. 아이디어가 성공하는 데 가장 중요하다고 생각되는 단 하나의 가정, 즉 '비약적 신념'에 해당하는 가정만 남을 때까지 계속한다. 예를 들어 하늘에 떠다니는 책상을 통해서 '장소에 구애받지 않는 업무 처리'의 개념을 극적으로 확대하겠다는 아이디어가 있다고 치자. 당신은 이게 아주 멋진 아이디어라고 생각하지만, 사람들이 거기서 일하고 싶어 할지 확신이 없다. 이 아이디어를 먼저 시제품으로 만들어본다면 이에 대한 사람들의 욕망을 빠르게 확인하는 데 도움이 될 테고, 어떤 식으로 디자인해야 할지 귀중한 정보를 얻을 수 있을 것이다. 이때 당신의 '비약적 신념'은 무엇일까? '사람들은 높이 올라가는 것을 좋아한다. 높으면 전망이 좋기 때문이다. 호텔방이나 아파트의 층수가 높을수록 가격이 비싼 것도 그 때문이다.'이다. 중심 가정이 무엇인지 확인하고 시제품을 사용자들의 손에 쥐어주면 구체적인 피드백을 얻을 수 있다. 그 아이디어를 계속 추진해야 할지 아니면 포기해야 할지 결정하는 데 필요한 진짜 데이터를 얻을 수 있다.

시제품화는 가정을 밝혀내는 것 외에도 두 가지 기본적인 사항을 묻게 된다(그리고 이에 대한 답을 할 수 있게 도와준다). '사람들이 이걸 원할까? 이건 어떤 식으로 작동해야 할까?'이다. 시제품을 만들 때는 실제로 만드는 방법도 있고 만든 척하는 방법도 있다. 물건의 외관이나 기능을 가짜로 만들면 아이디어를 더 빠르게 검증할 수 있다. 빠르고 값싸게, 혹은 물건을 부분적으로 만들면 디자인이나 니즈에 관한 기본적인 몇 가지 질문에 대한 답이 나온다.

학생 중에 직장에서 성가신 문제가 있어 그걸 해결할 수 있는 빠른 실험을 설계한 친구가 있었다. 구글의 크리텐던 캠퍼스에서는 하루 중에 회의나 영상회의실을 찾기가 힘든 시간대가 있었다. 그러면서도 개인 사무실들은 하루 중 많은 시간이 텅텅 비어 있었다. 이 학생의 아이디어는 사람들이 빈 사무실을 간단하고 직관적으로 공유할 수 있게 만드는 것이었다. 말하자면 에어비앤비 스타일로 말이다(단 무료로). 이 학생의 비약적 신념은 '방법만 쉽다면 사무실을 가진 사람들이 기꺼이 공간을 공유하려 할 것'이라는 것이었다.

학생은 조그마한 플라스틱 카드 꽂이를 열 개의 사무실 밖에 놓아두었다. 각 꽂이에는 '곧 시작됩니다'라는 노란색 카드를 끼웠다. 다음으로 사무실 주인의 책상에 본인의 아이디어를 설명하는 안내문을 남겨두고 이 실험에 동참해주겠는지 물었다. 다음으로 학생은 노란색 카드를 녹색 카드로 바꾸었다. 녹색 카드에는 '비어 있음/업무 중'이라는 글씨와 함께 사무실 이용 가능 시간을 표시할 공간을 남겨두었다. 학생은 사무실 주인들 중에 오직 한 명만이 참여 의사가 없고 나머지 아홉 명(과 사무 공간이 필요한 많은 이들)은 첫날부터 참여 의사가 있다는 걸 금세 알게 됐다. 비용을 전혀 들이지 않고 많은 것을 알게 해준 시제품 덕분에 가정은 옳은 것으로 드러났고, 더 효율적이고 효과적으로 사무 공간을 사용할 수 있는 길이 놓였다.

　하늘에 떠다니는 책상 아이디어의 시제품을 만들려면 높은 빌딩 꼭대기에 책상을 하나 가져다 놓고 일주일 동안 누군가 거기서 일을 하도록 시켜보는 방법도 있을 것이다. 그러면 그렇게 높은 곳은 바람이 세게 분다는 걸 금세 알게 될 것이다. 그리고 화장실이나 식수대 같은 편의시설이 없는 것도 문제이고 인터넷 등의 접근성도 문제가 된다. 그러나 전망만큼은 당신이 예상했던 것보다도 사용자에게 더 큰 호소력을 가졌다. 빠르게 가짜 시제품을 만들어서 이 아이디어를 테스트해보았더니 충분한 정보가 생겼고 당신은 아이디어를 다듬어서 다시 테스트해보기로 했다.

　시제품을 실제로 제작한다면 어느 정도의 자원 투자가 필요하다. 시간, 재료, 그리고 보통 뜻있는 참가자 몇 명이 필요하다. 핵심은 최대한 적은 자원을 사용해서 많은 정보를 빠르게 얻음으로써 아이디어를 계속 추진하는 것이다. 한번은 구글 글래스 개발팀이 핸드 제스처 컨트롤 hand gesture control 구현을 고려한 적이 있었다. 개발팀은 낚싯줄과 머리끈, 젓가락, 사무용 집게, 화이트보드를 이용해 45분 만에 시제품 하나를 뚝딱 만들었다. 이 간단한 실험을 통해서 개발팀은 제스처 기반의 조작 방식이 내 몸을 쓰는 측면에서나, 사람들이 있을 때나 얼마나 어색할 수 있는지 충분히 알게 됐다. 그 결과 이 기능에 관한 논의는 금세 사라졌다.

　디스쿨에서는 "내 생각이 맞는 것처럼 시제품을 만들고, 내 생각이 틀린 것처럼 테스트하라."는 말을 자주 한다. 시제품화를 나에게 답을 줄 질문처럼 생각하라. 그리고 테스트는 결함 탐지기처럼 생각하라. 이 둘은 실험의 강력한 툴이다.

리스크를 감수해야 기회가 보인다

리스크를 좋아하는 사람들이 있다. 또 기를 쓰고 리스크를 피하는 사람들도 있다. 당신이 후자에 속한다면, 리스크를 좋아하는 성향을 키울 필요가 있다. 여기서 말하는 리스크란 비행기에서 자유낙하는 종류의 리스크가 아니라 주사위를 던지는 것과 같은 리스크이다. 다만 많이 던져야 한다. 왜냐하면 실험이란 기본적으로 똑똑한 방식의 주사위 던지기인데, 그중에서도 연속적으로 던지는 주사위 던지기이기 때문이다. 그러니 우리는 리스크를 편안하게 여겨야 할 뿐만 아니라 리스크를 거는 데 능해져야 한다.

리스크를 찾아다닌다고 했을 때 가장 쉬운 방법 중 하나는 일상의 루틴을 뒤흔드는 것이다. 먼저 하루 중에 습관적으로 하는 활동이나 행동을 모두 확인해서 꼼꼼한 지도를 만들어라. 아침에 눈을 떠서 밤에 잠들 때까지 아마 의사결정과 행동의 참고가 될 습관이 수십 가지는 나올 것이다. 그렇다. 당신은 습관의 노예다.

그 지도에서 항목을 하나 골라, 그 일 대신에 할 수 있는 전혀 다른 일 다섯 가지를 적어라. 그리고 매일 하나씩 해나가라. 처음에는 약간 불편한 기분이 들 것이다. 짜증이 날 수도 있다. 당신은 늘 하던 대로 하고 싶은데 말이다. 그렇지만 다른 일을 할 때마다 당신은 평소의 리듬을 약간 벗어날 테고, 이전 같으면 눈치 채지 못했을 것들을 보고 느끼게 될 것이다.

내 친구들이 놀리곤 했던 나의 버릇(이걸 버릇이라 부를 수 있을지 모르겠다)이 하나 있었다. 한 번 갔던 식당이나 호텔은 다시는 가지 않고, 어디를 갈 때도 같은 길을 두 번 택하지 않는다는 것이다. 나는 이미 오래 전에 '나에게는 매일 무언가 새로운 것을 발견하는 게 무언가에 익숙해지는 것보다 중요하다.'라고 결정했다. 무얼 마주칠지 모른다는 것은 설레는 일이다.

우리는 명확하게 규정된 목표와 성공 지표를 중심으로 삶의 대부분을 보냈기 때문에 그런 것 없이 행동하는 게 불안할 수 있다. 내 수업 중에 '래디컬 에이전시$^{Radical\ Agency}$와 함께하는 디자인'이라는 수업이 있다. 이 수업은 시작할 때 학생들에게 빈 강의 계획표를 주면서, 에이전시의 성격을 이해하기 위한 경로는 학생들 스스로 그려나갈 거라고 분명히 알려준다. 처음에는 다들 기겁을 한다. '뭐, 과제가 없다고? 학점 산정 기준이 없다고?' 그러나 결국에는 이 애매모호한 경험을 헤쳐 나갈 방법을 찾아낸다.

핵심은 잘 닦여 있는 길을 버리는 것이다. 그런 길은 익숙하고 즐겁게 보일지는 몰라도, 새로운 발견의 적이다. 계획하지 않았고

리스크를 선택하기

등반가, 곡예사, 증권사의 옵션 거래 담당자에게 깨어 있는 모든 시간은 리스크 그 자체라고 해도 과언이 아니다. 그들이 자신의 일을 잘하는 이유는 리스크를 조절하거나 없앨 수 있기 때문이 아니다. 리스크를 정면으로 마주할 수 있기 때문이다.

미래를 지향하고 싶다면, 불편한 리스크에 익숙해져야 한다. 자신이 없거나 불확실한 결과가 두려워서 평소에 회피하는 상황이나 활동을 찾아내라. 그리고 당신을 그 상황에 노출시켜라. 여러 사람 앞에서 말을 해야 한다고 생각하면 진땀이 나는가? 다음번 프레젠테이션은 당신이 하겠다고 하라. 돈에 관한 이야기를 싫어하는가? 상사에게 연봉을 올려달라고 하라. 모르는 사람들 사이에 있으면 어색한가? 파티에 가서 모르는 사람 다섯과 대화를 하기 전에는 나오지 마라. 스스로 '선택'한 리스크를 한 번 경험할 때마다 미래에 분명히 마주치게 될 예상치 못한 리스크에 대해서도 조금 더 준비가 될 것이다.

어디로 튈지도 모를 경험을 할 기회를 찾아내라. 목적지 없이 운전을 해보라. 어딘가(박물관, 새로운 동네, 공원, 정원 등등)에 가서 길을 잃어봐라. 계획도, 해야 할 일도 없이 휴가를 지내봐라. 불확실한 상태 속에 사는 데 점점 익숙해지면, 리스크나 실험에 대해서도 조금 더 준비가 되고 마음이 열리는 게 느껴질 것이다.

2013년 3월 25일 오후 6시 정각 나는 스탠퍼드대학교와 칠레 교황가톨릭대학교에서 온 80인의 젊은 기업가, 학생, 교수와 함께 기업가호E-Ship, Entrepreneurship에 올라 푼타 아레나스에서 파타고니아(말그대로 세상의 끝이다)를 향해 출항했다. 우리의 미션은 이 시간과 기회를 이용해서 해당 지역이 경험하고 있던 창의성과 관련된 문제들을 함께 탐구하고 혁신적인 솔루션을 찾아보는 것이었다. 실험에 관한 수업 도중 우리는 이 여행에서 가장 거칠었던 파도를 만나 고생을 했다. (나를 비롯해 많은 사람이) 심한 멀미를 앓기도 했지만, 테스트와 시제품화, 리스크 감수에 관해 귀중한 교훈도 얻었다.

파타고니아에서 관찰했던 것 중에 깊은 인상을 남긴 것이 있다. 펭귄이 물에 뛰어들 때는 먹이를 발견할 가능성이 50퍼센트이고, 포식자에게 잡아먹힐 확률이 50퍼센트다. 그런데도 늘 펭귄 한 마리는 얼음에서 물로 뛰어내린다. 그러면 다른 펭귄들은 이 펭귄이 먹이를 가지고 돌아오거나 아니면 애쓰다 죽는 모습을 가만히 지켜본다. 어마어마한 리스크가 있는 행동이지만, 결과에 관계없이 집단 전체에 매우 중요한 정보를 제공하는 행동이다.

이 상황의 흥미로운 측면은 두 가지다. 첫째, 용감한 펭귄은 무슨 일이 일어나는지 보려고 발만 살짝 담가보지 않는다. 그냥 뛰어든다('올인'이다). 마치 물고기를 잔뜩 입에 물고 돌아오게 될 거라고 철썩 같이 믿고 있는 것처럼 말이다. 이게 바로 낙천성이다. 둘째, 첫 번째 용감한 펭귄이 불운한 종말을 맞으면, 다른 용감한 펭권이 얼음 끝으로 가서 물로 뛰어든다. 새로운 데이터를 수집하기 위해서다. 이게 바로 용기다.

모든 조직은 (그리고 펭귄 군집도) 리스크를 감수하는 사람에게 의존한다. 그들이 미지의 세계를 모험하고 돌아올 때 가져온 정보는 모두의 앞길에 빛을 비춰준다. 나는 파타고니아에서 목격한 용감한 펭귄들에게 너무나 깊은 감명을 받아서 구글에 '펭귄어워드 Penguin Award'라는 것을 만들었다. 리스크를 감수하고 남들이 새로운 것을 알 수 있게 도와준 사람들의 공로를 인정하는 상이다. 펭귄어워드 수상자들은 비전통적인 접근법으로 마케팅 캠페인을 벌이고, 테스트되지 않은 방식으로 내부 소통을 하며, 전혀 새로운 방식으로 팀 회의를 운영했다. 이들 한 사람 한 사람이 공동체의 용기를 대변한다고 생각한다.

예술가이자 전직 구글러인 세스 마빈은 리스크를 감수하는 게 자유를 줄 수도 있다는 사실을 발견했다. 그의 이야기를 들어보자.

끊임없이 실험하는 세스의 이야기

고등학교 3학년 때 나는 에콰도르 키토로 교환학생을 떠났다. 하루는 아직 탐험하지 못한 정글 지역으로 가는 버스를 탔다. 이곳의 버스는 특이하다. 정류장이 가까워오면 버스가 속도를 늦추고 그러면 사람들이 뛰어오르거나 뛰어내린다. 버스가 계속 달리는 동안에 말이다. 대도시에서는 종종 승객들이 시장에 내다팔거나 집으로 가져갈 농산물이나 수공예품 짐 꾸러미를 들고 탄다. 그러면 사람들이 버스에 올라타는 사이 승차 보조원이 짐 꾸러미를 받아서 버스 꼭대기로 집어던진다.

버스가 흙길을 따라 내려갈 때 나는 버스 뒷좌석 가운데 의자에 앉아 있었다. 멀미가 나기 시작했다. 사람들이 꽉 들어찬 버스는 덥고 답답했다. 버스를 내리지 않으면 토할 것 같았지만 내릴 수가 없었다. 버스를 내리면 운전사가 나를 길가에 버려두고 가버릴 것임을 알고 있었다. 창밖을 바라보며 속으로 생각했다. '지금 나한테 필요한 건 신선한 공기야. 창문까지만 갈 수 있으면 창밖으로 나가서 짐들이 쌓여 있는 버스 꼭대기에 올라갈 수 있을 거야.' 그래서 버스가 사람들을 더 태우기 위해 속도를 늦췄을 때 사람들을 비집고 가장 가까운 창으로 갔다. 그리고 창밖으로 기어나와 버스 지붕에 올라갔다.

수많은 박스와 가방 사이에 자리를 잡고 앉았다. 자유의 기운이 훅 느껴졌다. 그제야 숨을 좀 쉴 수 있었다. 주위의 나무와 하늘도 눈에 들어왔다. 이 순간을 잊지 못하는 것은 상황이 아무리 불리하더라도 내게는 그걸 바꿀 힘이 있다는 걸 배웠기 때문이다. 내 운명을 결정하기 위해 나는 무언가를 할 수 있다. 그날 이후 나는 리스크가 따르는 일도 내가 옳다고 느낀다면 해봐도 된다는 확신이 생겼다. 이후 내 삶에는 수많은 가능성이 열렸다. 상황이 어떠하든 내가 기꺼이 리스크를 감수한다면 바꾸지 못할 일이 없다는 마음으로 모든 일에 접근했기 때문이다. 뜻하지 않게 선택권이 별로 없거나 활동 반경이 제한되어 보이는 상황을 마주치면 나는 이렇게 말한다. "안 될 게 뭐야?"

2006년, '검색의 질'과 관련된 업무를 하려고 구글에 입사했을 당시 구글러는 6,000명이었다. 1년 후에는 1만 2000명이 되었다. 나는 이렇게 빠르게 직원 수가 증가할 때 지역사회에 미칠 수 있는 잠재적 파급효과에 관해 생각을 많이 했다. 여러 직원과 이야기를 나눴다. 구글이라는 울타리 밖의 세상에서 일어나는 일에 비하면 우리는 구글러로서 너무나 많은 혜택과 자원을 누리고 있다는 얘기도 했다. 그리고 열정과 문제 해결 능력, 창의적 에너지의 일부를 지역사회 문제 해결에 사용할 방법을 찾는 구글러가 많다는 사실도 금세 알게 됐다. 나는 속으로 생각했다. '안 될 게 뭐 있어?'

회사 지도부와 매니저들이 내 아이디어를 추진해보라고 격려해주었다. 나는 시범삼아 지역사회 봉사활동을 함께 시작할 팀을 꾸렸다. 첫 해에는 일주일 만에 전 세계 3,000명의 직원과 지역 단체가 봉사활동에 자원했다. 처음 두 해 동안은 예산도

전담 직원도 없었지만, 우리는 결국 봉사활동 조직을 만들어냈고, 그게 지금의 구글서브^{GoogleServe}다. 덕분에 전 세계 20만 명에 가까운 구글러가 1년에 한 달간 봉사 기회를 갖는다.

내가 구글서브를 이끌었던 10년 동안 우리는 계속되는 하나의 실험처럼 이 운동에 접근했다. 우리는 시제품을 만들고, 테스트를 하고, 수정과 반복을 거듭하며, 효과가 있는 운동은 무엇이고 어떻게 하면 더 큰 파급력을 미칠 수 있을지 계속해서 더 많은 정보를 수집해나갔다. 초창기에는 구글의 문화 자체가 여러 가지를 빠르게 내놓는 게 우선순위였다. 그러나 이 활동을 추진해보니, 지역사회 파트너 기관들이 운용할 수 있는 인력이 워낙 적은 경우가 많아서 관계를 구축하고 잠재적 파급력을 평가하는 데 시간을 좀 더 들여야 한다는 사실을 알게 됐다. 그리고 우리가 정말로 지역사회에 도움이 되고 있는지 아니면 오히려 피해를 주고 있는 것은 아닌지 자주 멈춰서 생각해보는 것도 중요했다. '좋은 일을 하고 싶다'고 해서 반드시 의도한 결과가 나오는 건 아니라는 사실을 염두에 두어야 했다.

우리에게 동력이 되어준 것은 낙천성과 미래에 대한 비전이었다. 미래에는 봉사활동이 직장 문화의 필수불가결한 일부가 될 것이고, 구글러들도 사회에 끼치는 긍정적 영향력을 다른 그 어느 지표보다 중요한 사업의 동력으로 보게 될 거라는 비전이었다.

처음에 우리는 '마음과 손길$^{hearts\ and\ hands}$'이라고 이름 붙인 봉사활동을 테스트했다. 공원을 청소하고 학교에 페인트칠을 하고 나무를 심는 활동이었다. 이 봉사활동은 팀 조직력 강화에도 좋고, 지역사회 파트너 기관들에게도 도움이 되는 일이었다. 그다음으로 우리는 재능 기부 형태의 봉사활동(웹사이트의 버그를 수정해주거나 학생 지도, 멘토링 등)을 테스트하기 시작했다. 이 봉사활동의 가치가 더 높았는데, 남들이 갖지 못한 능력을 활용하는 봉사였기 때문이다. 마지막으로 시작한 것은 우리가 받은 훈련과 전문 기술(법률, 마케팅, 엔지니어링)을 활용한 무료 서비스 봉사와 많은 비영리단체가 필요로 하지만 여건이 허락하지 않아서 못하고 있는 고차원적인 전략 기획에 도움을 주는 이사회 또는 위원회 참여 봉사였다. 이런 종류의 봉사활동에 더 많이 참여하게 되면서 우리의 활동이 지역사회에 어느 정도의 가치가 있는지를 정량화하는 것도 가능해졌다.

나는 모든 걸 '초안'이라고 생각하는 편이다. 언제나 더 다듬고 수정할 수 있다고 생각한다. 그러면 함께 일하는 사람이나 조직에 더 공감하고 그들의 어려움을 더 많이 이해할 수 있으며, 내가 수정, 반복을 해나가면서 알아낸 것들을 계속 적용할수 있다. 또한 매번 문제 해결 모드로 직행하지 않으려고 조심한다. 어떤 때는 그냥 공감하며 들어주는 게 상대에게 필요한 응원의 전부이고 해결책은 상대 스스로 찾아낼 수 있는 경우도 있다.

의도와 영향을 분리하는 것도 중요하다. 이전에 우리는 함께 일했던 파트너 기관에 설문조사서를 보내곤 했다. 구글러들과 함께한 자원봉사가 가치가 있었는지, 해당 기관의 미션에 도움이 되었는지 물었다. 설문조사 결과는 늘 찬사 일색이었다. 그러다가 약간 의심을 해보는 것도 좋겠다고 생각했다. 그 어떤 자원봉사에도 힘의 논리는 작용한다. 360킬로그램짜리 고릴라 같은 구글이 덤벼들어서 도와주겠다고 하면, 안 좋은 경험이었다고 말할 사람이 어디 있을까? 그래서 우리는 여러 가지 설문 조사 방식을 테스트하기 시작했다. 해당 기관에 속한 사람들이 익명으로 자신이 받았던 인상을 공유하고, 우리에게 좀 더 의미 있고 실천 가능한 피드백을 줄 수 있도록 말이다.

구글에 있는 동안 나는 내가 하고 싶은 일(자원봉사 및 나눔 활동을 이끄는 것)을 조금씩 함으로써 내 커리어에도 테스트와 수정, 반복이라는 과정을 적용했다. 그리고 그러다 보니 그게 나의 핵심 업무가 됐다. 자원봉사와 나눔을 중심으로 내가 워낙에 많은 운동을 조직하고 많은 데이터를 만들어냈기 때문에 종국에는 내 상사가 "그래, 자네 직무 기술서는 자네가 직접 써."라고 말하는 지경이 되었다. 이게 바로 내가 그 버스 지붕에 올라가서 얻었다는 깨달음이다. 미래에 나에게 무슨 일이 일어날지는 많은 부분 내가 결정할 수 있다는 깨달음 말이다.

나는 계획을 뒤에서부터 세우는 편인데, 이게 그동안 많은 도움이 됐다. 먼저 목표를 마음에 그린다. 지금과는 다른 세상에 대한 비전을 품는다. 예를 들어 금방 구운 쿠키가 내 앞에 있는 세상을 떠올렸다고 치자. 나는 아직 쿠키를 만들지 않았다. 그러나 그 쿠키를 볼 수 있고, 냄새를 맡을 수 있고, 맛까지 볼 수 있다. 최대한 많은 감각을 동원해서 미래의 상황에 나를 가져다 놓으면, 그 비전을 이룰 확률이 훨씬 높아진다. 그렇기 때문에 곧장 뛰어들어서 "좋았어. 레시피 줘봐. 이제부터 쿠키를 만들 거야."라고 말하는 대신에, 내가 마음속으로 그려본 것에 대해 미리 감사의 인사를 올리는 시간을 먼저 가진다.

미래에 무슨 일이 일어날지는 모른다. 그러나 내가 어떤 선택을 내릴지, 그리고 그 선택에 맞게 어떤 행동을 할지는 내가 결정할 수 있는 부분이 아주 많다. 구글에서 나는 내가 내리는 선택 하나하나가 수백 가지 방향으로 영향을 미칠 수 있다는 사실을 배웠다. 지금은 수천 명의 구글러가 봉사 프로젝트에 참여 중이고, 이는 다시 전 세계 수천, 수만 명에게 영향을 끼치고 있다. 그리고 그중에는 이 가능성을 활용해서 수백만 명이 사용할 수 있는 제품을 만드는 사람들도 있다.

실패했다면 빨리 다음으로 넘어가라

새로운 아이디어에 대한 열정으로 가득 찬 사람을 보면 재미있다. 마치 연애 초창기를 보는 듯하다. 중독되어 있고, 흥분에 차 있고, 온 열정을 쏟는다. 하지만 그 아이디어가 실제로는 당신이 후회하는, 그 대학 시절 잠깐의 열정 같은 거라면 어떨까? 정말로 안 맞는 한 쌍이어서 친구들이 다들 한심하게 쳐다보다가 결국은 끝나버렸던 짧은 연애 말이다. 잘되기를 너무나 간절히 바라고 있을 때는 그게 잘못된 관계라는 사실을 알기가 어려울 수 있다.

잘 안되는 건 그만 끝내야 한다. 그렇지 않은가? 당연한 소리처럼 들리겠지만, 효과가 없는 것으로 증명되었음에도 똑같은 접근법을 계속해서 시도하는 사람이 얼마나 많은지 알면 깜짝 놀랄 것이다. 당신이 사실이라고 지독하게도 믿었던 가정을 테스트했을 때 종종 이런 일이 벌어진다. 너무나 철썩 같이 믿었기 때문에 실제로는 엉터리 가정이었다는 사실이 도저히 눈에 들어오지 않는다.

사람들은 종종 자신의 아이디어와 사랑에 빠진다. 그렇게 되면 그 아이디어를 놓아주기가 힘들어진다. 실험 결과 지속될 수 없는 아이디어라고 이미 증명이 되었는데도 말이다. 이런 정서적 집착은 건설적이지 못하다. 디스쿨에서 학기 초와 학기 말에 매번 실시하는 테스트를 보면 실험에 능숙해졌을 때의 부가적인 이점을 알 수 있다. 테스트를 하고, 일찍 피드백을 받고, 거기서 무언가를 배우고, 빠르게 다시 테스트를 하면, 학생들은 효과가 없을 때 더 빨리 다음으로 넘어갈 수 있는 자신감이 생긴다. 이상적인 결과가 아니라 프로세스 자체를 더 신뢰하게 되고, 효과가 없는 아이디어에 매달리는 일을 하지 않게 된다. 어쩌면 이거야말로 학생들이 우리 수업에서 얻어가는 가장 귀중한 능력일지도 모른다.

구글X에서는 혁신에 관한 한 놓아주는 것이 대단히 가치 있는 일임을 깨닫게 됐다. 원하던 결과가 나오지 않고 있는 프로젝트를 직원들이 중단할 수 있도록 '놓아주는 것'에 인센티브를 지급했다. 여분의 휴가를 추가로 주고, 보너스도 지급하고, 향후 구글X의 다른 프로젝트에서 일하게 될 거라고 보장도 해주었다. 처음에는 본인의 프로젝트를 중단하겠다고 손을 든 사람이 한 명뿐이었지만, 곧 여러 사람이 뒤따랐다. 사람들이 다른 새로운 것에 집중하기 위해 그동안 애착을 가졌던 것을 그만 놓아주는 모습을 지켜보고 있으니 마치 마법 같았다. 그 어떤 아이디어든, 실험이든, 당신이 무언가를 배웠음을 인정하고 다음으로 넘어가라.

여러분도 역사책에서 고대의 항해도를 본 적이 있을 것이다. 위험하니 가지 말라는 뜻으로 가장자리에 괴물들을 그려놓은 지도 말이다. 그림에 나오는 그 괴물들은 실제로 여행자가 미지의 땅 근처에는 얼씬도 하지 않게 만드는 역할을 훌륭하게 수행해냈다. 그러나 만약에 그 지도에 지평선 너머에서 발견될지도 모를 것들을 암시하기 위해 보물이나 포상금을 그려놓았다면 어떻게 됐을까?

장담하건대 뱃사람들은 신세계를 비롯해 수많은 것을 훨씬 더 일찍 발견했을 것이다. 지평선 너머의 장소가 위험이 아니라 가능성을 대표한다고 생각했다면 말이다.

실험은 당신을 바로 그 미지의 땅 경계선으로 보내준다. 무언가를 해보겠다는 올바른 마인드를 갖추고 있다면 바로 거기 기회가 있는 게 눈에 보일 것이다. 즉각적으로 그리고 지속적으로 솔루션을 테스트하고 실험할 정신적 준비가 갖춰져 있다면, 실은 오늘 당장 미래를 한번 실험해보는 것도 가능하다.

모든 기회를
테스트하는가?

T R Y   T H I S

따라 해보세요

⚡

1. 이 글을 읽고 나서 눈을 감습니다.

2. 지구라는 행성에 당신보다 먼저 왔던 사람들을 떠올려보세요.

3. 그들은 당신에게 어떤 도움을 주었나요?

4. 그들은 당신에게 어떤 부정적 영향을 끼쳤나요?

5. 지구라는 행성에 당신보다 뒤에 올 사람들을 떠올려보세요.

6. 어떻게 하면 그들을 도울 수 있을까요?

7. 어떻게 하면 그들에게 부정적 영향을 끼칠까요?

광활한 공감력

더 나은 것을 이룰
기회를 찾아라

EXPANSIVE EMPATHY

광활한 공감력은 한 인간의 경험을 다른 인간의 경험과 이어준다. 그런 만남이 교차로가 되고 다리가 되어 당신의 미래로 가는 길이 놓인다.

묵언 명상 캠프에 참가한 사람이라면 당연히 정적을 기대할 것이다. 그렇지 않은가?

2021년 12월, 내가 참가했던 열흘짜리 캠프는 정말 강렬한 경험이었다. 나는 49명의 다른 참가자와 함께 바닥에 방석을 깔고 하루 열 시간씩 조용히 앉아 있었다. 아무것도 없는 텅 빈 방에서 우리는 앞뒤좌우로 별 간격도 없이 다닥다닥 붙어 앉아 있었다. 처음 이틀 동안은 이 방의 '침묵'이 어떤 소리인지를 심하게 의식했다. 당연하게도 내 숨소리가 들렸고, 가까이 앉아 있는 네 사람의 숨소리도 들렸다. 그리고 가끔 방 어디선가 기침소리가 들려왔다.

점차 이런 소리에 익숙해지자 내 호흡과 신체 감각을 온전히 인식하고, 관찰한 내용을 굳이 평가하지 않는 법을 배우는 데 집중할 수 있었다. 내 것인 몸과 마음이 차츰 다르게 느껴지기 시작했다. 6일차 아침에는 내 뒤에 앉은 사람이 명상실 밖에 비치된 사탕 형태의 기침약 봉지를 뜯는 모습을 보았다. 그리고 금세 그 남자가 내는 소리를 의식하게(맞다, 집착하게) 됐다. 입안에서 사탕을 이리 저리 굴리며 빠는 소리였다. 휴식시간이 됐을 때 나는 엉망진창이 었다. 그날 아침 명상에 집중하지 못했을 뿐만 아니라, 머릿속으로 이 남자를 폄하하는 데 나의 모든 시간을 쓰고 있었다. 묵언 명상 캠프에서 기대한 상황은 결코 아니었다.

휴식시간이 끝나도 남자는 내 뒤의 똑같은 자리에 앉아 또 다른 사탕을 한 시간 동안 빨았다. 그 한 시간 동안 어떻게 하면 이 남자가 저 짓을 멈추게 할까를 필사적으로 고민했다. 얘기를 해볼 까? 여기는 묵언 캠프야! 쪽지를 써볼까? 이 역시도 허용되지 않 는 일이었다. 사탕을 몽땅 숨겨볼까? 뭐, 그건 가능할 수도…….

다음날 아침이 되었다. 처음부터 다시 시작이었다. 하지만 하루 사이에 어찌어찌 다시 관심을 명상으로 돌리는 데 성공했다. 나 자신과 이 남자를 아무런 평가 없이 관찰하려고 노력했다. 이 남 자가 뭘 경험하고 있을까를 생각해보기 시작했다. 혹시 배려심 깊 고 책임감 있는 사람이어서 방 안의 다른 명상자들에게 방해가 될 까 봐 기침을 피하려고 노력 중인 것은 아닐까? 순식간에 나의 동 요는 연민으로 바뀌었고, 연민의 감정이 온몸을 휩쓸고 지나갔다. 이제는 공감이 무엇인지 알 수 있는 기회, 그리고 그 '시각의 변화' 라는 것을 몸소 겪어볼 기회를 준 이 남자에게 감사하고 싶을 정 도였다. 어쩌면 내 인생에 처음 있는 일이었다.

너무나 인간적인 사람들

누구나 공감을 경험하는 순간이 있다. 내가 기침하는 남자에게 느꼈던 것처럼 말이다. 갑자기 상대의 시각에서 상황이 보이고 그래서 내 시각까지 바뀌게 되는, 그런 놀라운 순간이 있다.

마트 주차장에서 이런 일이 벌어졌다고 한번 상상해보라. 비가 쏟아지는데 한 남자가 식료품이 잔뜩 든 봉투를 들고 자기 차로 뛰어가다가 봉투가 쫙 찢어진다. 길 한복판에서 남자는 그대로 얼음이 된다. 식료품이 도로로 쏟아져 내릴까 봐 물건들을 가슴 쪽으로 꽉 끌어안으며 안간힘을 써본다. 그런데 느닷없이 웬 여자가 커다란 봉투를 들고 남자 앞에 나타난다. 여자는 남자의 품안에 있는 물건들을 모두 큰 봉투에 받아준다. 놓친 것이라고는 저 멀리 굴러가버린 오렌지 몇 개가 전부다.

여자는 본인이 장 본 것을 차 트렁크에 싣던 중이었다. 곤란에 빠진 남자를 보고는 한달음에 도와주러 달려왔다. 남자는 고맙다는 말을 거듭하며 본인의 물건들을 차로 가져간다. 그리고 봉투를 돌려주러 뛰어온다. 90초짜리 상황에서 내가 가장 좋아하는 장면은 바로 이다음이다. 여자는 손사래를 치며 남자에게 말한다. "봉투는 가지세요. 다음에 다른 사람한테 똑같이 해주세요."

언뜻 보면 이 사건은 그냥 한 사람이 다른 사람에게 약간의 친절을 베푼 일화처럼 보인다. 그리고 그게 사실이기도 하다. 하지만 이 사건에는 그보다 훨씬 더 많은 의미가 담겨 있다. 조금 더 가까이 들여다보자.

- 여자는 무슨 일이 일어나는지 보았고, 외면하지 않는다.
- 여자는 비참한 순간에 남자의 기분이 어떨지 즉각 내 일처럼 느낀다.
- 여자는 그 기분을 알기 때문에 본능적으로 행동한다.
- 이 짧은 대화를 나누는 동안 두 사람 모두 시각이 바뀐다.
- 마지막으로, 이 이야기는 아직 끝나지 않았다. 이 경험의 결과로 두 사람에게는 또 다른 여러 가지 일이 벌어질 것이다.

이게 바로 광활한 공감력이다. 공감은 합리적인 행동이고, 호응을 일으키고, 상황을 바꾼다. 공감은 파문을 일으킨다. 그리고 공감은 인간성에 의존한다. 다른 퓨처 레디 마인드와는 달리, 공감은 다른 인간과의 관계 내에서만 존재하고 또 발휘된다.

인간은 자각이 있기 때문에 다른 종種과 구별된다.[1] 또한 우리는 타고난 이기심이 있기 때문에 눈앞에 있는 같은 종이 보이지 않거나 들리지 않을 수도 있다. 동물의 왕국 다른 종들은 결코 이렇지 않다. 이 맹점은 우리가 평생 어느 정도는 가지고 가는 부분이기도 하다. 오직 공감만이 우리를 진정으로 나 자신 밖으로 끄집어 내어 타인들로 이뤄진 공동체 속으로 집어넣어줄 수 있다.

공자의 철학에서는 공감을 '인仁'이라고 부른다. '두 사람' 혹은

'공동의 인간성'이라는 뜻이다. 아리스토텔레스 역시 공감의 개념을 인간성과 연결지었다. 특히 서로를 이해하는 것이 공감이라며, 공감은 인간됨이 무엇인지 알게 해준다고 했다. 그런데 '인간됨이 무엇인지' 알고 나면 과연 뭐가 달라질까?

간단히 답해보면, 함께 사는 이들을 이해하면 이 세상에서 살아남을 확률이 높아진다. 나아가 그들을 이해하면 당신 자신도 더 잘 이해할 수 있다. 그러면 의미 있고 보람찬 인생을 살 확률도 높아진다. 나는 공자가 말하는 '공동의 인간성'이 핵심을 표현했다고 생각한다. '우리는 이 행성에 함께 살고 있다.' 서로를 인간적으로 대하면, 나의 필요뿐만 아니라 상대의 필요도 생각하면, 우리의 삶을 지키고 더 풍요롭게 만들 수 있다. 그러니 공감력을 발휘하지 않을 이유가 무엇인가?

타인에 대한 공감이 가져오는 변화

미래를 생각할 때 더 좋은 질문은 이것이다. '공감을 실천하면 내 미래는 어떻게 달라질까?'

남은 평생을 외딴섬에서 혼자 살 계획이 아니라면, 당신이 원하는 미래를 만드는 데 공감이 아주 중요하다는 사실을 믿어야 한다. 당신의 미래는 이 행성 위에 만들어지고, 그 행성에는 수십억 명의 다른 사람이 비슷비슷한 저마다의 미래를 만들어 보려고 노력 중이기 때문이다. 다른 동료 인간들이 원하는 바를 고려하지 않는다면 당신이 원하는 것을 결코 얻지 못할 것이다. 당신이 갓난 아이가 있어서 잠이 부족한 부모라고 생각해보자. 지금 당신이 바라는 미래는 그저 방해받지 않고 하룻밤을 푹 자는 것이다. 이때 아기가 바라는 것, 원하는 것을 이해하지 못한다면, 그 미래는 결코 오지 않을 것이다. 공감은 도덕적 의무가 아니다. 공감은 실용적 이유에서 반드시 필요하다.

우리는 매일 수십 명(혹은 그 이상)의 사람들과 마주친다. 대부분의 만남은 조용하고 눈에 보이지도 않는다. 그러나 각 만남은 우리가 인간성을 공유하고 있다는 사실을 다시 한 번 확인할 기회이기도 하다. 어떤 경우에는 낯선 이의 감정까지 느껴질지도 모른다. 아까 그 주차장에서의 여자가 그랬던 것처럼 말이다. 또 어떤 경우에는 당신이 아는 누군가와 공감하며 교감을 쌓게 될지도 모른다. 동료나 지인, 친구 혹은 가족과 말이다. 나는 그런 만남 하나하나가 아주 작은 불꽃이라고 생각한다. 그 불꽃은 내 안에 혹은 상대 안에 있는 무언가를 비춰줄 수도 있다. 그러면 그 순간이 더 좋은 시간이 되고, 그 날이, 어쩌면 평생이 더 좋아질지도 모른다.

분명히 하자면, 공감은 이타심이 아니다. 실은 이타적일 필요조차 없다. 다른 사람의 이익을 위해 나의 이익을 희생한다는 건, 글쎄, 일반적으로 당신의 자아가 좋아하지 않을 일이다. 그러나 공감이 나한테도 좋고 상대에게도 좋은 결과를 낸다면, 당신의 필요를 충족시키려는 동기와 타인의 필요를 고려하는 것 사이에 균형을 맞추는 것도 가능하다는 뜻이 된다.

타인에 대한 공감이 과연 어떤 변화를 낳았는지, 그 사람에게 정말로 좋은 일이 되었는지는 끝끝내 모를 수도 있다. 그러나 공감은 늘 '당신'을 변화시키고 '당신'에게 도움이 된다는 사실을 알게 될 것이다. 그리고 이걸 직접 경험하고 나면, 절로 공감을 활용하게 될 것이다. 왜냐하면 공감은 정말로 '당신'에게 수지맞는 장사이기 때문이다.[2]

다른 퓨처 레디 마인드와 마찬가지로 공감력을 더 자주, 지속적으로 활용한다면 (공감이 확장되면서) 당신 앞의 선택지가 몇 배로 늘어날 것이다. 점점 더 흥미롭고 놀라운 선택지가 나타날 것이다. 당신은 보다 인간에 초점을 맞춘 선택을 내리게 될 것이고 그 선택은 당신과 타인에게 큰 영향을 미치게 될 것이다. 공감은 당신이 바라는 미래가 어떤 것인지 더 잘 이해하게 도와줄 것이다. 구글에 몸담았었고 지금은 사회적 기업가로 활동 중인 샌드라 카마초의 노력이 생생하게 보여주는 것처럼 말이다. 그의 이야기를 들어보자.

나는 대학을 졸업하자마자 구글에서 일하기 시작했다. 빠르게 변화하는 환경이 처음에는 조금 힘들었지만 배움, 인내, 실험이라는 구글의 철학을 금세 받아들였다. 몇 년 후 프레데릭의 씨에스아이랩에 합류했고, 디자인과 인간 경험이라는 열정을 좇아 일련의 실험을 시작했다. 이 실험들 덕분에 중요한 깨달음을 얻었다. 나의 커리어는 내 관심사를 중심으로 만들어가야지, 어느 기업이나 특정한 역할을 중심으로 만드는 게 아니라는 깨달음이었다.

8년 후 구글을 떠나 포용적 디자인 전략가이자 교육가로서 내 사업을 시작했다. 가치 중심의 기업 및 사람들과 일하며 디자인 프로세스에서의 불평등과 편견, 비포용적 자세를 해결하기 위해 노력했다. 나는 더 포용적이고 평등한 결과를 내는 디자인에 꼭 필요한 조직문화와 사고방식, 작업 방식 등을 안내했다. 즉 거울을 들여다보고 자신이 가진 편향과 가정들을 찾아내며, 포용과 평등을 방해하는 시스템상의 장벽을 식별하는 방법을 안내했다.

한 예로 어느 디자인 컨설팅 회사의 신입사원 교육 캠프에서 교차 디자인이라는 주제로 교육을 실시한 적이 있다. 디자이너들과 '전통적' 의미의 컨설턴트들도 참여할 것을 알고 있었기 때문에 나는 이론적인 이야기보다는 현실적인 이야기를 하고 싶었다. 그래서 두 가지 게임으로 교육을 시작했다. 교육 참여자들이 얼마나 많은 혜택을 누리고 있는 사람들인지 인식하는 데 도움이 될 만한 게임들이었다. 그런 다음 소외 집단에 속하는 사용자 패널을 데려왔다. 시각의 다양성을 제대로 보여줄 수 있는 사람들이었다. 나는 사람들이 평소 기대하는 것처럼 관객의 질문을 허용하지 않고, 오직 패널들의 목소리와 이야기를 중심으로 논의를 끌어갔다. 질문자의 힘을 제거하면 이들 패널이 주도적으로 본인의 이야기를 풀어낼 수 있다는 점을 보여주고 싶었다.

패널들의 이야기를 듣고 나서, 교육 참여자들은 팀을 나눠 '상상하는 연습'을 해보았다. 디지털 헬스 기술의 디자인 방식에 따라 소외 집단이 어떤 영향을 집중적으로 받을 수 있고, 또 그로 인해 어떤 잠재적 해악이나 의도치 않은 결과가 나타날 수 있을지 상상해보았다. 교육 참여자들은 민감한 건강 정보 때문에 '데이터 프라이버시' 관련 문제가 생길 수 있다는 우려 요소를 찾아냈다. 그리고 장애가 있는 환자나 필요한 기기를 갖추고 있지 않은 환자들은 이런 플랫폼을 활용하기 어렵다는 사실도 찾아냈다. 소외 집단을 직접 접해보면 디자인 프로세스에서 종종 간과되거나 무시되는 사항들을 생생히 경험해볼 수 있다. 그러면 소외집단에 끼칠 잠재적 해악을 예상하거나 방지하는 것도 가능해진다. 확인되지 않은 가정이나 편향이 아니라, 더 깊은 이해를 바탕으로 그들의 니즈를 더 잘 충족시킬 수 있게 된다.

몇 달 후 나는 이 워크숍에 참석했던 디자이너 한 명과 얘기를 나눴다. 그는 이 연습 덕분에 공감에 대해 완전히 새로운 시각에서 생각해볼 수 있었다고 했다. 자신의 회사가 시제품을 만들 때 디자인적으로 사용자, 특히 사회의 소외 집단에 대한 잠재적 해악은 없을지 미리 확인해보는 '스트레스 테스트'를 만들었다고 신이 나서 이야기해주었다.

또 한 번은 '국경 없는 도서관Libraries Without Borders'의 파리 지부 사람들과 6개월 동안 협업을 한 적이 있다. 이 단체는 지원이 열악한 지역 또는 재해를 겪은 지역의 사람들에게 책과 디지털 자원을 제공하는 글로벌 비정부단체이다. 나는 국경 없는 도서관이 문화나 정보에 대한 접근성이 거의 없는 취약 계층을 위해 각종 서비스와 경험을 디자인하는 과정을 돕게 됐다. 이들은 프랑스의 유명 디자이너 필리프 스타크Philippe Stark와 협업하여 '아이디어 박스Ideas Box'라는 것을 만들어놓고 있었다. 아이디어 박스는 난민 캠프와 비상 대피소 등에 들어갈 수 있는 자동차 형태의 팝업식 멀티미디어 센터다. 나는 그들이 난민들의 니즈를 더 잘 이해하고 더 포용적이며 사용자 중심적인 경험을 만들어내도록 돕고 싶었다.

비상 대피소에 사는 사람들의 니즈를 측정하기 위해 국경 없는 도서관이 사용하고 있는 설문지를 살펴보았더니, 편향이 담겨 있거나 답을 유도하는 질문이 가득했다. 나는 이렇게 말했다. "저기, 우리 다 함께 주민들을 만나서 사용자 인터뷰를 한번 해보시지요." 나는 국경 없는 도서관 측이 주민들의 삶을 좀 더 깊이 있게 이해하기를 바랐다. 단순히 주민들이 흥미를 갖는 책이나 문화 콘텐츠의 목록을 수집하는 수준을 넘어서기를 바랐다. 그러나 나는 이 팀의 저항적인 태도에 깜짝 놀라고 말았다. 일하는 사람들은 대부분 젊은 사람들이었고 자신이 하는 일에 열정을 가지고 있었으나, 내가 그들이 일하는 방식을 어지럽히는 것을 달가워하지 않았다.

이 '변화에 대한 저항'을 해결하려면 먼저 프로세스를 바꾸는 것에서 시각을 바꾸는 것으로 관심의 초점을 옮겨야 했다. 취약 계층의 경험을 디자인한다는 게 어떤 가치와 의미를 갖는지부터 교육해야 했다. 이들이 '진짜 사람들'을 느낄 수 있게 우리는 스토리보딩storyboarding과 고객 여정 매핑customer journey mapping에 초점을 맞춘 연습을 했다. 덕분에 이들은 난민과 망명 신청자들이 실제로 어떤 삶을 살고 있는지 더 공감적으로 이해하게 됐다. 이들은 톱다운top-down 방식의 운영 모형을 상당히 고정적인 것으로 생각하고 있었다. 이들은 자신들이 대피소에 봉사하려 온 비정부단체라고 생각하고 있을 뿐, 이곳 주민들이 무엇을 경험했고 교육 서비스가 주민들의 개인적인 목표 달성에 어떤 도움이 될지 상상해본 적이 없었다.

국경 없는 도서관 측 사람들의 저항적인 태도 때문에 이 프로젝트는 쉽지 않았고, 뭔가 진전이 있는지도 확신할 수 없었다. 그러나 협업이 끝날 때쯤에는 그들도 그동안 당연시했던 시각이나 툴, 프로세스를 재고하기 시작하는 게 보였다. 이 팀에서 가장 뻣뻣했고 반대 입장을 취했던 사람이 나중에 말하길, 자신들이 생각만큼 사용자 중심적이지 않았다는 사실을 깨닫고 많이 놀랐었다고 한다. 덕분에 나는 정말로 시각의 변화가 일어나고 있었다는 걸 알 수 있었다.

나는 디자인 분야에서 이 영역을 새롭게 개척했다. 실무자들이 평등과 포용, 그리고 소외계층을 위한 디자인의 가치를 이해하도록 도왔다. 이 영역을 개척하는 작업이 늘 편안하지는 않았다. 사회 정의나 특권, 힘의 불균형 같은 주제를 공개적으로 꺼내면 마치 혼란을 야기하는 것처럼 느껴질 수도 있고, 자본주의와 '통상적인 비즈니스'의 목표나 기준과 충돌할 수도 있기 때문이다. 그러나 이 일은 믿기지 않을 만큼의 가치가 있다. 사회적·사업적으로 상당한 이득이 있으며, 긍정적 영향력은 증폭시키고 사회적 해악은 줄여준다. 그러면서도 혁신의 동력을 제공하고, 우리가 디자인한 솔루션을 더 많은 사람이 사용할 수 있게 해준다.

나는 내가 디자인계에서 '공감'을 재정의하는 데 한 역할을 담당하고 있다고 생각한다. 사람들, 기업들은 종종 자신이 하는 일을 통해 '우리가 관심을 갖고 있다.' 혹은 '형편이 나아지도록 우리가 도울 수 있다.'는 걸 표현하는 게 곧 공감이라고 믿는 경우가 많다. 그러나 여기에는 근본적으로 엘리트주의가 자리 잡고 있다. '우리가 더 잘 알아.'라는 자세 말이다. 이는 공감과는 정반대되는 태도다. 이는 '상대'를 중심에 두는 게 아니고 '우리'가 중심에 있는 자세다. 반면에 진정한 공감은 내 인생의 경험을 타인에게 투사하지 않는다. 핵심적으로 말해서 공감이란 끝없는, 지치지 않는, 비판적인 자기반성이다.

광활한 공감력을 발휘하려면 '내'가 아닌 '상대'의 시각에서 상황을 바라보려고 끊임없이 노력해야 한다. 내가 가지고 있지 않은 정보를 알아내려고 해야 하고, 앞으로 일어날 수도 있는 파급 효과까지 예상하려고 노력해야 한다.

2인칭 시점으로 바라보는 법

나는 강연을 준비할 때 공유하고 싶은 여러 아이디어와 함께 관객들이 내 강연을 통해 품게 되었으면 하는 질문들을 정리하는 데 초점을 맞춘다. 그러나 무대에 올라가기 직전에는 잠시 시간을 갖고 객석에 앉아 있는 사람들을 바라본다. 저들은 삶의 어떤 단계에 와 있을까를 한번 생각해본다. 이렇게 하는 이유는 그날의 행사가 잘 풀리고 우리의 대화가 좋은 결실을 맺기 위해 가장 중요한 요소는 내가 아니라 저들임을 되새기기 위해서다.

등 뒤의 커다란 스크린에 내 이름과 사진이 떠 있고, 방 안의 모든 눈이 오직 나만을 주시하고 있으면 이 부분을 착각하기 쉽다. 그러나 실제로 의도가 무엇이든, 내 강연이 어떤 파급효과를 낼 것인가 하는 점은 전적으로 객석에 앉아 있는 한 사람, 한 사람의 마음에 달려 있다. 나는 그날 그 사람들이 어떤 기분인지, 어떤 하루를 보내고 있는지 알 수 없다. 다만 내가 아는 것은 내가 그들과 조금이라도 교감할 수 있느냐 여부는 그 순간 그들이 느끼는 기분과 마인드에 따라 직접적인 영향을 받는다는 점이다.

공감이 사는 곳('나'와 '당신'의 실낱같은 교점)에 닿기 위해서는 먼저 당신의 역사와 세계관부터 뒤로 물려두어야 한다. 그렇다. 그런 것들이 당신에게는 중요한 부분이지만, 그런 것들은 당신의 시각을 장악하고 당신의 경험을 타인에게 투사하게 만드는 경향이 있다. 이는 공감과는 동떨어진 일이다.

2인칭(상대)을 이해하기 위해 1인칭(나)을 조용히 시키려면 어떻게 해야 할까? '말을 멈춰라.' 제발, 그 입 좀 다물어라. 당신이 뭘 믿고 어떤 기분이고 당신에게 무슨 일이 있었는지, 생각나는 대로 죄다 상대에게 이야기할 필요는 없다. 그런 것들은 당신에게는 의미 있을지 몰라도, 상대를 관찰하거나 상대의 경험에서 무언가를 배우는 데는 하나도 도움이 되지 않는다.

충격적이겠지만, 말을 적게 하면 더 열심히 들을 수 있고 더 많은 걸 알아챌 수 있다. 당신 입에서 쏟아져 나오는 말들을 뚫고 들어오는 상대의 몇 안 되는 말만 들리는 게 아니라, 상대의 모든 말을 하나도 빠짐없이 들을 수 있다. 그리고 그냥 듣는 것과 정말로 귀를 기울이는 것 사이의 차이도 제대로 느끼게 될 것이다. 언어로, 억양으로, 표정으로, 보디랭귀지로, 상대가 전달하는 '모든' 정보가 눈에 들어오기 시작할 것이다. 심지어 상대가 '말하지 않는 것'까지 눈에 들어올 것이다. 상대가 정말로 어떤 기분이고 무슨 일을 겪고 있는지에 대해서는 이게 더 중요한 단서일 수 있다.

몇 년 전에 베를린에서 친구들과 머물고 있는데 친구 하나가 자신이 일하는 시리아 난민 캠프에 나를 초대했다. 나는 기꺼이 가겠다고 했다. 함께 캠프를 방문하기로 한 바로 전날 매일 그곳에 도착하는 수백 명의 사람에게 도움이 될 오만 가지 아이디어를 떠올리느라 늦게까지 깨어 있었다. 그 많은 아이디어를 줄이고 줄여 효과가 있을 거라고 확신하는 몇 가지를 추린 후에야 뿌듯한 마음으로 잠을 청했다. 다음날 내가 얼마나 좋은 일을 많이 하게 될까 생각하면서 말이다.

캠프에 도착하고 보니, 난민들을 위한 음식과 장난감, 옷을 모으려던 계획은 전혀 도움이 되지 않을 것임을 단번에 알 수 있었다. 그런 것들은 이미 산더미처럼 많은 기부를 받아서 분류를 끝내고

거울 속의 나를 바라보기

가끔 길을 걷다가 쇼윈도에 비친 당신의 모습을 보라. 무언가 다른 게 보일 것이다. 평소 생각하지 못했던 어떤 것 말이다. 이 실험은 바로 그 '다른 것'을 조금 더 포착할 수 있게 도와준다. 남들이 보는 당신의 모습일 수도 있는 장면을 보게 함으로써, 궁극적으로는 타인을 덜 비판적으로, 더 온전하게 볼 수 있게 해준다. 혼자서 조용한 곳에서 시도해보라.

거울 앞에 서라. 가능하면 몸 전체를 볼 수 있는 전신 거울이 좋다. 거울에 비친 자신의 모습을 사진으로 찍어라. 이제 몇 분간 전체적으로 관찰하라. 자신을 보면서 중립적이 되려고 노력하라. 눈에 보이는 것에 대한 '평가'는 삼가라.

그다음에는 신체의 부분 부분에 초점을 맞춰라. 정수리부터 시작해서 발까지 천천히 내려와라. 양손을 봐라. 그 부분들이 당신의 인생에 대해, 그리고 거울에 비친 그 사람을 만들어낸 여러 경험에 대해 말해주는 것은 없는가? 당신이 인생에서 느꼈던 기쁨이나 고통이 얼굴에 나타나지는 않는가?

이제 거울에 비친 당신을 마치 미술관에 있는 초상화처럼 생각해보라. 다른 사람이 당신의 초상화를 본다면, 당신에 대해 무얼 알아낼 수 있을까? 당신의 표정이나 자세, 옷차림을 보고 그들은 어떤 가정을 세울까? 물론 그들은 당신을 알 수 없다. 그렇지만 당신을 이해해보려고 무언가를 찾고 있을 것이다. 그 낯선 이에게 이 자화상은 무엇을 제공할 것인가?

다른 날 이 연습을 다시 해보라. 이번에는 서지 말고 앉거나, 바르게

서지 말고 살짝 몸을 옆으로 틀어보라. 나중에 두 장의 사진을 비교하라. 이번에는 무언가 다른 게 보일 것이다. 왜냐하면 '실제로' 당신이 달라졌기 때문이다. 지난번보다 좀 더 잘 쉬었거나 아니면 스트레스가 늘었을 수도 있다. 아니면 스스로와 타인을 바라보는 방식이 바뀌었기 때문에 당신이 달라진 것일 수도 있다.

나눠줄 준비가 되어 있었다. 나는 자신에게 너무나 실망했다. 공감이라는 내 원칙을 정작 내가 잊었기 때문이었다. 일을 할 때 이런 일은 비일비재하다. 이미 생각하고 있는 그 훌륭한 제품이나 근사한 서비스를 서둘러 내놓을 생각에 우리는 정작 고객이 필요로 하거나 바라는 것은 무엇인지 직접 들어보는 게 중요하다는 사실을 까맣게 잊고 만다. 그래놓고는 출시한 제품이나 서비스에 대한 고객의 반응이 기대에 미치지 못하면 크게 좌절한다.

다행히도 너무 늦지 않게 난민 중 몇 사람이 들려주는 이야기를 유심히 들으며 그들을 찬찬히 관찰할 수 있었다. 이 캠프는 새로 도착한 난민들이 하룻밤을 묵어가는 곳에 불과했다. 다음날이면 그들은 다른 곳에 가서 이 나라에 합법적으로 체류할 수 있는 등록 작업을 했다. 그리고 나면 다시 또 다른 캠프에 배정을 받아 그곳을 터전으로 정착할 준비를 하게 된다고 했다. 난민들은 급히 시리아를 떠나왔기 때문에 되는대로 짐을 아무렇게나 싸온 사람이 많았다. 그들에게 필요한 것은 단순했다. (눈과 귀를 열었더니 빤히 보였다.) 여기저기로 옮겨 다닐 때 각자의 물건을 담아 다닐 백팩이나 바퀴 달린 여행 가방이 필요했다.

저들은 망치가 필요한데 나는 손에 억지로 렌치를 쥐어주려 했다. 여러분도 자신의 머리 밖으로 나와야 한다. 안다고 생각하는 것으로부터 멀어져야 한다. 그래야 타인의 경험이 어떤 것인지 손톱만큼이라도 진실을 엿볼 수 있다. 1인칭 시점을 벗어나 2인칭 시점을 이해하기 위해서는 끊임없는 노력도 중요하지만 계속해서 새로운 깨우침을 얻어야 한다. 우리로서는 나 자신의 시각을 제쳐두고 상대에 관해 새로운 사실을 배울 수 있도록 계속해서 노력하는 수밖에 없다. 그러다 보면 그 새로운 사실을 통해 서로 교감함으로써 두 사람 모두 감동 받거나 변화하는 일도 생길 것이다.

지금 놓치고 있는 것은 무엇인가

타인의 경험을 이해한다는 것은 끝내 성취할 수 없는 과제다. 아무리 가깝게 느끼는 사람이라고 하더라도 말이다. 누군가를 잘 알게 되어 그 사람의 감정이나 경험에 대해 무언가를 '가정'하게 되었다면, 바로 그 지점에서 멈춰야 한다. 완벽하게 정확한 가정이란 절대로 없기 때문이다. 장담하건대, 당신이 안다고 생각하는 것은 뭐가 되었든 깜짝 놀랄 구멍이 숭숭 뚫려 있다.

한번은 내 친구가 복잡한 프로젝트를 맡은 적이 있다. 친구는 책임자로서 프로젝트 마지막에 아주 중요한 고객 프레젠테이션이 예정되어 있었다. 관련자가 너무 많은 프로젝트였다. 사내 각 부서에서 차출된 직원들, 외부 컨설턴트들, 주제와 관련한 전문가들, 기술 분야 작가들, 디자이너들까지 있었다. "움직이는 부품이 수백만 개였어." 친구는 이 프로젝트의 각 요소를 하나로 합치는 게 얼마나 어려웠는지를 그렇게 설명했다.

2개월 동안 고강도의 업무가 이어지고 고객 미팅이 일주일도 남지 않았을 때 이들이 개발한 콘텐츠를 근사한 프레젠테이션으로 바꾸는 책임을 맡고 있던 한 남자가 사람들에게 이메일을 보내 이렇게 말했다. "죄송합니다. 제가 이 프레젠테이션을 끝내지 못할 것 같습니다." 친구는 작업을 이어받아 마무리할 사람을 찾느라 정신없이 허둥거려야 했다.

내 친구는 그때 거의 정신이 나가버렸고 프레젠테이션을 무사히 마칠 수 있기만을 바라는 마음에 급급해서 프로젝트를 중도 포기한 그 사람에 대해서는 별로 생각할 겨를조차 없었다. 그런데 고객 미팅을 무사히 끝내고 정신을 차리고 보니, 자신을 그런 궁지로 몰아넣은 그 남자에게 미친 듯이 화가 났다. 신뢰 못할 인간 같으니! 프로답지 못하게! 다른 사람은 생각도 안 하고!

그렇게 1년 정도가 흐르고 다른 프로젝트를 위한 점심 미팅 중에 그의 이름이 거론됐다. 누군가 그 남자가 이 프로젝트에 합류하면 좋겠다고 제안을 한 것이다. 친구가 머릿속으로 몇 달간이나 연습해온 이 남자에 대한 혹평을 풀어놓으려던 찰나, 다른 사람이

치고 들어왔다. "진짜 재능 있는 사람이에요. 다시 일을 하게 돼서 정말 다행이에요. 차 사고가 그렇게나 끔찍하게 났었는데."

이런. 그동안 내 친구는 그 남자에 대해 지극히 부정적인 인상을 품고 있었다. 자신을 불편하게 만들었다는 이유로 말이다. 친구는 그에게 연락해서 무슨 일인지 알아볼 생각은 단 한 번도 하지 않았다. 나아가 이 정보의 공백을 자신의 착각에서 비롯된 인간 혐오로 채워 넣고 있었다. 그리고 하마터면 남자를 더 나쁜 상황으로 몰아넣을 뻔했다. 그동안 엄청난 일을 겪었을 게 분명한 사람을 말이다.

'무지'는 타인의 경험을 이해하려는 우리의 노력을 왜곡하고 방해할 수 있는 거대한 힘을 가지고 있다. 더 명료하고 정확하게 타인의 경험을 이해하기 위해서는 아는 내용 중에 군데군데 숭숭 뚫린 구멍들을 메워야 한다. 그런데 내가 뭘 모르는지 모른다면, 내가 정보를 가지고 있지 않다는 사실을 어떻게 발견해야 할까?

이렇게 자문해보라. '내가 지금 놓치고 있는 게 뭘까? 더 완전한 그림을 보려면 내가 지금 인식하지 못하고 있는 게 뭘까?' 내 친구는 그 남자에게 "저기, 무슨 일 있어요?"라고 메시지를 보내 자신이 알지 못하는 부분을 채울 수도 있었을 것이다. 아니면 먼저 스스로에게 이렇게 물어볼 수도 있었을 것이다. '내가 그 남자라면 대체 무슨 일이 있어야 이렇게 중요한 프로젝트를 중도 포기한다고 말할 수 있을까?' 어느 쪽을 선택했든 친구는 이미 벌어진 일에

입장 바꿔 생각해보기

다른 사람의 관점을 설명하려고 노력해보면 당신에게도 상대에게 도 뜻밖의 도움이 될 수 있다. 이 실험은 타인과 입장을 바꿔서 남들이 왜 그런 식으로 생각하는지 더 잘 이해할 수 있게 해준다.

예를 들어 당신과 친구가 두 사람 모두에게 중요한 어떤 주제에 대해 서로 다른 관점을 갖고 있다고 치자. 자녀의 숙제라든가 어른들의 재택근무 같은 문제 말이다. 두 사람은 이미 이 문제를 수차례 논의해 보았고 그래서 서로의 입장을 잘 알고 있다. 그러면 이제 2분만 서로 상대의 생각을 마치 내 생각인 것처럼 설명해보자.

친구의 입장이 되어보는 게 약간 불편할 수도 있다. 그러나 내가 생각하는 상대의 생각을 바르게 전달할 방법을 찾다 보면, 단어 선택이 절로 조심스러워진다. 친구가 이 주제에 관해 이야기하는 것을 그냥 듣고만 있을 때에는 상대의 말을 단순화시키거나 일반화시키기 쉽다. 하지만 내가 그걸 표현하려고 해보면 상대의 입장에도 깊이와 뉘앙스 가 있다는 걸 알게 된다. 왜냐하면 그건 상대의 체험에서 나오는 것이 기 때문이다. 그리고 다른 사람이 내 입장을 대신 설명해주는 것을 들으면, 내가 나를 어떻게 표현했었는지 다른 각도에서 보게 된다.

이 실험은 서로를 잘 알지만 어느 주제에 대해 관점이 다른 소규모 집단에서 실시해보면 특히 재미있다. 실험이 끝나면 모든 참여자가 서로의 시각을 더 넓게 이해하게 되었을 것이다.

대해 좀 더 건설적으로 반응할 수 있었을 것이다.

무언가 새로운 것을 알게 되어 누군가의 상황을 완전히 달리 보게 되었을 때 우리는 겸손해진다. 심지어 충격을 받을 수도 있다. '아, 나는 정말 아무것도 모르는구나!'라고 생각하게 될 것이다. 하지만 가장 중요한 배움이 시작되는 것은 바로 이때부터다. 개방성과 호기심은 새로운 정보의 길잡이가 되어 큰 그림의 세부적인 내용을 알려줄 것이다. 다른 사람의 입장이 되어 오랫동안 생각해보라. 타인의 경험을 다각도로 세심하게 고민해보라. 그림이 점점 더 분명해지면, 그 정보가 당신에게는 어떤 의미이고 그 정보를 어떻게 활용해야 할지도 더 분명해질 것이다. 정보가 더 많아지면, 이을 수 있는 점도 더 많아지고, 더 많은 선택이 가능하다.

구글에서 일했던 로라 존스는 우버에서 직원들이 우버 기사가 되어보는 프로그램을 운영했다. 기사가 되어본 직원들은 그들이 하는 일을 처음부터 끝까지, 특히 골치 아픈 부분들을 이해할 수 있었다. 프로그램을 운영하며 시간이 지나니 로라는 우버를 이용해 운전을 가장 많이 하는 운전자에게 보상을 할 기회가 있다는 걸 알게 됐다. 그래서 처음에는 월마트나 스타벅스가 직원들에게 제공하는 인기 프로그램처럼 우버 드라이버들에게 교육 혜택을 제안해볼까 싶었다.

그러나 혹시 로라가 놓치고 있던 정보는 없을까? 로라의 팀은 전 세계 우버 기사들과 직접 만나보았다. 대부분의 국가에서 오랫동안 운전을 하고 있는 대다수는 중년의 남성이었다. 가족들을 더 좋은 환경에서 부양하기 위해 운전을 한다는 이민자도 많았다. 운전석에 앉은 사람들을 알게 되니 그동안 염두에 두었던 교육 혜택이 생각만큼 도움이 되지 않을 수도 있겠다는 사실을 알 수 있었다. 기사들이 가족에게 어떤 희망을 품고 있는지 알게 된 로라는 교육 혜택을 가족 누구에게나 선물할 수 있게 만들자고 제안했다. 드라이버에 대해 더 많이 알아보려고 노력한 덕분에 그들의 열망과 경험에 맞게 프로그램을 더 잘 설계할 수 있었다.

결국 타인의 말이나 행동의 동기를 이해하기 시작하면 가장 중요한 구멍들을 메울 수 있다. 워싱턴 DC에 있는 연방수사국^{FBI}에서 기조연설을 하면서 나는 뜻밖에도 이 사실을 뼈저리게 느낄 수 있었다.

많은 조직이 그렇듯이 FBI도 변화보다 앞서나가야 한다는 압박감을 느낀다. 그들이 나에게 강연을 부탁한 내용은 오늘날 그들의 입지를 강화하려면 자신들이 미래를 어떻게 생각해야 좋은가 하는 부분이었다. 나는 각 부서에서 온 직원 및 리더 150여명에게 6가지 퓨처 레디 마인드를 찬찬히 설명해줬다. 특히 초점을 맞추었던 부분은 혁신을 자극하기 위해서는 어느 제품이나 서비스의 사용자처럼 생각해보는 '공감'을 많이 활용해야 한다는 내용이었다.

어느 경험을 사용자의 눈으로 보려고 노력해보면, 내가 사용자를 이해하는 데 있어서 놓치고 있던 부분이 무엇인지가 즉각 드러난다. 좋은 예가 하나 있다. 유튜브가 아이폰을 위한 영상 업로드 앱을 출시했을 때였다. 개발자들은 사용자가 업로드한 영상의 대략 10퍼센트 정도가 위아래가 뒤집어졌다는 점을 금세 알아챘다. 이런 일이 왜 벌어지는지 자세히 들여다보았더니, 사용자가 촬영이나 업로드 과정에서 실수를 한 게 아니었다. 사용자들은 그저 '왼손잡이'들이 흔히 그렇듯이 전화기를 180도 거꾸로 들고 있었다. 개발자들은 별 생각 없이 이 앱을 자신들 즉 다수의 오른손잡이에 맞게 디자인한 것이었다.

  FBI의 강연 참석자들은 이 주제에 관심이 많았다. 아마도 '사용자'에 관해 자신이 뭘 알고 뭘 모르는지 항상 생각하고 있기 때문일 것이다. 위기 사태를 맞아 협상에 임할 때나 사이버 범죄자들의 동선을 추적할 때, FBI 직원들은 범죄자의 주변환경과 동기, 감정을 날카롭게 이해하는 데 초점을 맞춘다. '전술적 공감^{tactical} ^{empathy}'이라고 부르는 것을 공식적으로 훈련하는 직원들은 공감력을 키우기 위해 많이 노력해온 듯 보였다. 또한 그들은 상대를 좋아하거나 상대의 의견에 동의하지 않아도 공감할 수 있다는 사실을 나에게 다시 한 번 일깨워주었다. 내 감정과 판단은 잠시 미뤄두고 주의를 집중해서 상대가 세상을 어떻게 보는지 이해하려고 노력하면 된다.

  종종 누군가의 행동이나 관점의 바탕이 된 감정이나 경험을 이해하는 최선의 방법은 그냥 '왜냐?'고 물어보는 것이다. 경영학에서 문제의 근원을 찾을 때 사용하는 '파이브 와이 기법$^{5\ Whys}$'(어느 문제가 발생한 진짜 이유에 도달할 때까지 '왜'를 반복적으로 묻는 방법론)을 약간 바꿔서 사용하라. '왜'를 세 번만 물어봐도 누군가에 대해 당신이 모르고 있는 여러 구멍을 메울 수 있다.

예를 들어보자. 개를 싫어하는 친구에 대해서 여태 당신은 아무 생각이 없었다. 그런데 오늘은 친구에게 이렇게 물어본다. "너는 왜 개를 싫어해?" 친구가 말한다. "무섭잖아." 당신이 묻는다. "왜 무서워?" 친구가 말한다. "물잖아." 당신이 묻는다. "왜 개가 물 거라고 생각해?" 친구가 말한다. "어릴 때 걸어서 학교에 가는데, 하루는 나무 덤불에서 개가 튀어나와서 나를 공격했어. 그래서 응급실에 가서 다리에 물린 곳을 꿰맸어."

우와. 방금 당신은 이 주제에 관한 정보가 '0'이던 상태에서 '생생한 그림'을 가진 상태로 바뀌었다. 어린 시절 친구에게 일어난 일은 큰 트라우마가 되었을 것이다. 방금 당신은 별것 아닌 주제에 관한 한가한 질문의 답을 얻은 것이 아니다. 당신은 친구를 더 깊이 있고 세밀하게 이해하게 해주는 무언가를 알게 된 것이다.

공감을 발휘해 기회를 찾는 법

우리는 누군가의 배경(그들이 지금처럼 세상을 보게 만든 개인사나 경험)을 이해하고 싶을 때 공감력을 발휘한다. 그런데 상대에게 이런 것들을 알아내는 게 불가능하다면 어떻게 해야 할까? 상대의 경험이나 시각에 대한 구체적 정보가 없을 때는 어떻게 공감을 활용해 나의 행동을 선택할 수 있을까?

예측적 공감^{Predictive empathy}을 활용하라. 인간 본성에 관해 이미 알고 있는 사항을 중심으로 생각하면 된다. 사람들이 무서워하는 건 뭘까? 사람들을 웃게 만드는 건 뭘까? 사람들이 걱정하는 건 뭘까? 사람들이 외로움을 느끼거나 희망을 갖거나 좌절하게 만드는 건 뭘까? 당신은 이 질문들에 대해 이미 상당히 정확한 답을 갖고 있다. 왜냐하면 인간으로서 당신도 겪어본 일들이기 때문이다. 당신은 이 모든 감정을 느껴봤고, 직접 경험을 통해 이 감정들이 어디서 오는지 잘 알고 있다. 당신이 이미 가지고 있는 풍부한 지식이 그래서 당신은 어떻게 해야 하는지 무한한 선택지를 제공할 것이다.

예측적 공감에 필요한 것은 간단하다. 그 순간 의식적으로 인간적인 생각을 하면 된다. 사실 우리가 늘 인간적인 생각을 생각하면서 돌아다니는 것은 아니다. 우리가 인간적인 생각을 하지 않는 것은 이상하리만치 쉬운 일이다. 볼 일을 보고 있을 때, 개를 산책시킬 때, 기차를 놓치지 않으려고 뛰어갈 때처럼 말이다. 우리 삶이 점점 더 '과제' 중심이 되면서, 인간적인 생각은 덜 하게 된다. 이는 마치 중력과도 비슷하다. 우리는 중력이 있다는 걸 알고 있다. 하지만 우리가 늘 중력을 생각하고 있어야만, 중력이 참이 되는 것은 아니다.

Chapter 5

우리가 창의적이 되고, 협동심을 발휘하며, 현명해질 수 있는 것
은 인간성 덕분이다. 인간성에 귀를 기울인다는 것은 마치 만화경
속을 보는 것과 같다. 모든 모양, 모든 색깔에서 가능성이 보일 것
이다. 인간성과 지나치게 멀어지면 모든 모양과 색깔이 빛을 잃고,
당신은 아이디어와 솔루션이 고갈되기 시작할 것이다.

디자인 씽킹design thinking의 원칙 중 인간성을 다시 생각하게 하는
원칙이 바로 '인간 중심 디자인'이다. 디자인 씽킹은 특별히 인간적
니즈를 충족시키는 제품이나 프로세스를 만드는 데 초점을 둔다.
디자이너들은 사용자의 동기나 행동을 면밀히 관찰해서 콘셉트를
잡은 후 시제품화와 실험 단계에서 사용자의 피드백에 맞춰 수정
작업을 하고 다듬는다. 사용자의 사소한 반응 하나하나에도 세심
한 주의를 기울이면, 사용자가 제대로 표현하지 못해서 아직 숨어
있는 충족되지 못한 니즈를 해결할 정보를 얻을 수 있다.

인간 중심 디자인은 이렇게 묻는다. '내 제품이나 서비스가 인간
에게 어떤 직간접적 영향을 끼칠까? 인간 공동체에는 어떤 영향을
끼칠까?' 인간 중심적 접근법은 환경이나 사회적 영향 같은 '생명
중심적' 고려까지 포괄하는 내용으로 자연스럽게 확장된다. 개인
에게 득이 되는 것은 사회 전체에도 득이 되거나 적어도 해가 되
지는 않아야 한다.

나는 무엇이든 인간 중심성을 기준으로 평가할 수 있다고 생각
한다. 아들이 어릴 때 색색깔의 자동차와 트럭 모양 모빌을 침대

위에 달아준 적이 있다. 아들은 정말 많은 시간을 침대에 누워서 보냈음에도 그 자동차들에 별 관심을 보이지 않았다. 어느 날 우연히 아들의 침대 옆 바닥에 누워서 모빌을 올려다보게 됐다. 내 눈에 보이는 건 자동차와 트럭이 아니라 얄팍한 골판지들의 조각 모음이었다. 마음이 편안해지기는커녕 혼란스러운 장면이었다.

아들의 시선을 잠시나마 엿볼 수 있었던 게 나에게는 정말 다행이었다. 덕분에 나는 아이들의 니즈에 대해 그동안 내가 사회적 통념이나 일반적 생각, 가정 등을 얼마나 맹목적으로 받아들이고 있었는지 깨달았다. 아이들이 자신의 니즈를 밖으로 또렷이 표현할 수 없다는 이유만으로 말이다.

노인들도 이런 일을 겪는 경우가 많다. 인생의 마지막 단계인 죽음과 관련된 선택이나 활동은 전혀 인간 중심적이지 않은 경우가 많다. 죽음을 경험하게 될 개인은 운전석이 아니라 조수석에 앉아 있고, 그 모든 경험의 중심인 그가 정말로 원하는 것, 필요로 하는 것에 대해 제대로 된 정보가 없는 사람들이 여러 결정을 대신해서 내리는 경우가 많다.

만약 삶의 끝을 하나의 제품이라고 한다면, 이 제품에 대한 인간 중심 디자인은 어떻게 해야 할까?

당신이 고려할 '사용자'는 개인(한 인간)이다. 그 사람은 죽어가고 있다. 그들의 기호와 어려움을 염두에 두고, 당신은 그가 자신의 니즈를 평가해보게 해야 한다. 경험과 관련된 모든 사람, 경험이 일어날 환경, 개인에게 큰 영향을 미치게 될 어떤 선택을 어떻게 내릴지에 관한 프로세스까지 모두 말이다.

당신은 그 평가 내용을 세 가지 정보 카테고리에 포함되는 수십 개의 구성요소로 나눈다. 각 요소는 더 인간 중심적인 데이터를 제공하고, 당신은 그 데이터를 활용해서 사용자에게 바람직하고 실행 가능한 경험을 설계한다. 그러면 사용자는 의료계나 종교기관, 장의업계가 마땅하다고 생각하는 내용이 아니라, 스스로 합당하다고 생각하는 것, 그의 인간적 필요와 바람에 맞는 경험을 할 수 있을 것이다.

인간 중심적 사고를 갈고 닦는다면, 더 나은 것을 이룰 기회가 도처에 널려 있는 게 보일 것이다. 더 능숙하게, 그리고 빠르고 자신 있게 그런 기회들을 예상하고 그에 맞춰 행동할 수 있을 것이다. 전직 구글러인 아스트리드 웨버는 공감력 덕분에 사용자 경험 디자이너UX designer이자 글로벌 변화 선도자로서 남다른 길을 걸을 수 있었다. 그의 이야기를 들어보자.

> ### 광활한 공감자 아스트리드의 이야기
>
> 어릴 때부터 나는 새로운 경험에 대해 마음이 활짝 열려 있었다. 이 우주가 우리를 위해 어떤 선물을 품고 있을지 호기심

이 넘쳐났다. 나는 독일 베를린에 있는 예술대학교에서 석사과정을 마치자마자 구글에 합류했다. 내가 처음으로 했던 '20퍼센트 프로젝트'는 프레데릭의 씨에스아이랩과 함께 디자인 씽킹을 가르치는 것이었다. 구글에서 나의 핵심 업무는 다양했다. 안드로이드 구글 캘린더의 첫 번째 버전을 만드는 것도 있었고, 접근 가능성이 풍부한 사용자 경험^{User Experience, UX}을 정의하는 일도 있었고, 구글닷오알지^{Google.org}와 함께 난민 문제 및 기후 위기 대처 기술 프로젝트를 진행하기도 했다.

나는 많은 자극이 있어야만 이 세상에서 시간을 잘 보내고 있다는 기분이 드는 사람이다. 끊임없이 새로운 상황에 놓이고 새로운 사람들을 만나다 보면, 내가 어떤 사람이고 세상이 어떻게 돌아가는지에 대해 더 자각하게 된다. 자신을 더 깊이 알기 위해 노력하고, 자신의 니즈에 대해 더 속속들이 이해해보려고 한다. 그러다 보면 남들은 어떤 사람들이고 그들의 니즈는 무엇인지에 대해서도 열심히 이해해보려고 노력하게 된다.

나는 어느 상황이 어떨까를 상상에서 그치지 않는다. 적극적으로 수많은 상황 속에 나를 넣어본다. 어디를 가든 내가 마주치는 수많은 다양한 시각을 의식하고 거기에 마음을 열고자 노력한다. 직업적으로 사용자 경험을 디자인하는 사람으로서 공감(타인들의 시각을 이해하고 싶고 거기에 나를 노출시키고 싶은 마음)이 다음번에 내가 하고 싶은 일 쪽으로 나를 떠밀어주는 느낌을 받는다. 이게 그동안 내 커리어의 궤적을 남들과 조금은 다르게 만들었다. 나는 조직 내에서 조금씩 승진해가는 그런 전통적 행보와는 다른 길을 걸어왔다.

예를 들면 스웨덴에서는 기후 변화 대응 기술 스타트업과 협업해 오픈소스로 탄소 계산기를 개발했다. 또 요르단과 그리스, 세르비아, 튀니지의 국제구조위원회International Rescue Committee에서 추진하던 난민 대응 프로젝트를 함께할 팀을 조직하고 이끌었다. 우크라이나에서 전쟁이 발발했을 때는 그곳의 사회운동가들이 이끄는 비정부단체와 구글 사이의 협업을 도왔다. 후원 사이트를 만들고 나서는 구글의 자원봉사 팀이 이 작업을 진행시키고 확장할 수 있게 도왔다. 현재 나는 이 비영리단체의 이사회 구성원으로 활동하면서 전략과 기술에 대한 자문을 제공하고 있다.

나는 새로운 상황의 한가운데 떨어지는 일이 비일비재하다. 무슨 일이 벌어져야 하는지 파악해서 프로세스를 만들고, 그걸 다른 사람들이 이어받을 수 있게 가르친다. 내가 훈련시킨 사람들이 그 일을 즉각 시작하도록 격려한다. 나는 커뮤니티를 구성하는 것을 좋아한다. 사람들이 외로운 늑대처럼 활동하지 않고, 서로 최고의 성과를 낼 수 있게 기운을 북돋고 영감을 줄 수 있기 때문이다. 구글에 입사했던 초기에는 사람들이 옳은 일을 하고 배워야 할 걸 배울 거라고 신뢰하는 분위기였다. 말하자면 '저기요, 우리가 당신을 고용했잖아요. 당신이 잘할 거라고 믿어요. 그러니 이제 가서 하세요.' 같은 식이었다. 나는 이런 환경에서 일하는 게 자신 있었다. 관찰을 통해 배우는 게 아니라 직접 해보면서 배우는 환경 말이다. 나는 커리어의 모든 단계에서 그런 식으로 발전해왔고 그렇게 성장했다. 배울 수 있는 기회가 있으면 곧장 뛰어들었고, 불가능은 건강하게 무시했다.

요즘 내가 팀을 만들 때도 이와 비슷한 생각들이 지침이 된다. 보통은 경험을 바탕으로 사람을 고용하게 마련이다. 지원자의 이력서를 훑어보고, 어느 학교를 나와 어느 기업에서 일했으니 능력이 있으려니 확신한다. 하지만 그런 요소만 보고 사람을 고용해본 적은 한 번도 없다. 열정을 가지고 있고 성장하기를 원하는 똑똑한 사람들을 고용한다. 나는 사용자 경험 분야에 경험이 적은 사람들을 고용한다. 그중에는 건축가, 컴퓨터 게임 개발자도 있다. 그리고 이들은 내가 아는 가장 강력한 사용자 경험 연구원으로 성장했다.

배우고 성장하려는 사람은 피드백에 대해 마음이 활짝 열려있고 새로운 상황에 자신을 자연스럽게 노출시킨다. 그런 사람들과 함께 일하면, 활발하게 의견이 오간다. 내가 공유하는 비전이나 인풋을 그들도 어느 정도 받아들여 자기 것으로 만들고, 다시 또 본인의 의견을 제시하면서 프로젝트가 모양을 갖춘다. 그리고 여기서부터는 정말로 흥미진진해진다. 마치 춤을 추는 것과 비슷하다. 의견을 주고받을 때마다 결과물은 더 강력해진다. 서로 다른 시각들이 영감을 만들어내서, 프로젝트를 시작할 때는 아무도 생각조차 해보지 못했던 아이디어가 탄생한다.

공감이란 함께 인간적인 모습이 되는 일이다. 커뮤니티를 추구하는 일이다. 당신만의 소우주 속에 고립되는 것이 아니라, 서로를 필요로 한다는 사실을 인정하는 일이다. 좋은 일이 일어나게 하려면 남을 이해해야 하고, 그들의 참여가 필요하다는 사실을 인정해야 한다. 궁극적으로 공감이란 긍정적 변화의 원천이다.

미래가 어떤 모습이든 준비되어 있는가

독일 슈타인 지역의 가족 소유 기업인 파버카스텔^{Faber-Castell} company의 리더들과 전략적 파트너들의 연례 모임이 열리기 전날이었다. 가문의 수장인 마리 폰 파버카스텔^{Mary von Faber-Castell} 백작부인 및 그의 딸 카타리나 폰 파버카스텔^{Katharina von Faber-Castell} 백작부인과 함께 저녁 식사를 했다. 나를 초청한 사람은 카타리나였다. 그는 내가 이 모임에 참석해서 향후 회사와 함께 여러 혁신 운동을 전개해 주기를 바랐다. 모임은 파버카스텔 가문의 아주 오래된 고성에서 개최될 예정이었다. 솔직히 정말 매력적인 성이었다.

파버카스텔은 300년간 고가의 고급 연필과 펜, 미술용품, 사무용품을 생산했고, 현재는 전 세계에 제품을 판매하고 있다. 1761년에 설립된 파버카스텔은 산업혁명과 여러 차례의 전쟁을 이겨내고 디지털 시대의 급속한 상거래 현대화에도 잘 적응했다. 고인이 된 카타리나의 아버지 안톤 볼프강 폰 파버카스텔Anton-Wolfgang von Faber-Castell 백작이 이끌던 기간 동안 회사는 글로벌 프리미엄 브랜드가 됐고, 지속 가능성과 기업의 환경 책임을 앞장서서 주창했다.

어느 모로 보나, 파버카스텔은 탄탄한 기업이었다. 그런데도 카타리나는 나에게 걱정을 드러냈다. 기업의 경영진이나 8,000명에 이르는 전 세계 직원이 미래로 잘 나아갈 수 있는 역량이나 비전이 있는지 우려된다고 했다. 사실 이는 현실적인 고민이었다. 연필과 펜을 만드는 회사가 앞으로 10년 후 손에 전자 기기를 들고 다니는 고객들에게도 의미 있는 제안을 할 수 있겠느냐고 했다.

내가 작업했던 가장 흥미로운 프로젝트 중 하나였다. 모든 걸다 갖추고 있었다. 오래된 매력적인 회사와 가문, 흥미진진한 사업 스토리, 아름다운 제품, 그리고 줄어드는 고객층까지. 나는 이들이 혁신으로 가는 그들만의 방법을 찾도록 도와줄 수 있다고 확신했다. 하지만 곧이어 더 빨리 해결해야 할 문제가 있다는 걸 알게 됐다. 이 회사의 조타실에 앉아 있는 개성 넘치고 복잡한 여러 인물의 독특한 시각을 이해하는 일이었다.

각각의 인물과 몇 달간에 걸친 대화 끝에 내가 알게 된 내용을

주목하라

이 실험은 밖에 나가면 언제든 쉽게 해볼 수 있다. 예를 들어 대기실에 앉아 있거나, 줄을 서 있거나, 대중 교통을 이용 중일 때 혹은 회의 시작을 기다리고 있을 때도 가능하다.

눈에 들어오는 사람 중에 한 명을 고른다. 그 사람이 내가 모르는 사람이라면 더 좋다. 그럴 경우 가정은 최소화되고, 관찰하는 내용과 예언하는 내용에 초점을 맞출 수 있기 때문이다. 그리고 관찰 중인 것을 들키지 않도록 조심하라. 다시 말해, 뚫어지게 보지 말고 매너를 지켜야 한다.

관찰하라 그 사람을 자세히 보면서 외모와 표정, 보디랭귀지, 행동, 주변 사람들과의 교류를 관찰하라. 이때 상대를 평가하거나 상대의 프라이버시를 침해하지 않도록 주의하라.

공감하라 당신이 관찰하는 그 순간에 상대는 무슨 생각을 하고 있을지, 어떤 감정을 느끼고 있을지 상상해보라. 상대의 현재 기분은 어떨지 생각해보라.

예상하라 당신이 관찰한 내용을 기초로 간단한 가상 시나리오에 상대가 어떤 반응을 보일지 예상해보라. 예를 들어 누가 상대의 이름을 부르거나 갑자기 비가 오면 상대는 어떤 행동을 보일까? 현재 상황에서 그럴듯한 내용이기만 하면 어떤 시나리오든 상관없다.

비교하라 당신이 지켜보고 있는 동안에 상대는 자신에게 일어나는 일에 어떻게 반응하는지 관찰하라. 그의 반응이 당신의 예상과 비슷한가? 아니면 상대의 반응에 깜짝 놀랐는가?

반복하라 이런 상황에 처할 때마다 이 연습을 해보라. 연습을 많이 할수록 다른 사람의 감정 상태나 행동을 더 잘 인식하고 관찰할 수 있을 것이다.

간략히 소개하면 다음과 같다.

마리 백작부인은 전통과 역사, 회사의 지위를 보존하고 싶어 했으나 변화를 찾아다니는 사람은 아니었다. 카타리나 백작부인은 에너지가 넘치고 미래를 생각했지만, 빨리 새로운 방법을 찾아야 한다고 다른 사람들을 설득하는 데는 어려움을 겪고 있었다. 카타리나의 오빠인 카를레스 백작은 회사의 경영권을 넘겨받는 데 골몰했다. CEO 다니엘 로거Daniel Rogger는 회사 운영에 대한 본인의 책임에 초점을 맞추고 있었다. 그리고 카타리나의 여동생 빅토리아 백작부인과 사라 백작부인은 본인들의 커리어를 고민했다.

모든 인물이 회사가 계속해서 승승장구하기를 바랐다. 그러나 가업이란 복잡한 것으로 악명이 높고, 그들의 이해관계를 일치시킬 방법도 없었다. 그래도 각자의 독특한 동기를 이해하려고 노력하다 보니, 혁신이 이들 각자의 목표에 어떤 도움이 될지 보여줄 수 있었다. 이들의 협조를 통해 우리는 조직 곳곳의 개인에게 교육을 제공하는 내부 혁신 코칭 커뮤니티를 발족시켰다. 그리고 회사가 미래를 향하고 있음을 표현할 새로운 미션과 비전, 가치 선언도 만들었다. 우리는 파버카스텔이 미래에 고객들에게 무얼 제안해야 하느냐는 카타리나의 질문에 답하지 않았다. 그러나 더 좋은 질문을 고민했다고 생각한다. '미래가 어떤 기회와 난관을 가져오든 우리는 준비가 되어 있을까?'

질문을 할 때 예측적 공감을 활용해 구체적인 가능성을 생각해보면 상상력이나 창의성을 많이 자극할 수 있다. 구글에서 여러 번 진행한 혁신 수업 중에 '미래의 수레바퀴'라는 것이 있었다. 미래의 수레바퀴는 시나리오 기획에 사용되는 시각적 툴을 사용해서 주어진 사건이나 트렌드가 미래에 끼칠 수 있는 직간접적 영향을 알아본다.

고민해보고 싶은 주제를 정해서 화이트보드의 한가운데에 쓴다. 예를 들어 자율주행차라는 주제를 정했다고 치자. 먼저 일상생활에서 자율주행차가 생겼을 때 일어날 1차 결과를 찾아본다. 이렇게 질문하면 된다. '자율주행차 등장의 직접적 결과로 일어날 일이 뭐가 있을까?' 아마도 교통사고가 줄어들고, 정부의 교통범칙금 수입도 줄고, 도로에 자동차는 더 많아질 것이다. 이 모든 결과를 화이트보드에 적고, 가운데에 써 있는 '자율주행차'와 선으로 연결한다.

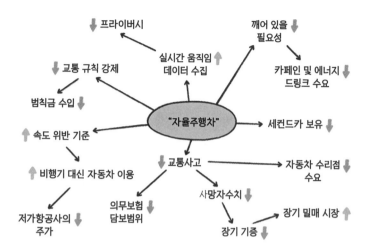

그다음에 우리는 이렇게 물어본다. '각각의 1차 결과가 발생하면 무슨 일이 벌어질까?' 자동차 수리가 줄어들고, 교통사고 사망자 수도 줄고, 차가 더 많이 다니니까 도로의 유지보수 비용은 늘어날 것이다. 2차 결과를 모두 적고 1차 결과와 선으로 연결한다. 관련성이 있고 도움이 되는 한 최대한 많은 단계에 걸쳐 이 작업을 계속한다. 최대한 넓은 범위에서 후속 결과를 끝까지 다 상상해본다.

이 정도 되면 아주 복잡한 수레바퀴가 생기면서(솔직히 말하면 수레바퀴라기보다는 마인드맵과 비슷한 형태가 된다) 몇 개의 패턴과 놀랄 만한 사실들이 드러난다. 그러면 발생 가능성과 잠재적 파급력에 따라 결과의 등급을 나눈다. 위 경우라면 아마도 1)사망자 수 감소, 2)비행기보다 자동차 이용 증가, 3)도로 유지보수를 위한 세금 증가가 될 것이다.

그러면 이제 긍정적 결과는 활용하고 부정적 결과는 완화할 전략을 개발할 수 있다. 가장 놀라운 영향은 무엇일지, 그리고 혁신의 기회는 없을지 생각해보라. 어쩌면 지금이 새로운 고속도로 건설 자재를 개발하기에 좋은 때일지도 모른다. 미래에는 도로 위에 자율주행차가 돌아다닐 테니, 도로가 곧 전기 자동차의 배터리까지 충전해줄 수 있는 그런 자재 말이다.

미래를 향한 공감

공감을 활용해 잠재적 시나리오와 가능성 있는 여러 사건을 테스트해본다는 것은 다음에 당신에게 선택권이 생길지도 모를 메뉴판을 만드는 것과 같다. 각 시나리오가 당신의 열망이나 가치관, 웰빙에 미칠 수 있는 장·단기적 영향을 한번 생각해보라. 그런 영향이 바람직한지, 실제로 일어날 수 있는지 평가해보고, 그에 대처하려면 어떤 자원이나 능력이 필요할지 생각해보라. 지금 우리가 이걸로 의사결정을 내릴 것은 아니지만, 생각해볼 만한 선택지가 무엇인지는 알 수 있다.

예측적 공감은 또한 일종의 미래를 향한 공감이기도 하다. 인간 중심적이고 파급효과를 고려하는 사고를 하게 되면 당신이 남기고 간 세상에서 살아가게 될 사람들의 경험과 니즈를 예측하는 데 도움이 된다. 그리고 당신뿐만 아니라 그들의 니즈를 생각해보고 그들의 관점을 상상해보게 된다. 당신이 미래 세대에 공감하지 않는다면 당신 뒤에 올 세대에게 '더 나은 세상'이란 없다.

커리어 초창기에 나는 딜로이트^{Deloitte & Touche}에서 진행한 남아프리카공화국 여성 사업가들을 위한 자금 지원 프로젝트의 컨설턴트로 일했다. 케이프타운에 위치한 손바닥만 한 사무실에서 하루 종일 전화를 받으며 자금 지원과 창업에 대한 조언을 구하던 여성들을 도왔다. 그들에게는 기회를 붙잡을 수 있는 시간이 많지 않았고, 나는 그들이 신청서를 작성할 수 있게 각자의 개인적 여건과 사업 목표를 빠르게 이해해야 했다. 말하자면 비즈니스판 스피드 데이팅^{speed dating}(남녀가 여러 사람을 잠깐잠깐 만나볼 수 있게 진행하는 데이트 행사 — 옮긴이) 같았다.

4개월이 넘는 기간 동안 나는 수많은 여성이 사업 계획을 세울 수 있게 도왔다. 그중에는 커피숍 겸 예술 공간, 24시간 피트니스 센터, 대형 패스트푸드 체인에 닭을 공급할 양계장까지 있었다. 나는 그들의 개인사와 열망에 정신없이 빠져들었다. 그들이 겪은 어려움과 그들이 품고 있는 희망, 야심 같은 것들을 알게 되면서 미래에 대한 흥분과 열정을 함께 나누는 기분이었다.

공감을 실천하다 보면 타인의 시각이나 반응을 알게 되기 때문에 (가끔은 자신의 내면도 보게 되기 때문에) 나 자신도 성장하게 된다. 이는 곧 나의 이해 능력이기도 하다. 새로운 이해 능력이 생기면 나 자신의 시각도 풍부해지고, 내가 사는 다채로운 세상을 더 많이 포괄하고 더 진실에 가까운 시각을 갖게 된다.

호기심이 당신 앞에 놓일 수많은 길의 모양을 결정한다면, 광활한 공감력은 그 길의 깊이와 의미에 영향을 미친다. 광활한 공감력은 당신의 감정을 보다 명료하게 이해하고 더 구체적인 목적을 정하도록 도와주어, 퓨처 레디 마인드가 제시하는 여러 선택을 잘 결정할 수 있게 준비시켜준다. 광활한 공감력은 '나'와 '남' 사이('우리'라고도 한다)에 놓인 다리가 되어, 언제나 미래는 남들과 함께 경험하는 것임을 일깨워준다. 나와 남 모두를 위해 광활한 공감력을 발휘하라.

인간적 교감이
당신의 기회를 확대해줄까?

따라 해보세요

1. 한 손을 가슴에 올립니다.

2. 순전히 본능적으로 저질렀던 대담한 일을 기억해보세요.

3. 그때 느꼈던 짜릿함을 떠올려보세요.

4. 그 일 때문에 바뀐 것이 있나요?

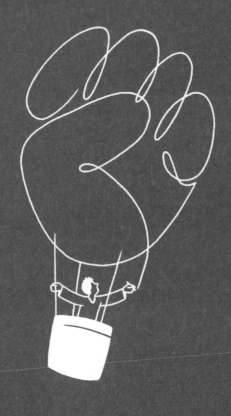

CHAPTER 6

당신의
X차원

당신의 선택이
당신의 미래를 만든다

DEMENSION X

X차원은 오직 당신만이 가지고 있는 슈퍼파워다. 당신 안에 뜨겁게 흐르고 있는 힘이다. X차원은 지금 당장 당신에게 일어나는 일뿐만 아니라 내일 당신의 미래가 어떤 모습이 될지에도 큰 영향을 미친다.

이런 질문을 들어봤을지 모르겠다. "열여섯 살로 돌아가면 당신 자신에게 어떤 조언을 해주고 싶나요?" 아니면 이런 질문도 있다. "스무 살로 돌아간다면 지금 알고 있는 것 중에서 무엇을 알았으면 좋겠나요?"

경험이 많거나 성공한 사람이 이제 막 시작하는 누군가에게 뭔가를 설득하려고 할 때 자신의 '지혜'를 흔히 이런 식으로 포장한다. 그러나 나로서는 도저히 이해가 되지 않는 행동이다. 젊은 날의 내가 알아야 하거나 해야 할 일을 왜 늙은 나에게 물어보는가? 과거에 내가 저지른 실수나 잘못된 선택은 a)지금의 나를 만드는 데 기여했고, b)이미 지나간 일이다. 기차는 역을 떠났을 뿐만 아니라, 이미 현재(젊은 나의 입장에서는 '미래')에 도착해 있다. 다른 누군가에게 내가 경험했던 함정과 장애물이 그려진 지도를 건네주는 것은 기껏해야 수비 전략에 불과하다. 누구든 내 차의 백미러를 들여다보면서 앞으로 나아갈 수는 없다.

미래를 만드는 나만의 X차원

퓨처 레디 이정표를 확인하면 실수 하나에 전전긍긍하는 것보다 훨씬 더 멀리 갈 수 있다. 이 이정표들은 당신의 여정에서 앞으로 나아갈 길에 영향을 주는 핵심적 순간이자 터닝포인트(오르막과 내리막)다. 인생의 모든 중요한 순간에 퓨처 레디 이정표가 있었다. 당신에게 결정적이었던 사건과 그 사건에 대한 당신만의 독특한 반응이 있었다. 여기까지가 지나온 시간이라면, 이게 끝나는 시점부터 바로 당신의 미래가 시작된다. 다시 말해, 미래(다음번에 일어날 일)는 당신의 바로 다음번 선택만큼이나 가까이 있다.

내 경우의 퓨처 레디 이정표를 그려본다면 대략 다음과 같은 그림이 될 것이다.

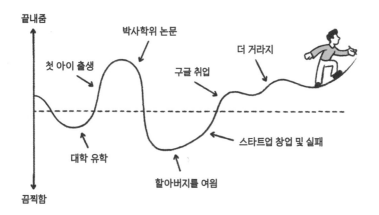

이 이정표를 보면서 가장 먼저 느끼는 것은 이제는 정말로 중립적으로 이 사건들을 바라볼 수 있다는 사실이다. 열두 살 때 할아버지가 돌아가신 일은 나에게 너무나 힘든 일이었다. 그러나 내 삶의 다른 이정표들과 함께 그 일을 생각해보니, 덕분에 내 인생이 완전히 바뀌었음을 깨닫게 된다. 왜냐하면 할아버지가 돌아가신 이후로 나는 삶에 늘 움찔거리고 있었던 모든 변명을 내다버렸기 때문이다. 또한 그 일 이후 고향뿐만 아니라 온 세상을 배경으로 나를 바라보아야겠다는 필요성을 강렬하게 느꼈다.

첫 아이의 탄생을 생각하면 물론 엄청나게 행복했던 기억도 나지만, 지금 보면 내가 미래에 접근하는 방식에 영향을 줄 역동적인 요소가 하나 추가된 것이 분명하게 보인다. 이때부터 내가 내리는 여러 선택은 더 복잡한 동시에 흥미로워졌다. 왜냐하면 이때부터는 나 혼자만이 아니라 가족을 생각하게 됐기 때문이다.

나의 이정표 지도에 또 하나의 중요한 요소가 보인다. 이들 사건을 불러오거나 혹은 각 사건에 대한 나의 반응을 결정한, 내 안의 특별한 자질이다. 이 자질(행동을 선호하는 강력한 성향)을 나는 나의 'X차원'이라고 부른다. 나의 X차원은 지나치게 많이 생각하거나 결과에 너무 집착하지 않고 일단 시도해보는 것을 기본 설정값으로 삼는다는 점이다. 나는 '완벽한 결정' 따위는 없다고 믿는 사람이다. 대부분의 경우에는 행동을 취하는 편이 배움을 얻고 빠르게 적응하는 데 도움이 된다고 믿는다. 이런 행동선호편향 덕분에 기회가 발생하는 즉시 그 기회를 알아보고 이용할 수 있다. '기회를 보고 달려든다.'는 표현을 들어본 적이 있을 것이다. 내가 그 '달려드는 사람'이다.

그동안 얻었던 교육의 기회나 일자리 등은 거의 모두가 이 행동 선호의 결과였다. 나는 초빙 연구원 자리를 60군데 이상 지원해서 스탠퍼드대학교에 자리를 얻었다. 구글에서 더 거라지를 만들 때도 아무에게도 허락을 구하지 않았다. 커리어 초창기에는 이 자질 덕분에 세계 구석구석에서 생각조차 못 해봤던 일들을 했다. 퓨처 레디 마인드의 다른 여러 차원(특히 개방성 및 실험)에 행동선호편향이 결합된 덕분에 나는 남보다 빠르게 움직일 수 있었고, 인간으로서 성장하게 만든 여러 선택(종종 리스크가 있는 선택)을 할 수 있었다. 행동선호편향은 강력한 추진력이 되어 다른 방식으로는 결코 마주치지 못했을 여러 기회를 만날 수 있게 해주었다.

살면서 마주치는 커다란 변화 중에는 순식간에 일어나는 것들이 있다. 행복한 변화이든, 고통스런 변화이든, 그처럼 결정적인 사건은 알아채기가 쉽다. 반면에 긴 시간에 걸쳐 일어나는 변화들도 있다. 그런 경우에는 반대편 끝으로 나와서 다음 챕터에 접어들어 한참이 지날 때까지 그 변화를 보지 못하거나 제대로 인식하지 못할 수도 있다. 각 사건이 퓨처 레디 이정표(긍정적이든, 부정적이든)가 될 것인가의 여부는 그 사건이 당신을 얼마나 앞으로 나아가게 만드느냐에 달려 있다.

앞서 말했듯이 끝내주는 낙천성은 더 나은 기회를 포착할 수 있는 선택권을 준다. 거침없는 개방성은 미지의 것을 환영할 수 있는 선택권을 펼쳐놓는다. 강박적 호기심은 미래를 찾아다니고 발견할 수 있는 선택권을 준다. 끊임없는 실험은 미래를 테스트하고 맛볼 수 있는 선택권을 만들어낸다. 광활한 공감력은 더 목적 지향적이고 인간 중심적인 선택을 내리게 만든다.

퓨처 레디 마인드의 다양성은 당신이 고를 수 있는 선택지들을 볼 수 있게 해준다. 당신이 내리는 선택 하나하나를 통해 미래를 만들어갈 수 있게 해준다. X차원은 당신의 선택에 영향을 끼침으로써 당신이 그 누구와도 다른, 당신만의 미래를 만들어가게 한다. 당신의 X차원은 어디서도 볼 수 없는 당신만이 가진 것이다. X차원이라는 렌즈를 통해 세상을 보기 때문에 (미국의 소설가 아네스 닌^{Anaïs Nin}의 말처럼) 그 세상은 있는 그대로의 세상이 아니라 '당신'이라는 사람이 반영된 세상이다. X차원은 삶에서 당신을 앞으로 나아가게 만들었던 여러 사건을 관통하고 있는 직선이다. 시간이 지나면 시그니처와 같은 반사적 반응이 되어, 미래를 만들어가는 데 점점 더 중요한 역할을 수행한다. 당신이 전진할 때 자신 있게 뱃머리의 방향을 잡아주는 믿음직한 조타수,[1] 그게 바로 당신의 X차원이다.

X차원을 최대한 활용하고 싶다면, 일상 속에서뿐만 아니라 당신의 커다란 내러티브 속에서 어떤 역할을 수행하는지 이해해야

한다. 그런 다음 X차원을 활용해 불가능을 가능으로 만들어라.

퓨처 레디 이정표 만들기

당신의 오르막과 내리막을 한번 보라. 당신 인생에서 중요한 분기점이었다고 느껴지는 순간들을 떠올려보자. 강렬한 정서적 반응을 유발했던 개별 사건 또는 서서히 진행되기는 했어도 분명한 터닝포인트가 되었거나 커다란 배움 또는 성장을 가져온 일을 떠올려보라. 이는 졸업이나 결혼, 승진처럼 흔히들 생각하는 '큰 사건'이 아닌 경우도 많다. 오히려 사적인 인간관계와 관련된 미묘한 깨달음의 순간이나 일상의 에피소드일 수도 있다.

빈 종이 한 장을 가로로 길게 놓고, 가운데에 수평선을 하나 그어라. 왼쪽 끝은 당신 삶의 유년기를 나타내고, 오른쪽 끝은 현재 당신이 있는 곳이다. 긍정적인 경험은 선보다 위에 표시하고, 부정적인 경험은 선 아래에 표시한다. 다섯 개에서 열 개 정도의 사건을 표시하고, 그 아래에 간단한 설명을 써라. 지도에 그려진 사건들을 보면서 다음의 질문에 답하라.

- 각 사건이 일어났던 때의 마음 상태가 기억나는가?
- 각 사건의 결과로 당신은 어떤 행동을 취했는가?

- 어느 사건에서 배움을 얻어 다음번 사건이 일어났을 때는 당신의 접근법이 바뀌었던 경우가 보이는가?
- 이들 사건에 대한 당신의 반응에 영향을 주었거나 심지어 이들 사건을 촉발했던 특별한 요소가 있는가?

아마도 이정표가 있는 지점마다 신경세포들의 연결부인 시냅스 비슷한 게 보일 것이다. 무언가 관련성이 있고 그걸 어떤 에너지 같은 것이 둘러싸고 있어서 무언가 특별한 요소가 존재함을 알려주고 있을 가능성이 크다. 아마 그중에는 사건이 일어났을 때 어떤 식으로 의사결정을 내렸는지 기억나는 경우도 있을 것이다. 즉흥적이었든, 심사숙고했든, 당신은 확신을 가지고 그런 선택을 내렸을 것이다. 당신이 그렇게 할 수 있었던 이유는 당신이 어떤 사람이고 무엇을 믿는 사람인지 표출할 수 있게 그 특별한 요소, 즉 당신의 X차원이 도움을 주고 있었기 때문이다.

X차원은 시간이 지날수록 더 강해져서, 이런 이정표가 될 사건을 야기했거나 그런 사건에 대한 반응으로 나오는 의사결정과 거의 일치한다. 구글에서 일했던 어스 채리야와타나루트는 태국에서 자랐지만 이후 전 세계 곳곳을 누비며 일했다. 어린 시절부터 어스의 X차원(타인을 깊이 통찰할 수 있는 능력)은 다양한 경험과 기회, 도전으로 그를 이끌었다. 그의 X차원은 일찍부터 이 '동네에 새로 나타난 아이'가 지금까지와는 다른 환경에 잘 적응할 수 있

게 도왔다. 어스는 커리어를 이어가면서 타인의 관점을 이해할 수 있다면 그들에게 중요한 게 뭔지 알아낼 수 있다는 것을 알게 됐다. 이는 그가 조직 내부 및 업계에서 다양한 파트너십을 쌓고 협업을 성공시키는 데 큰 역할을 했다. 어스는 이렇게 말한다. "저한 테는 이게 정적인 특징이 아니라, 동적인 과정이에요. 타인을 이해만 하는 게 아니라 사람들을 한자리에 모으고 다양성 속에 단합을 끌어내는 게 핵심이니까요."

X차원이 어떻게 당신의 앞길을 만들어나가는지 늘 인식하지 못할 수도 있다. 때로는 아침에 문득 눈을 떠서 "우와, 이것 봐. 나 이제 전혀 다른 곳에 와 있어!"라고 깨달을지도 모른다. 아니면 당신의 X차원과 지금 당장 일어나고 있는 일을 의식적으로 연결 짓지 못할 수도 있다. 로라 존스는 자신의 강점을 잘 알고 있지만, 그 강점이 자신을 어디로 데려가는지 보면 아직도 깜짝 놀라곤 한다. 연결고리를 만드는 로라의 이야기를 들어보자.

자신의 X차원을 가진 로라의 이야기

대학 시절 나는 예술 관련 수업이란 수업은 다 들었고, 무대 디자인 용품을 판매하는 숍에서 일했다. 그렇지만 전공은 경제학이었기 때문에 나중에 컨설턴트나 투자 은행가가 되는 게 일반적인 진로였다. 졸업 후 딜로이트에 취업해 얼마 지나보니, 호텔 방을 전전하며 종일 스프레드시트를 쳐다보는 내가 있었다.

나는 창의성을 발휘할 출구가 필요했다. 그래서 화실을 하나 구해 출장이 없을 때면 퇴근 후 그림을 그렸다. 그러고 나면 삶이 만족스러웠을 거라 생각하겠지만, 실제로는 더더욱 내가 밟고 있던 커리어를 받아들일 수가 없었다. 나는 일을 그만두어야 한다는 것을 깨달았다. 그리고 나의 분석적인 면과 창의적인 면을 서로 이어주고 내가 온전한 나 자신이 될 수 있게 해줄 새로운 일을 찾아야겠다고 생각했다.

그다음은 마치 영혼을 찾는 여정 같았다. 나는 당시에 살고 있던 워싱턴 DC를 떠나 샌프란시스코로 왔다. 그리고 스탠퍼드대학교의 비즈니스스쿨에 들어갔다. 비즈니스와 창의성이 결합되는 분야의 다양한 사람들을 만나면서 내가 할 수 있는 일이 뭐가 있을까 알아보고 있었다. 한 친구가 스탠퍼드대학교에 디자인과 관련이 있으면서도 비즈니스 및 창의성을 다루는 새로운 연구소가 만들어진다고 말해 강한 흥미를 느꼈다.

나는 이 연구소에 있는 사람을 만나 이야기를 나눠보고 싶었다. 그런데 막상 찾아가보니 아직 건물도 없는 연구소였다. 말 그대로 가건물에 플라스틱 간판만 하나 덜렁 붙어 있었다. 그 가건물에 손을 올리면서 이렇게 생각했던 게 기억난다. '뭐가 되었든 이 안에 있는 게 내 운명이야.' 그리고 실제로 그렇게 되었다. '디자인 씽킹'이라는 큰 세상이 내 안에 흩어져 있던 가닥가닥의 실을 하나의 끈으로 묶어냈다. 디스쿨은 내가 향후에 어떤 커리어를 가질 수 있는지 이해하도록 도와준 것은 물론, 어디에나 적용할 수 있는 활짝 열린 가능성이라는 개념을 알려주었다.

비즈니스스쿨을 마치고 비자Visa에서 마케팅과 사업전략 업무를 시작했다. 학교에서 그처럼 많은 자극을 주었던 창의적 경험을 마치고 회사에 출근했던 첫날이 아직도 생생히 기억난다. 나는 사방에 깔려 있는 회색 카펫과 조그만 내 칸막이 책상을 보면서 내가 대체 무슨 짓을 저지른 것인가 하는 의심을 했다. 첫 업무는 누군가 나에게 건네준 서류 한 다발을 가지고 다가올 전체 회의에 사용할 소비자 심리에 관한 보고서를 작성하는 일이었다.

학교에서 배운 바에 따르면, 마음을 열고 바라보는 방식에 따라 같은 대상도 완전히 달라질 수 있었다. 사람들은 분명 도표와 그래프가 등장하는 상당히 직관적인 보고서를 기대하고 있었을 것이다. 그러나 데이터를 모두 취합해서 몰입할 수 있는 POV 영상으로 만들고 프레젠테이션 전체에 음악을 깔았다. 다들 '이게 대체 뭐야?'하는 표정이었지만, 좋은 의미에서였다. 내 커리어의 다음 장이 시작되고 있었다. 나는 내가 배운 모든 것과 나의 가치관을 하나로 녹여 현실에 적용했다.

비자를 떠난 뒤에는 구글에서 4년을 보냈다. 나는 구글에서 더 많이 배우고 더 큰 영향을 미치고 싶은 에너지와 포부를 방출할 수 있는 어마어마한 출구를 찾았다. 우버에서 새로운 기회를 제안했을 때는 임신 중이었고 구글이 편안해져 있었다. 그래서 혹시나 실패할 수도 있는 일을 위험을 무릅써가며 해야 하는지 확신이 서지 않았다. 하지만 곧 디스쿨의 가건물 밖에서 느꼈던 그 감정이 기억났다. 내가 잡아야 하는 기회였다.

나의 경험을 크게 증폭시켜주었던 나의 강점(나의 X차원)은 예상치 못한 것들을 서로 연결하는 능력이다. 나는 통념을 깨는 방식으로 혹은 직관에 반하는 방식으로 사람들 혹은 아이디어들을 서로 연결 지어 상상해보는 능력이 있다. 그러면 생각지 못했던 기회가 나타나기도 한다. 마치 수많은 색이 담긴 팔레트를 앞에 놓고 남들은 생각지 못할 조합을 그려볼 수 있는 능력과 비슷하다.

한 예로 구글에서 나는 패션 전문가들과 엔지니어들을 서로 연결해 쇼핑이 가능한 영상을 만들기도 했다. 인스타카트에서는 내가 크리에이티브 전문가, 퍼포먼스 마케팅 전문가, 데이터 과학자의 언어를 사용할 줄 아는 덕분에 정말로 흥미로운 새로운 아이디어가 많이 나온다. 덕분에 거의 매일 나는 이전에 한 번도 해보지 못한 무언가를 하고 있다. 어느 프로젝트는 내가 썼던 내부 메일 한 장에서 시작해서 수많은 연결고리로 이어진 끝에 몇 달 후에는 프라하의 어느 욕조에서 가수 리조^{Lizzo}와 함께 인스타카트의 광고 캠페인을 찍고 있기도 했다. 이 광고는 2022년 MTV 비디오 뮤직 어워드에서 공개됐다. 놀랍고도 멋진 순간이었지만 인생에서 과감한 도전을 감행했을 때 우리가 바랄 법한 바로 그런 순간이기도 했다.

당신의 X차원은 오르막일 때나 내리막일 때나 늘 무엇이 가능한지를 일깨워줄 것이다. X차원이야말로 당신을 안전지대에서 벗어나 위험지대(대부분은 좋은 위험의 영역)에 들어가도록, 그래서 당신이 정말로 뭘 할 수 있는 사람인지 테스트하고 증명하도록, 엉덩이를 한 번 걷어차 줄 수 있는 힘이다.

어느 조직의 X차원은 조직문화에 반영되어 있다. 한 예로 테슬라와 스페이스X^{SpaceX}의 조직문화는 위험을 감수하고 반복적인 실험을 통해 성공하든 실패하든 배움을 얻는 것이다. 그렇다면 이들의 X차원은 '실패를 환영하라'라고 말할 수 있을 것이다. 만약 여러분이 이 두 회사의 퓨처 레디 이정표를 그려본다면, 중요한 시기마다 바로 이 X차원이 영향을 끼친 것을 보게 될 것이다.

두 회사의 CEO인 일론 머스크$^{Elon\ Musk}$는 이렇게 말했다. "만약 실패하고 있지 않다면, 혁신이 충분치 않다는 소리다." 우주선 시제품이 추락했을 때 머스크는 많은 데이터를 수집했다며 스페이

행동하지 않은 대가

이정표 지도에는 앞으로 나아가지 못했거나 심지어 뒷걸음치게 되었던 사건이나 기간은 나타나지 않는다. 이런 일은 당신의 X차원이 어떤 행동을 해보라고 격려했음에도 '행동하지 않기로' 선택한 결과인 경우가 많다.

삶에서 본능을 따르지 않고 아무것도 하지 않기로 선택했던 경우를 세 가지 정도 생각해보라. 그리고 무엇이 당신을 행동하지 못하게 만들었는지 기억해보라. 각 상황에서 결국 어떤 결과가 나왔는가? 당신이 행동하지 않아서 생긴 결과인가? 당시에 당신은 결과에 만족했었는가?

그렇다면 이제 당신이 만약 어떤 행동을 취했다면 달라졌을 결과를 두 가지씩 상상해보라. 가상의 결과가 실제로 벌어진 일보다 더 나은가? 당신의 가치관이나 열망에 더 부합하는가?

흔히 COI라고 하는, '행동하지 않은 대가cost of inaction'는 언제나 '실수의 대가'보다 더 클 것이다. 다음번에 당신이 행동을 망설이고 있다면, 위에서 한 것처럼 혹시라도 나올 수 있는 결과들을 미리 생각해보고 이렇게 자문하라. '나의 X차원이라면 어떻게 할까?'

스X의 엔지니어들과 축하를 나눴다. 고객이 피드백으로 어떤 흠결을 알려주면 테슬라의 엔지니어들은 열정적으로 해결책을 찾는다. 한번은 조라는 이름의 고객이 자동차의 알림 소리가 너무 커서 잠든 아기가 자꾸만 깬다고 불평을 했다. 다음번 소프트웨어 업데이트를 하면서 테슬라는 '조 모드'라는 것을 도입했다. 더 조용한 알림을 원하는 고객들이 선택할 수 있게 옵션을 제공한 것이다. 실패를 적극적으로 환영하는 문화는 끊임없는 실험을 통해 빠르고 지속적인 학습을 가능하게 했고, 이를 통해 두 회사는 각자의 영역에서 계속 발전해나갈 수 있었다.

나만의 X차원을 활용하는 법

X차원을 당신의 내러티브라는 긴 여정에서 반복적으로 나타나는 특징이라고 할 때, 경험을 좀 더 촘촘히 잘라보면 X차원이 다른 퓨처 레디 마인드와 어울려 어떤 식으로 작용하는지 좀 더 자세히 알 수 있다. 최근 많은 일이 있었다고 생각되는 며칠, 혹은 일주일을 떠올려보라. 회사에서 중요한 납기가 있었을 수도 있고, 친구가 사생활의 위기가 생겨 당신의 도움을 필요로 했을 수도 있을 것이다.

해당 사건 전후의 며칠을 여러 개의 작은 조각으로 나눠서 앞서 그렸던 그림처럼 종이에 한번 그려보라. 이번에는 퓨처 레디 마인드가 사건의 전개에 어떤 역할을 했는지 생각해보라.

예를 들어 투자자들 앞에서 사업 아이디어를 발표할 기회가 있

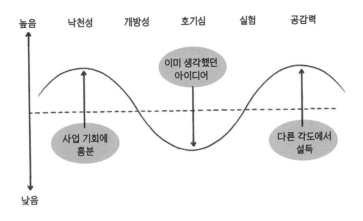

다고 치자. 그러면 다음과 같은 그림이 될 수도 있을 것이다.

물론 당신은 이 기회를 보고 엄청난 낙천성을 품었을 것이다. 개방성이나 호기심은 덜 개입했을 것이다. 당신이 이 하나에 너무 꽂힌 나머지 넓게 다른 가능성들까지 살피지 않고 있기 때문이다. 발표 준비를 할 때는 여러 가지 접근법을 테스트할 때 실험이 도움을 주었을 것이다. 아마도 공감 수준은 별로 높지 않을 것이다. 왜냐하면 거의 일방적으로 당신은 당신 생각만 하고 있기 때문이다. 자금이 필요하고, 자수성가를 꿈꾸고, 대단한 아이디어를 가지고 있는 '당신' 말이다.

이제 경험을 하는 내내 퓨처 레디 마인드와 관련해 당신의 X차원(예컨대 여기서는 '수완이 뛰어나다'라고 치자)이 등장했던 곳들을 서로 이어서 선을 그려보라.

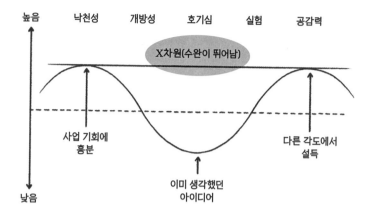

X차원이 호기심 및 공감력과 함께 피크를 만드는 게 보이는가? X차원이 없다면, 이들도 그렇게까지 큰 효과를 내지 못할 것이다. 그러나 수완이 뛰어난 사람은 호기심을 활용해 서로 연결할 점들을 찾아내고 그걸 이어서 이번 기회가 가진 잠재적 가능성을 극대화할 것이다. 또한 공감력을 발휘해 투자자의 관점 및 관심사를 고려한 가장 설득력 있는 언어로 이 아이디어가 왜 유망한지 설명할 수 있다.

퓨처 레디 마인드의 다른 부분들을 성장시킬 방법은 많지만, 당신의 X차원은 사실상 스스로 성장한다. 당신의 참모습은 시간이 지나면서 더 뚜렷해진다. X차원은 당신의 강점이기 때문에 당신은 X차원이 나에게 좋은 일만 한다고 생각한다. 그러나 X차원은 너무 강력한 힘을 발휘하기 때문에 때로는 당신을 불편한 상황에

처하게 하거나 의도치 않은 곳에 데려다놓을 수도 있다.

예를 하나 들어보자. 여름마다 나는 가족들과 함께 고향인 독일에 가서 루텐페스트Rutenfest라고 하는 17세기부터 이어져 온 페스티벌에 참석한다. 닷새 동안 이어지는 페스티벌 기간에는 학생들의 여러 시상식과 슈팅 시합도 열리고, 동네별 행사도 많다. 그렇지만 뭐니 뭐니 해도 페스티벌의 꽃은 매년 수만 명의 구경꾼이 몰려드는 퍼레이드이다. 퍼레이드 참석 팀 중에는 행군 악대도 있고, 전통 의상을 차려 입은 음악가들도 있고, 시내 모든 고등학교가 참석하는 드럼 연주단도 있다. 그중 가장 유명한 연주단은 내가 졸업반 때 단장을 맡기도 했던 톰러코Tommlerkorps다. 34명으로 이루어진 이 드럼 연주단은 150년 이상의 전통을 자랑해서, 멤버로 뽑히는 것만으로도 어마어마한 영광이었다.

2023년 페스티벌을 얼마 앞두고 나는 다른 동창에게서 톰러코 참여에 대한 관심이 줄어들고 있다는 얘기를 전해 들었다. 그래서 올해는 평소보다 12명이나 적은 22명만 공연을 할 거라고 했다. 청천벽력 같은 소리였고, 나는 뭐라도 해야겠다 싶었다. 그래서 페스티벌이 이제 막 시작되었을 때 친구와 함께 지역 신문에 특별 기고문을 썼다. 이 역사적인 드럼단을 보존할 수 있도록 더 포용적이고 민주적인 드럼단을 만들자며 몇 가지 방법을 제안했다. 사상 처음으로 드럼단에 여학생들을 받아들이자고 했다. 더 좋은 악기와 코스튬에 투자하고, 사회적 참여도 활성화하자고 했다. 모두 충분히 나올 만한 아이디어였고, 우리는 학생들이 드럼단에 다시 관심을 가져주길 바랐다.

그러나 이후의 상황 전개는 완전히 다른 방향으로 흘러갔다. 페스티벌 기간 내내, 그리고 이후로도 한참 동안 해당 신문사에는 나와 내 친구의 생각에 반대하는 혹평 수백 개가 달렸다. 아주 공격적인 표현들과 더불어 우리더러 톰러코에 괜한 트집 잡지 말고 캘리포니아로 돌아가라는 위협적인 댓글들도 있었다. 나는 이런 반응에 소스라치게 놀랐다. 심지어 옛 동창들조차 나에게 이메일을 보내와 해당 칼럼을 문제 삼으면서 우정을 끊자고 했다.

마치 물에 빠진 사람을 구하려고 물에 뛰어들었더니, 수영장에 있는 모든 사람이 나에게 그 사람을 그냥 내버려두라고 소리치는 상황을 만난 안전요원이 된 기분이었다. 말도 안 되는 며칠이 지나갔다. 앞뒤 가리지 않고 행동에 뛰어든 결과였다. 드럼단에 대한 평생의 애정에서 나온 것이었는데 말이다. 행동한 것을 후회하지는 않았다. 다만 사람들이 어떻게 반응할지 더 열심히 고민해보지 않고 뛰어든 것을 후회했다. 한참 더 오래 전에 행동하지 않은 것을 후회했다. 그랬다면 이들이 미래를 생각할 수 있도록 도울 수 있었을 텐데 말이다. 그렇지만 알고 있었다. 이들이 새로운 아이디어와 새로운 방법론을 실험하겠다고 마음먹었더라면, 그들은 더 많은 기회를 찾아냈을 것이고 더 많은 기회가 그들을 찾아왔을 거라는 점을 말이다. 위험 부담이라고는 없었는데!

X차원이라는 건 '정지' 버튼을 누르거나 취소할 방법이 없으며, 당신이 하는 모든 일의 결과에 강력한 힘을 발휘한다. 어스 채리야 와타나루트는 다른 사람의 이야기에 너무나 집중하는 나머지 때로는 상대의 에너지를 흡수하기도 하는데, 그게 긍정적 에너지일 때는 상관없지만 상대가 부정적이거나 초초할 때는 문제가 되더라고 했다. 어스는 이런 일이 벌어질 때는 특별히 주의하고 무언가 조치를 취해서 자신의 건강한 마음 상태를 지키는 법을 배웠다.

X차원이 당신의 생각이나 행동에 어떤 영향을 미치는지 잘 알고 행동하라. (내가 그랬던 것처럼) X차원 때문에 급류에 휩쓸렸다면 배움을 얻어라. 그런 다음 그 배움과 퓨처 레디 마인드의 다른 차원들을 활용해 다시 뭍으로 돌아가라. 구글의 직원이었던 새라 데버로는 자신의 X차원 덕분에 여러 차례 멋진 도전도 했고 성취도 이뤘다. 그의 이야기를 들어보자.

> ### 자신의 X차원을 가진 새라의 이야기

나는 미시건주 디트로이트 외곽에서 자랐다. 무뚝뚝하지만 포기를 모르고 의도만큼은 훌륭했던 우리 가족은 나에게 신념을 위해 싸우라고 가르쳤다. 내 할머니는 1960년대에 환경운동가였다. 나는 할머니가 사람들이 옳은 일을 하게 하려고 얼마나 열심히 노력하는지 보았다. 타협은 없었다. 이슈가 하나 생기면 그냥 모든 사람이 두 손, 두 발 들 때까지 전방위적인 공격을 퍼부었다. 할머니가 왜 그랬는지 알지만, 그때는 그게 더 효율적으로 보였을 것이다. 싸우고 있던 문제들도 사안이 긴박했다. 하지만 아주 효과적인 접근법은 아니었다.

한참 후에 나는 구글에서 내부 프로그램의 일환으로 동료들끼리 학습을 도와주는 네트워크를 운영하고 있었다. 나는 장장 8개월에 걸쳐 인프라를 구축한 후 화상회의로 상사에게 이 프로그램을 확장할 준비가 됐다고 이야기했다. 이렇게 빠르게 일을 진척시킨 노력에 상사가 크게 기뻐하면서 내 승진에 관한 이야기가 오갈 줄 알았다. 그러나 상사는 이렇게 말했다. "새라, 자네는 훌륭해. 그런데 자네가 너무 밀어붙이니까 사람들이 싫어해. 자네 커리어를 더 발전시키고 싶다면, 업무 스타일에 진지한 변화가 필요해. 사람들을 함께 데리고 가는 법을 배워야 해."

처음에는 공격을 받은 기분이었다. 그리고 너무 슬퍼서 눈물이 나올 것 같았다. 나는 상사와 훌륭한 관계를 유지하고 있었지만, 그렇다고 해서 감정을 그렇게까지 보여도 되는 사이는 아니었다. 죄송하지만 내일 이야기하자며 전화를 끊었다. 그리고 구석에 가서 좀 울었다. 내가 항상 들어왔던 소리는 '최대한 빨리 밀어붙여라'였다. 나는 속으로 생각했다. '이건 말도 안 돼.

맨날 그렇게 시간에 쫓기는데 일하는 방식을 어떻게 바꾸라는 거야?' 상사의 피드백에 놀라기도 하고, 상처를 받았다. 정말 느닷없는 이야기 같았다.

그때 몇 년 전 구글의 보스턴 지부 사무실을 열던 때의 일이 생각났다. 시간이 빠듯한 프로젝트로 인해 3개월 동안 하루도 쉬지 않고 일해야만 했다. 데드라인을 맞추려고 사람들을 심하게 압박했고 몇몇 사람의 심기를 건드리기도 했다. 나를 '불도저'라고 부르는 소리를 몇 번 들었지만, 당시에는 너무나 목표에 사로잡혀 있어서 그 생각은 그대로 묻어버렸다.

나는 내 상사를 신뢰했고, 그의 말이 사실이라는 것도 알고 있었다. 그래서 변하기로 마음먹었다. 그리고 사실상 나 자신을 위한 '발전 계획'을 세웠다. 사람들에게 조언도 구하고, 많은 글을 읽고, 여러 방법을 시도해봤다. 상사들 중에는 '내가 불도저라서, 내가 해낼 걸 아니까' 특정 프로젝트를 위해 나를 이용하려는 사람들도 있어서 쉽지 않았다. 변화하기로 마음먹은 후 실제로 어떤 사람은 내가 이전만큼 생산적이지 않은 것 같다고 말하기도 했다. 나는 이렇게 말했다. "어, 제가 좀 더 참을성 있고 배려하는 방식으로 일을 해보려고 노력 중이거든요. 생산성을 높이면서 큰 그림을 보는 것 사이에 딱 맞는 균형점을 찾는 데 시간이 조금 걸릴 것 같아요."

이 노력은 그동안 해본 그 어떤 노력보다 힘들었다. 뭔가 정말로 빨리 해야 할 일이 있으면 자꾸만 속으로 이렇게 생각하곤 했다. '이건 예외적인 상황이야. 그러니까 지금은 옛날 방식을 써도 될지 몰라.' 나는 나 자신이 더 나은 버전의 내가 되지 않으면, 내가 바로 그 '미래'가 되지 않으면, 결코 일하는 방식도 바꾸지 못하고 내가 바라는 큰 영향력도 미치지 못할 것임을 계속해서 상기해야 했다. 문제에 접근하는 방식과 사람들과의 관계를 내가 원하는 방식(진정성 있는 방식)으로 바꾸는 데는 6년이라는 긴 시간이 걸렸다. 아직도 나는 남들이 바라거나 기대하는 모습은 아니다. 내 의견을 고집하고, 강압적이며, 부드럽지 못한 면들이 있다. 하지만 나는 친절하고, 타인의 경험에 대해 호기심과 연민을 갖기도 한다. 머리부터 발끝까지 여전히 나였지만, 완벽하게 불완전한 나 자신이 타인에게 끼칠 영향을 좀 더 많이 생각한다.

지금 하고 있는, 사람들을 돕고 코칭하는 일에서 나는 훨씬 더 많은 기쁨과 만족을 느끼고 있다. 타인과의 관계를 더 궁금해하고 더 깊이 생각한다. 2년 전에 다시 미시건주로 돌아왔다. 최근에는 미시건주 남동부 휴런강의 물 위기 문제 때문에 잠자는 시간만 빼고 모든 시간을 온갖 정부 부처와 상·하원 사무실에 전화를 거는 데 쓰고 있지만, 엄청나게 낙천적인 기분이 든다. 얼마 전에 남편이 이런 말을 했다. "당신 기분이 상당히 좋아 보여. 10년이나 미시건주의 물을 오염시켜온 수백만 달러짜리 회사를 상대하고 있는데 말이야." 내 생각에 내가 낙천적인 기분이 드는 이유는 나 자신을 위해, 그리고 타인들을 위해 문제의 프레임을 새롭게 짰기 때문이다. "저기요, 이 위기를 혁신의 촉매로 사용하자고요. 미시건호 연안 지역의 미래에 대해 다르게 생각해볼 수 있는 기회로 삼기로 해요."

흥미로운 점은, 나의 X차원(투지)이 성장에 가장 큰 방해가 되었으면서도, 내가 이 방해를 극복하고 더 만족스러운 방식으로 세상에 더 큰 영향을 미칠 방법을 찾아주기도 했다는 것이다. 오늘날 나는 나와 생각이 다른 사람들과 함께 무언가를 만들어내는 것만이 지속 가능한 발전을 성취하는 유일한 길이라고 확신하고 있다. 내 할머니였다면 그들과 한판 뜨러 가셨겠지만, 내 생각에는 모든 일을 싸움으로 만들어버린 게 오늘날 우리를 이 모양 이 꼴로 만들었다고 생각한다. 의미 있는 대화도 전혀 나누지 않고, 긍정적 변화를 함께 만들어가는 게 불가능한 상황으로 말이다.

나는 일반적인 업무 공간에서는 일을 잘 못하는 버릇이 있다. 내 경우에는 꿈을 꾸고, 브레인스토밍을 하며, 새로운 것들을 생각해내는 게 일이다보니, 평범한 책상은 내 생각을 너무 제한하는 것처럼 느껴진다. 콜로라도주에 살 때 주방에 상판이 대리석으로 된 근사한 테이블이 있었다. 내가 제일 좋아하는 업무 공간이었다. 우리가 콜로라도주에서 미시건주로 이사를 준비할 때 이사 업체에서 이 테이블을 떨어뜨리는 일이 있었다. 괜찮을 줄 알았는데 미시건주에 와서 포장을 뜯어보니 테이블 한가운데에 커다랗게 금이 가 있었다.

나는 새로운 업무 공간에 그 테이블을 설치했다. 하지만 금을 볼 때마다 테이블을 떨어뜨린 이사업체 생각에 짜증이 났다. 남편에게 새로 돌을 주문해서 테이블에 올려야겠다고, 금을 볼 때마다 미칠 것 같다고 했다. 어느 날 남편이 말했다. "우리가 이 힘든 이사 과정을 모두 끝내고 여기에 와 있다는 걸 알려주는 표시라고 생각하면 어때? 우리가 있어야 할 곳에 도착했잖아." 나는 속으로 생각했다. '그래, 여보. 프레임 바꾸기, 훌륭하네.' 이제는 테이블을 완전히 둘로 가르고 있는 이 금을 볼 때마다 이렇게 생각한다. '그래, 할 수 있어.' 뭐가 되었든 방해물만 나타나라. 내가 넘어줄 테니. 지금 나는 내가 있어야 할 곳에 있으니까.

자신의 X차원을 더 잘 의식하게 되면, 더 자주, 그리고 더 의식적으로 X차원을 활용하는 나를 발견하게 될 것이다. X차원이 가진 힘을 점점 더 잘 이용할 수 있을 것이다. 대학에서 박사과정을 준비하며 스타트업 창업을 고려할 당시 나는 스스로에게 이렇게 물었다. '해? 말어?' 스타트업을 창업하려면 많은 시간과 자원이 들 것임을 알고 있었다. 그렇지만 다른 경우들을 통해서 내가 과감하

나의 이야기를 타인에게 들어보기

당신이 아무리 스스로를, 그리고 자신의 내러티브를 잘 안다고 생각하더라도, 남들이 당신을 묘사하는 말을 들으면 놀랍고 새로운 깨달음을 계속 얻을 것이다. 당신 삶에서 전혀 다른 역할을 하는 사람을 세 명 떠올려보라. 예컨대 배우자나 가족 중 한 명, 동료 한 명, 친구 한 명처럼 말이다. 그들에게 당신에 관한 이야기, 그중에서도 당신의 X차원이 무언가 영향을 끼쳤다고 생각되는 부분에 관한 이야기를 들려달라고 하라. 필요하다면, 당신의 이 강점을 그들은 어떻게 인식하는지 알 수 있을 만한 질문을 던져라. 당신이 이미 잘 아는 스토리를 들려준다고 하더라도, 그 속에는 남들이 당신을 어떻게 바라보는지에 관한 새로운 통찰이 있을 수 있다. 어쩌면 당신은 생각지도 못했던, 당신의 지도에 그려 넣을 이정표 한두 개를 발견할지도 모른다.

게 행동했을 때 그 경험에서 배운 것들이 나를 바꿔놓는다는 사실 역시 잘 알고 있었다.

스타트업이 실패했을 때는 실망스러웠지만 그것 때문에 짓눌리지는 않았다. 아마도 과감하게 도약했다가 '착지'하는 법을 배우고 있었기 때문이 아닐까 싶다. 나는 또 나의 X차원이 나를 늘 극적인 돌파구나 엄청난 성공으로 이끄는 것만은 아니라는 사실 역시 배우는 중이었다. 경험을 한 번 할 때마다 이를 더 잘 알게 되었고,

시간이 지나면서 언제가 행동할 때인지 판단하는 데 점점 더 능숙해졌다. 일부는 내 안의 퓨처 레디 마인드가 계속해서 성장하고 있었던 덕분도 있을 것이다.

당신의 X차원이 생각을 이끌고 예컨대 개방성이나 호기심 또는 공감력이 최고치에 이른다면, 어떤 선택을 해야 할지 더 분명하고 설득력 있게 알 수 있을 것이다.

당신의 X차원에 귀 기울여라

기하학에 "동그라미를 네모로 만들어라."라는 문제가 있다. 이 문제를 처음으로 제기한 사람은 고대 그리스인들이라고 하는데, 그들은 콤파스와 자만 가지고 원의 면적과 동일한 면적의 사각형을 그릴 수 있는지 궁금했다. 수학자들을 수백 년간 괴롭힌 끝에 1800년대 말에 '린데만-바이어슈트라스 정리Lindemann-Weierstrass theorem'라는 것이 등장해 이는 불가능한 과제임이 증명되었다. 이후로 "동그라미를 네모로 만들어라."는 불가능한 것을 시도한다는 뜻의 은유법이 되었다.

나는 이 문장을 좋아한다. 이 문장을 보면 불가능이 떠오르는 게 아니라 어쩌면 가능하지 않을 수도 있는 새롭고 어려운 일에 도전해보겠다는 배짱과 진취적 기상이 생각난다. 수백 년간 수학자들이 칠판 앞에 서서 자기 의심과 실망을 떨쳐내고 서로의 생각 위에 자신의 생각을 발전시키며 문제를 해결하려 노력했다는 사실을 생각하면, 오늘날 이 세상에서 그저 한 개인으로 내가 시도하는 모든 일도 미래에 실현될 어느 해결책의 일부일 수 있지 않을까 생각하게 된다. 어쩌면 나는 내 노력의 결실을 끝끝내 보지 못할 수도 있지만, 내가 하는 일이 미래에 무언가 영향을 남길 것이라는 사실만큼은 확신한다. 이게 바로 미래를 준비하는 마음의 핵심이다. 내가 내리는 모든 선택은, 내일이 되었든 혹은 한참 후가 되었든, 반드시 어떤 영향을 미치게 될 것임을 아는 것 말이다.

래리 페이지는 이렇게 말하곤 했다. "불가능은 건강한 수준에서 무시하라." 당신도 X차원의 도움을 받아 이렇게 하라. 도전이나 장애물에 직면하면 당신의 X차원이 당신의 능력을 상기시켜 줄 테고, 퓨처 레디 마인드의 다른 차원들은 그에 대해 무언가를 할 수 있게 창의적 요소들을 알려줄 것이다.

당신의 X차원에 귀를 기울여라. X차원은 외부 세력의 저항 혹은 내면에서부터 나오는 저항에 대한 가장 강력하고 믿을 만한 답이다. 난관에 맞서는 것이 망설여진다면, X차원이 당신 앞에 펼쳐질 날들을 바꿔놓았던 경우들을 돌이켜보라. 당신이 내리는 선택에 자신감을 주었고, 당신을 성장과 배움의 장소에 안전하게 내려놓았다. 그렇기 때문에 당신이 무언가 어려운 일을 해야 할 때 믿기지 않을 만큼 든든한 자산이 된다.

2012년 스탠퍼드대학교는 대학 혁신 펠로우 프로그램이라는 것을 시작했다. 전 세계 곳곳의 대학생들이 교육의 미래에 관해 중요한 대화를 나누는 프로그램이었다. 나는 얼른 이 프로그램에 참여했다. 내가 가장 좋아하는 두 개의 주제인 '혁신'과 '교육'을 다루고 있었기 때문이다. 레티샤 브리토스 카바그나로^{Leticia Britos Cavagnaro}가 시작한 이 프로그램은 참가자들에게 교육 혁신을 추진할 수 있는 훈련 과정을 제공함으로써 변화의 주도자들을 양성했다. 이 프로그램에 참여한 2,500명이 넘는 학생들은 각자 변화를 만들어내는 이 어려운 과제를 수행할 준비를 마치고 원래 있던 곳으로 돌아갔다. 레티샤의 X차원(레티샤는 '차원을 넘나드는 사고'라고 불렀다)은 이에 필요한 사항들을 이해할 수 있는 강력한 방법을 제공했다.

레티샤는 사람들이 종종 앞으로 나아가지 못하는 이유가 개념과 실제 사이를 오가는 데 익숙하지 않아서라고 했다. 이 능력은 곧 가까운 것과 먼 것을 동시에 감지하는 능력, 혹은 30분 후에 벌어질 일이 내가 지난 10년간 해왔던 일의 목적이나 기본 철학과 어떻게 관련되는지를 이해하는 능력과 같은 것이다. 구글에서 내가 진행을 맡았던, 이 프로그램의 초창기 연례 행사 중 하나에서 나는 신기한 방식으로 이걸 목격했다.

250명이 모이는 행사였다. 그런데 행사가 열린 회의실은 200명 정도를 수용할 수 있는 공간이었다. 열정과 아이디어가 넘치고 신나는 분위기였지만, 기본적인 준비사항 몇 가지가 우리의 예상을 벗어나는 듯했다. 행사가 시작되기 전에 중간 휴식 시간에 화장실 문제를 어떻게 할지 의논했다. 레티샤는 방 안을 한번 쓱 훑어보더니 이렇게 말했다. "중간 휴식 시간을 가지면 안 돼요. 250명이 문을 빠져나가는 데도 한참이 걸릴 테고, 화장실을 이용하려고 줄을 서거나 자리에 돌아오는 데도 한 세월일 거예요. 생리 현상 때문에 자리를 비우고 싶으신 분은 언제든지 나가도 된다고 말하는 게 좋겠어요." 그 순간 레티샤는 시간과 공간을 정확히 판단하고, 중요한 세부사항까지 자세히 들여다보았다. 이를 예상하지 못했다면 행사 전체가 금세 맥이 빠졌을 것이다.

내가 얻은 교훈은 이것이었다. '큰 문제(이 경우 작은 공간에 250명이 모인 문제)를 해결하려면 큰그림을 볼 수 있어야 하지만, 세부사항도 놓쳐서는 안 된다.' 쉬운 일은 아니지만 불가능한 일도 아니다. 레티샤는 혼자서도 이렇게 할 수 있는 비범한 능력을 가졌다. 레티샤는 망원경과 현미경 사이를 자유자재로 옮겨 다닌다. 나머지 우리는 운 좋게도 두 가지 시각을 모두 중시하는 조직이나 팀에 속했을 때에만 할 수 있는 일을 말이다.

스타트업을 창업하는 것은 지독히도 힘든 일이다. 모든 걸 걸어야 한다. 아이디어, 개인의 명성, 시간, 돈, 타인의 돈까지. 성공 확률이 높지 않다는 사실을 알면서도 말이다. 스타트업 창업을 고민할 때 당신의 X차원이 왜 그토록 큰 영향을 미치게 되는지 짐작이 갈 것이다. 물론, 이는 창업에 뛰어든 후에도 마찬가지다. X차원은 사업 기획서에는 나타나지 않을지 몰라도 스타트업의 성패를

가를 수 있는 중요한 차별점이다.

나는 구글 스타트업Google for Startups 업무를 하면서 이 점을 수차례 목격했다. 구글 스타트업 운동은 전 세계 현지 스타트업 커뮤니티 발전을 지원하기 위해 2011년 시작됐다. 이 운동의 일환으로 나는 '혁신 디자이너Designers of Innovations' 프로그램이라는 것을 만들었다. 20명의 폴란드 기업가와 함께 조력자가 되어 꿈이 있는 기업가들에게 사용자 중심, 시제품 지향의 혁신 교육을 실시했다. 전국에 있는 잠재적 여성 기업가들을 양성하고 싶었던 폴란드 정부가 이 프로그램을 후원했다. 최종적으로 5,000명이 넘는 사람들이 이 교육을 받았는데, 그중 오늘날까지도 나에게 영감을 주고 있는 사람이 한 명 있다.

말고자타Malgorzata는 어느 대기업의 프로젝트 매니저였다. 말고자타는 석조로 된, 조부모님의 시골집을 물려받았는데, 이걸 관광지 또는 체험 공간으로 바꾸고 싶어 했다. 특히 '제로 웨이스트zero waste'라는 개념에 맞는 환경 보호 및 교육 목적에 초점을 맞추고 싶어 했다. 낮에 회사에서 일을 할 때 말고자타의 X차원은 '실행 능력'이었다. 그러나 말고자타는 스타트업을 성공시키는 데 필요한 비즈니스 콘셉트를 정확하게 정의하는 데는 애를 먹고 있었다. 혁신 디자이너 프로그램은 말고자타가 공감력을 활용할 수 있게 도왔다. 환경과 관련해 소비자들이 바라는 것은 무엇이며 그가 그리고 있는 경험의 다양한 측면들을 소비자들은 어떻게 활용할 수 있을지 이해하도록 도왔다. 아이디어에 이렇게 '사용자 중심'이라는 옷을 입히니 어떤 경험을 만들어내야 할지가 즉시 눈에 보였다.

말고자타의 농장은 현재 '나투라2000$^{Natura\ 2000}$'에 속하는 관광지가 되었다. 나투라2000은 유럽 전역의 생물 다양성을 보존하기 위한 각 지역 간의 네트워크다. 말고자타의 농장에는 태양광 패널과 자전거 카트, 오래된 헛간을 개조한 조류 관찰 공간이 있다. 제빵 교육실, 오래된 옷을 개조할 수 있는 재봉실, 식물 표본실도 있고 아이들을 위한 교육용 농장도 있다. 미래의 방문자들을 향한 공감력과 추진력이라는 X차원 덕분에 말고자타는 환경을 생각하는 자신의 관심을 놀라운 방식으로 풀어낼 수 있었다.

'젊은 시절의 나에게 들려주고 싶은 말은?'이라는 질문보다 내가 훨씬 더 좋아하는 질문은 이것이다. '나는 내일의 나에게 새로운 기회를 만들어주기 위해 오늘 무엇을 할 수 있을까?' 답은 간단하다. '그동안 한 번도 해본 적이 없는 선택을 오늘 한 가지만 하라.' 바로 그 선택이 작은 문 하나를 열어줄 것이고, 내일이면 당신은 그 문 뒤에 있는 것을 탐구하고 있을 것이다. 당신의 X차원은 당신이 흥미로운 선택을 내릴 수 있도록, 어쩌면 조금은 남다른 선택을 내릴 수 있도록 해줄 것이다. 그리고 당신의 미래를 향해 방향을 잡을 수 있게 해줄 것이다.

당신의 X차원은 언제나 당신과 함께 있다. 당신이 만들어가는 그 미래를 향해 당신이 방향을 잘 잡을 수 있도록 언제든 옆구리를 쿡쿡 찔러줄 준비가 되어 있다. 당신의 X차원은 당신의 시그니처이자 지문이고, 당신에 관한 단 하나의 진실이다. 당신의 X차원을 이용해 크고 대담한 발걸음을 옮겨라. 큰 반향을 불러일으킬 조용한 결정을 내려라.

기회를 맞이할
준비가 되었나요?

당신은
어떤 사람이
되고 싶은가

이 책의 모든 내용은 6가지 퓨처 레디 마인드를 자극하기 위한 것이다. 당신 안에 있고, 당신 주위에 가득하며, 당신 앞에 놓인 가능성을 깨닫게 만드는 것이다. 이제 당신이 주인인 이 가능성의 왕국이 아주 가깝게 느껴질 것이다. 당신의 미래가 어떻게 될지는 알수 없지만, 그 미래가 당신 뜻과 무관하게 펼쳐질 필요는 없다. 당신의 미래는 당신이 적극적으로, 하루하루, 당신이 내리는 선택을 통해 만들어갈 수 있다.

작품을 쓰려고 피아노 앞에 앉은 작곡가를 상상해보라. 아이디어가 떠올라 몇 마디를 끄적이고, 피아노로 그 음들을 연주해보고, 고치고, 몇 마디를 더 쓴다. 창의성과 상상력이 발동하는 동안 작곡가가 탐험하는 무수한 선택을 통해 음악은 모습을 갖춰간다. 퓨처 레디 마인드의 전부(낙천성, 개방성, 호기심, 실험, 공감력)를 발휘해 작곡가는 새로운 어떤 것, (X차원 덕분에) 그의 독특한 경험과 세계관이 반영된 무언가를 만들어낸다.

그 작곡가가 바로 당신이다. 당신의 미래를 만들어가고 있는 당신 말이다. 그래서 당신은 아침마다 침대에서 벌떡 일어난다. 오늘은 음악이 나를 어디로 데려갈지 설레는 마음으로. 당신은 더 이상 변화와 불확실성을 피해 보려고 한 발, 한 발 떠듬떠듬 떼고 있는 사람이 아니다. 당신은 미래를 만들어가는 사람이다. 방대한 스펙트럼의 가능성을 적극 수용하는 미래 말이다. 더 이상 의구심이나 두려움에 발목 잡히지 않고, 앞날을 간절히 기대하며 자신의 여정을 직접 만들어가는 사람이다.

당신이 정말로 있고 싶은 곳, 정말로 갖고 싶은 경험은 어디에 있는지 상상력이 길을 알려줄 것이다. 당신이 선택을 내리고 난관을 하나씩 극복할 때마다 당신의 곡에는 깊이가 더해지고 감성이 늘어날 것이다. 당신의 미래라는 음악이 더 풍성해질 것이다.

미래를 늘 곁에 두고 살아라

나는 날마다 미래를 옆에 두고 살고자 노력한다. 이 말은 곧 코앞에 있는 기회를 알아볼 수 있게 미래를 가까이 둔다는 뜻이다. 나는 또 미래에 대한 비전을 저 멀리 지평선까지 넓히려고 한다. 그래야 어떤 선택을 내릴 때마다 목표를 높이 잡을 것이기 때문이다. 앞으로 무슨 일이 벌어질지는 모르지만, 나는 미래로 향하는 길이 어디로 이어지든 계속해서 성장하고 발전할 준비가 되어 있다.

미래를 늘 옆에 두고 살면 피할 수 없는 변화를 나에게 유리한 방향으로 이용할 준비가 된다. 매일의 선택이 어떻게 당신의 미래를 결정하는지 깨닫게 된다. 미래라는 게 하나의 목적지가 아니라, 자각과 배움, 적응의 과정이 계속해서 이어지는 하나의 여정임을 깨닫게 된다. 미래가 쥐고 있는 기회를 상상하고 예상할 수 있게 된다.

미래를 늘 옆에 두고 산다는 것은 가능성을 내다보는 능력과 회복력을 끊임없이 키워서, 미지의 것에 대한 우려를 앞으로 일어날 일에 대한 흥분으로 바꾼다는 뜻이다. 낙천성은 뭐가 잘못될지 모른다가 아니라 뭐가 잘될 수 있을지에 초점을 맞춘다. 개방성은 변화를 당신의 친구로 만든다. 호기심은 처음 보는 아이디어를 이해하고 탐구하게 한다. 실험을 하면 실패에 대한 두려움이 배움과 발견이라는 스릴로 바뀐다. 공감력은 당신이 혼자가 아님을 상기시키고 다 함께 더 많은 가능성을 누릴 수 있다고 생각하게 만든다. X차원은 당신의 경험을 관통해 무언가 대단한 일이 벌어지게 한다.

만약 당신이 스스로에게 혹은 세상에 이로운 일을 하게 된다면, 그건 언제나 기회가 왔을 때 당신이 행동할 준비가 되어 있었기 때문이다. 퓨처 레디 마인드는 매일매일 당신의 미래를 위해 무언가 행동할 수 있는 기회를 몇 가지씩 제공한다. 창의성과 상상력을 동원해 당신 앞의 여러 선택지를 숙고해보고 자신 있게 선택을 내린다. 각 선택이 당신을 어디로 데려갈지는 알 수 없지만, 당신은 다음 목적지에 도착할 테고 또 다음번 선택을 내릴 준비가 되어 있을 것이다.

예를 들어 내일을 한번 보자. 내일 당신은 어떤 선택을 내리게 될까? 어떤 새로운 발견이 줄줄이 가능해질까? 내일이 당신의 기대대로 흘러간다고 생각해보자. 당신은 해야 할 일(강아지 산책, 아침 식사, 일)을 할 테고, 하고 싶은 일(독서, 운동, 저녁 식사 후에 간식 만들기)을 할 것이다. 또한 예상할 수 없었던 일, 그냥 벌어진 일(비가 오거나, 접촉사고가 나거나, 이전 동료에게 전화를 받거나)에 반응할 것이다. 평범한 활동과 상황 속에서도 미래를 늘 옆에 두고 사는 당신에게는 선택을 내릴 수 있는 기회가 여러 번 있다. 그 순간에는 별것 아닌 것처럼 보여도 당신의 미래를 작곡할 때 샘플로 삼을 수 있는 음들이 있다.

이런 순간들 중 어느 것이라도 가능성이 될 수 있다. 미래를 늘 옆에 두고 사는 당신이 이렇게 묻는다면 말이다. '만약에?' 이 간단한 질문이 퓨처 레디 마인드의 프리즘이 되어 당신의 선택에 색깔을 입히고 그 선택에 잠재력을 불어넣을 것이다. 그래서 당장 내일, '만약에' 당신이 낯선 사람과 잠깐 대화를 나누게 되었는데 그 대화를 통해 획기적인 아이디어가 떠오른다면? '만약에' 점심시간에 잠깐 산책을 나갔는데 길거리 뮤지션이 연주하는 노래를 듣고 기운이 솟는다면? '만약에' 시를 한 편 읽었는데 그동안 당신을 괴롭히던 문제를 전혀 다른 식으로 보게 된다면? 내일 당신이 선택

에필로그

을 하나 내릴 때마다 벌어질 수 있는 모든 일이 지루한 일상을 특별하게 바꿔놓을 수 있다. 당신이 만들어가고 있는 그 만족스러운 미래를 향한 한 걸음이 될 수 있다. 왜냐하면 다음에 일어날 일은 바로 지금이기 때문이다.

어떤 사람이고 싶은가

퓨처 레디 마인드는 당신이 끊임없이 배우고, 적응하며, 혁신하고, 주변 환경 및 사람들과 교감하게 만든다. 당신의 미래를 향해 진화하게 만든다. 퓨처 레디 마인드는 열망을 좇아 뚜벅뚜벅 걸어가게 한다. 무엇이 되었든 당신 앞에 놓인 그 복잡한 문제들을 잘 헤쳐 나갈 수 있도록 준비를 갖추게 한다. 이 여정에서 중요한 것은 당신이 무엇을 원하느냐, 무엇이 되고 싶으냐가 아니다. 중요한 것은 당신이 '어떤 사람'이고 싶으냐이다.

이게 바로 핵심이다. '미래에 당신은 어떤 사람이고 싶은가?'

미래에 당신이 어떤 사람인가가 당신이 이 행성에 남길 인상('당신의 흔적')을 결정할 것이다. 당신이 여기에 살았다는 증거 말이다. 당신의 흔적은 당신이 무엇을 믿었고 어디서 영감을 얻었는지 보여주게 될까? 당신이 회복력 있고 대담한 사람이었음을 보여줄까? 당신 자신과 남들을 이해하려 했었노라고 말할까? 당신의 이야기에 등장하는 사람들에게 긍정적 영향을 끼쳤다고 말할까? 당신의 선택이 이끈 경험들에 만족했었다고 말할까?

매일매일 이 세상에서 당신이 어떤 사람인지 확인하라. 당신이 의도하는 그 사람이 맞는지 확인하라. 당신의 미래에 '이런 사람이 이상적이다.' 하는 것은 없다. 그 사람은, 당신의 X차원처럼, 그 누구와도 다른 당신의 참모습을 그대로 표현할 것이다. 매일 당신이 내리는 선택들이 당신이 어떤 사람이고 싶은지를 반영한다면, 당신이 만드는 미래는 당신이 어떤 삶을 살았는지를 고스란히 보여줄 것이다. 왜냐하면 결국 당신이 방을 나갔을 때 사람들이 생각하는 건 '당신이 어떤 사람인가' 하는 점뿐이기 때문이다.

미래를 스스로 만들어가고 싶다면 미래를 늘 옆에 두고 살아야한다. 낙천성과 개방성, 호기심, 실험, 공감력을 실천해야 한다. 준비 되었는가?

당신의 미래를 맞이할
준비가 되었는가?

이 자리에 소개하는 사람들은 내가 교육하고 코칭하며 가까이서 함께 일했던 전·현직 구글러로 이 책에서 다양한 이야기로 만났던 사람들이다. 이들이 미래를 늘 옆에 두고 사는 것처럼, 여러분도 미래를 현실로 만들 수 있다!

이자벨 슈넬뷔에걸 Isabelle Schnellbüegel

기업가 정신으로 충만한 이자벨은 점점 더 파편화되어 가는 세상에서 그 어느 때보다 막강한 힘을 가진 고객들에게 어필할 수 있는 선견지명이 있는 전략을 만든다. 광고 에이전시 액센추어 송Accenture Song에서 최고전략혁신책임자Chief Strategy and Transformation Officer로 있는 이자벨은 오스트리아, 스위스, 독일의 여러 전략팀과 프로젝트를 책임지고 있다. 이전에는 독일 오길비에서 최고전략책임자Chief Strategy Officer로 있었고, 구글 더블린에서 세일즈 및 브랜드전략 업무를 맡기도 했다. 이자벨은 전략의 미래를 함께 만들어나간다는 미션 아래 설립한 독일의 전략가 및 기획자 네트워크 전략단의 공동 설립자이며, 팟캐스트 스타트 톡스^{Start Talks}의 공동 진행자이기도 하다. 그는 번잡한 마음을 다스리기 위해 여름에는 등산으로, 겨울에는 스키로 알프스의 봉우리들을 정복하고 있다. 현재 독일 뮌헨에 거주하는 이자벨의 X차원은 '무질서에서 질서를 창조하는 것'이다.

캘리 라이언 Kalle Ryan

캘리 라이언은 문학상을 수상한 작가이자 창의성 분야의 구루이며 커뮤니케이션 전략가로서 콩트와 시를 곧잘 쓰기도 한다. 현재는 여러 글로벌 브랜드 커뮤니케이션 전략, 직원 경험, 창의적 문제 해결 관련 자문을 제공하고 있다. 이전에는 구글과 메타^{Meta}에서 내부 커뮤니케이션 혁신에 한 획을 긋기도 했다. 현재 아일랜드 더블린에 살고 있다. 늘 아이디어가 넘치는 캘리의 X차원은 '창의성'이다.

애덤 리어나드 Adam Leonard

애덤 리어나드는 조직이나 팀, 리더가 잠재력을 온전히 펼칠 수 있도록 돕는 일을 하고 있다. 현재 구글 리더 스쿨^{Google School for Leaders}에서 일하고 있는 그는 수백 명이 넘는 리더들을 코칭해왔으며 구글의 최고 리더십개발 프로그램인 '리딩 인 컴플렉서티^{Leading}

in Complexity'를 운영했다. 구글의 글로벌 명상 커뮤니티를 설립했고, 《인테그럴 라이프 프랙티스Integral Life Practice》의 공동 저자이기도 하다. 현재 캘리포니아주 소노마에 살고 있는 애덤의 X차원은 '통합적 사고'이다.

새라 브라운 Sarah Brown

새라 브라운은 다양한 분야에서 10년 이상 프로그램을 운영한 경력을 가지고 있는 학습 및 개발 전문가이다. 큰그림을 그리며 전략적 사고를 하는 새라는 구글의 가장 유명한 대규모 학습 운동을 전 세계적으로 설계하고 확대하는 일을 했다. 통합개발Integral Development 코치 및 영양 코치, 행복 코치 자격증을 보유하고 있다. 싱가포르에 살고 있는 새라의 X차원은 '혼돈을 이해하는 것'이다.

라파엘 체 Raphael Tse

라파엘 체는 경영자 코치 및 리더십 코치로서 여러 《포천》 선정 100대 기업'과 스타트업에 전략 자문을 제공하고 있다. 그가 지금과 같은 시각과 경험을 갖게 된 것은 구글, 맥킨지McKinsey & Company, 모건스탠리Morgan Stanley 등의 기업과 일하면서 조직 및 개인이 정직과 진정성, 친절함을 유지하면서도 최고의 성과를 낼 수 있게 돕는 과정에서 비롯된 것이다. 라파엘의 전문 분야는 인간 심리 및 생리학, 대인 관계, 성인 발달 등이다. 그는 전 세계 상위 1퍼센트에 속하는 마라톤 선수(철인)이기도 하다. 현재 캘리포니아주 샌머테이오에 살고 있는 라파엘의 X차원은 '끈기'이다.

뉴턴 쳉 Newton Cheng

남편이자 아버지이며 파워리프팅 세계대회 참가자이기도 한 뉴턴 쳉은 구글의 헬스앤퍼포먼스책임자이다. 그는 15년 가까이 구글에서 임직원 개발을 도와주는 여러 글로벌 프로그램을 개발하고, 사용하며, 확장하는 일을 했다. 뉴턴의 개인적인 미션은 사람들이 스스로와 서로를 더 잘 챙길 수 있게 직장 문화를 바꾸어줄 새로운 형태의 리더십 모형vulnerable leadership을 제안하는 것이다. 그는 구글에서 임원으로 일하면서 번아웃 및 정신건강 문제를 겪었던 자신의 경험을 공개적으로 공유하기도 했다. 캘리포니아주 LA에 살고 있는 뉴턴의 X차원은 '연결고리를 만드는 것'이다.

존 랫클리프 Jon Ratcliffe

존 랫클리프는 최첨단 소셜 영상미디어 기술회사인 인게이지비디오그룹Engage Video Group의 창업자이자 CEO이다. 구글에서 일할 당시 존은 여러 글로벌 마켓에서 유튜브 부문을 이끌었다. 존은 소셜 미디어 영상의 사회적 파급력을 열렬히 옹호하며, 유수의 글로벌 브랜드와 유명인 기타 단체가 수십억 뷰의 영상을 창출할 수 있게 도왔다. 또한 런던 비즈니스스쿨을 비롯한 여러 대학에서 강사로도 활약하고 있다. 현재 남아프리카공화국 케이프타운에 살고 있는 존의 X차원은 '모험을 건 시도를 두려워하지 않는 것' 이다.

톰 치 Tom Chi

톰 치는 벤처캐피털 회사 앳원벤처스^{At One Ventures}를 설립부터 함께한 파트너이다. 앳원벤처스는 파괴적 혁신 기술을 사용해 기존 업계의 단위 경제^{unit economics} 모형을 전복시키고 환경 영향을 극적으로 줄이고자 하는 초기단계(씨드 단계, 시리즈 A단계) 기업들을 지원한다. 이전에 톰은 구글X의 설립 멤버였다. 구글X에서 톰은 자율주행자동차, 딥러닝 AI, 웨어러블 증강현실(AR)기기, 인터넷 연결성 확대 등을 담당한 여러 팀을 이끌었다. 현재 캘리포니아주 샌프란시스코에 살고 있는 톰의 X차원은 '복잡한 것을 선명하게 만드는 것'이다.

세스 마빈 Seth Marbin

세스 마빈은 예술가이자 사회운동가, 변화의 촉매자이다. 그는 사람들이 긍정적인 사회적 영향력을 만들어내고 자신의 잠재력을 온전히 펼칠 수 있는 툴과 조직을 만드는 일을 한다. 구글에 있는 12년 동안 사회적 영향력 프로그램, 자원봉사 프로그램, 나눔 프로그램 개발을 도왔다. 세스는 지역사회 봉사단체인 아메리코 AmeriCorps에서 3기 동안 봉사했다. 그는 만들고 부수는 것을 좋아하며, 이런 질문을 자주 한다. "어떻게 하면 가능할까?" "안 될 게 뭐가 있어?" 세스는 세상에 정의, 기쁨, 공정, 연민, 혁신, 포용을 늘리려고 한다. 캘리포니아주 앨러미다에서 배우자 및 자녀와 함께 살고 있는 세스의 X차원은 'ADHD(주의력결핍과잉행동장애)에 따르는 신경발달장애와 과집중hyperfocus'이다.

샌드라 카마초 Sandra Camacho

샌드라 카마초는 프랑스-콜롬비아계 미국인으로서 포용적 디자인 전략가이자 교육자, 자문가이다. 그는 실천 커뮤니티인 포용 디자인잼Inclusive Design Jam과 사회적 변화 디자인 관련 온라인 교육 플랫폼인 디자인체인지메이커스Design Changemakers의 창업자이다. 샌드라는 구글에서 커리어를 시작했는데, 8년간 미국 및 유럽에서 디지털 마케팅과 디자인 혁신 업무를 수행했다. 현재는 샌드라바이디자인Sandra By Design이라는 이름으로 전 세계 여러 조직이 건강한 직장 문화를 조성하고 사회적으로 영향력 있는 솔루션을 만들어낼 수 있게 돕고 있다. 프랑스 파리에 살고 있는 샌드라의 X차원은 '확고한 열정'이다.

아스트리드 웨버 Astrid Weber

아스트리드 웨버는 구글 취리히 지부에서 제품 포용성 및 형평성을 책임지고 있는 사용자 경험(UX) 매니저이다. 그는 기후 기술 및 난민 대책과 관련해 'UX 포 굿UX for Good' 프로젝트를 출범시키려고 준비 중이다. 마음챙김 코치이기도 한 아스트리드는 혁신의 기술과 사용자 중심 사고를 가르친다. 베를린 예술대학교에서 석사학위를 받았고, 시카코 아트인스티튜트에서 디자인 학사학위를 받았다. 아스트리드는 여러 편의 학술 논문을 썼고, 미국 컴퓨터 학회Association for Computing Machinery에서 컴퓨터-인간 상호작용, 유비쿼터스 컴퓨팅, 컴퓨터 기반 협업, 소셜 컴퓨팅 분야 콘퍼런스 회장을 맡고 있다. 스키 애호가인 그는 종종 알프스나 세계 곳곳을 여행 중인 모습이 발견된다. 아스트리드의 X차원은 '호기심'이다.

로라 존스 Laura Jones

디자인 씽킹을 평생 실천해온 로라 존스는 현재 인스타카트Instacart의 최고마케팅책임자CMO로 일하고 있다. 이곳에서 브랜드 통일성과 회사의 성장 동력 마련, 마케팅 조직 운영을 책임지고 있다. 인스타카트에 합류하기 전에는 우버Uber에서 글로벌 제품마케팅팀을 만들고 우버 운송 사업 글로벌 마케팅 팀장으로 활약했다. 이전에는 구글 익스프레스Google Express에서 브랜드 및 마케팅 커뮤니케이션팀을 이끌고, 비자Visa에서 글로벌 혁신전략 매니저로 근무하기도 했다. 로라는 스탠퍼드대학교에서 MBA 학위를 받는 동안 디스쿨d.school(스탠퍼드 디자인스쿨)에서 많은 시간을 보냈으며, 학부 교육은 다트머스대학교에서 경제학 학사학위를 받았다. 현재는 미국 유니세프UNICEF 이사회 구성원으로 활약 중이다. 캘리포니아주 샌프란시스코에서 가족과 함께 살고 있는 로라의 X차원은 '예상치 못한 연결고리를 만드는 것'이다.

새라 데버로 Sarah Devereaux

새라는 신체와 정신, 마음이라는 인간의 총체적 경험을 업무의 면면에 적용하는 강연가이자 리더십 코치, 전략 자문이다. 구글에서 15년 가까이 일한 새라는 최근까지 임원개발프로그램의 책임자로 있다가 서비스형 소프트웨어SaaS 스타트업의 고객성공 팀장으로 합류했다. 현재 미시건주 앤 아버에 살고 있는 새라의 X차원은 '투지'이다.

어스 채리야와타나루트 Earth Chariyawattanarut

어스는 개인 및 조직의 성장을 돕는 일에 열정을 갖고 있다. 그는 구글 싱가포르 지부에서 커리어를 시작했고 현재는 맥킨지에서 어소시에이트 파트너로 일하고 있다. 업무 외에도 커리어 코치 및 대학 강사, 유튜브 채널 운영자로 일하며 차세대 리더 양성에 힘쓰고 있다. 다트머스대학교에서 경제학과 지리학 학사학위를 받왔다. 글로벌 시민이기도 한 어스는 태국, 미국, 이탈리아, 싱가포르 등 세계 다양한 지역에 거주했다. 현재는 프랑스 파리에 살고 있는 그의 X차원은 '타인에 대한 깊은 통찰'이다.

감사의 글

많은 사람에게 배운 것을 세상과 공유할 수 있다면 어떨까. 이 질문이 책을 쓰는 여정으로 나를 이끌었다. 나는 삶의 대부분을 특별한 사람들과 보내면서 미래를 만들고 미래를 향해 나아가는 의지를 배울 수 있었다. 그들은 과거를 유지하는 것을 넘어 미래를 스스로 창조하는 법을 알고 있었다.

많은 사람이 과거를 그리워하지만 나는 항상 다가올 미래에 더 끌렸다. 과거에 집착하기보다는 보존적 사고에서 창조적 사고로 어떻게 전환할 수 있는지 알고 싶었다. 더 많은 사람이 편안함을 느끼고, 힘을 얻고, 더 나은 일에 기여할 수 있는 미래를 탐구하고자 했다.

가족, 친구, 동료 들의 지지와 실험할 수 있는 공간을 제공해준 기관들의 지원이 있었기에 책을 쓸 수 있었다. 가족의 끝없는 사랑과 격려, 인내에 감사한다.

353

새로운 아이디어를 실험하고 배울 수 있도록 환영해준 수백 개의 조직과 내가 가르치고, 훈련하고, 배울 수 있었던 수만 명의 사람에게 깊이 감사드린다. 여러분 한 사람 한 사람이 창의성과 혁신이 결합해 더 나은 미래를 만들 수 있다는 것을 보여주었다.

구글과 스탠퍼드대학교는 내가 실천하는 것을 가르치고, 가르치는 것을 실천할 수 있는 놀라운 환경을 가지고 있었다. 그 과정에서 나만의 미래를 발견할 수 있도록 큰 도움을 받았다. 전·현직 구글러들과 씨에스아이 혁신전문가들은 우리가 스스로 놀라운 미래를 창조할 수 있음을 증명해주었다. 인간 중심의 미래를 설계하는 방법을 가르쳐준 스탠퍼드 동료들에게도 고마움을 전한다.

이 책을 세상에 내놓는 데 도움을 준 출판 관계자들과 내가 감동할 수 있었던 모든 사람에게, 여러분이 가르쳐준 귀중한 교훈에 감사드린다.

마지막으로, 미래를 향해 매 순간 최선을 다하며, 각 장을 가장 빛나는 장으로 만들기 위해 노력할 것을 약속한다.

주註

* 참고 문헌 중 번역되지 않은 것은 원어로 표기했으며,
번역됐으나 절판된 경우 원어를 병기했습니다.

프롤로그 | 미래, 그리고 당신

1 미래에 관한 여러 은유: Draper L. Kaufman, *Teaching the Future: A Guide to Future-Oriented Education* (Palm Springs, CA: ETC Publications, 1976).

2 창의성의 본질에 관해: 미하이 칙센트 미하이, 《창의성의 즐거움: '창의적 인간' 은 어떻게 만들어지는가?》, 북로드, 2003.

CHAPTER 1. 끝내주는 낙천성

1 학습된 낙천성에 관해: 마틴 셀리그만, 《마틴 셀리그만의 낙관성 학습》, 물푸레, 2012.

2 Kelly Leonard and Tom Yorton, *Yes, And: How Improvisation Reverses "No, But" Thinking and Improves Creativity and Collaboration—Lessons from the Second City* (New York, NY: Harper Business, 2015).

3 히말라야 꼭대기에서 촬영한 구글 트레커 사진: Roberto Baldin, "Behold: Google's Stunning Street Views from the Top of the World," *Wired*, March 18, 2013. https://www.wired.com/2013/03/google-summit-maps/

4 찰스와 레이 임스의 영화 〈10의 제곱수〉: https://youtu.be/0fKBhvDjuy0

5 켈리 라이언의 노래 〈My Blood Is Boiling for Ireland〉: https://youtu.be/
   3pJrsxpwJjE

CHAPTER 2. 거침없는 개방성

1 개방성과 창의성에 관해: Joy Paul Guilford, "Creativity," *American Psychologist 5*,
   no. 9 (1950): 444 - 54. https://doi.org/10.1037/h0063487

2 개방성과 '몰입' 상태에 관해: 미하이 칙센트 미하이, 《창의성의 즐거움》, 북로드,
   2003.

3 올리버 비어호프의 골든골 장면: https://youtu.be/Hyec44LVr38

4 종이비행기를 접는 방법: https://youtu.be/G7ec7qCHwzc

CHAPTER 3. 강박적 호기심

1 호기심과 창의성에 관해: George Land and Beth Jarman, *Breakpoint and
   Beyond: Mastering the Future Today* (San Francisco, CA: Harper Business, 1992).

2 호기심과 아동 발달에 관해: 수전 엥겔, 《호기심의 두 얼굴*The Hungry Mind: The
   Origins of Curiosity in Childhood*》, 더퀘스트, 2017. (절판)

3 고래상어와 수영: https://youtu.be/mn5a3XJhJd4?si=HXOCC8VZqtaZVnyA

4 질문과 호기심에 관해: Erwin Straus, "Man: A Questioning Being," *Tijdschrift
   Voor Philosophie* 17e, no. 1 (1955): 48 - 74. http://www.jstor.org/stable/
   40879945

CHAPTER 4. 끊임없는 실험

1 실험과 혁신에 관해: Mark Stefik and Barbara Stefik, Breakthrough: Stories and
   Strategies of Radical Innovation (Cambridge, MA: MIT Press, 2004).

2 팀 내 심리적 안정감에 관해: 에이미 에드먼슨,《두려움 없는 조직》, 다산북스, 2019.
3 디자인 변화와 인간 행동에 관해: 리처드 탈러, 캐스 선스타인,《넛지》, 리더스북, 2009.

CHAPTER 5. 광활한 공감력

1 진화와 공감 능력에 관해: 프란스 드 발,《공감의 시대》, 김영사, 2017.
2 공감력과 정서 지능에 관해: 대니얼 골먼,《EQ 감성지능》, 웅진지식하우스, 2008.

CHAPTER 6. 당신의 X차원

1 개인의 강점 활용에 관해: 마커스 버킹엄, 도널드 클리프턴,《위대한 나의 발견, 강점 혁명》, 청림출판, 2002.

옮긴이 이지연

서울대학교 철학과를 졸업 후 삼성전자 기획팀, 마케팅팀에서 일했다. 현재 전문 번역가로 활동
중이다. 옮긴 책으로 《돈의 심리학》, 《아이디어 물량공세》, 《아이디어 불패의 법칙》, 《데일 카네
기 인간관계론》, 《제로 투 원》, 《인간 본성의 법칙》, 《결심이 필요한 순간들》, 《시작의 기술》, 《리더
는 마지막에 먹는다》, 《문샷》, 《위험한 과학책》, 《평온》, 《다크 사이드》, 《포제션》 외 다수가 있다.

퓨처 레디 마인드
원하는 미래를 현실로 만드는 6가지 법칙

초판 1쇄	2025년 2월 25일
지은이	프레더릭 페르트
옮긴이	이지연
발행인	문태진
본부장	서금선
책임편집	임은선　　　**편집 2팀** 김광연 원지연

기획편집팀 한성수 임선아 허문선 최지인 이준환 송은하 송현경 이은지 김수현 이예림
마케팅팀 김동준 이재성 박병국 문무현 김윤희 김은지 이지현 조용환 전지혜 천윤정
저작권팀 정선주
디자인팀 김현철
경영지원팀 노강희 윤현성 정헌준 조샘 이지연 조희연 김기현
강연팀 장진항 조은빛 신유리 김수연 송해인

펴낸곳	㈜인플루엔셜
출판신고	2012년 5월 18일 제300-2012-1043호
주소	(06619) 서울특별시 서초구 서초대로 398 BnK디지털타워 11층
전화	02)720-1034(기획편집)　02)720-1024(마케팅)　02)720-1042(강연섭외)
팩스	02)720-1043
전자우편	books@influential.co.kr
홈페이지	www.influential.co.kr

한국어판 출판권 ⓒ ㈜인플루엔셜, 2025

ISBN 979-11-6834-265-1 (03190)